国家民委重点人文基地——中南民族大学少数民族教育发展研究基地资助项目

教师专业化与中小学教师资源配置研究

王世忠　著

世界图书出版公司

广州·上海·西安·北京

图书在版编目（CIP）数据

教师专业化与中小学教师资源配置研究／王世忠著.— 广州：
世界图书出版广东有限公司，2011.8
　ISBN　978-7-5100-3836-5

　Ⅰ.①教… Ⅱ.①王… Ⅲ.①中小学-师资队伍建设-研究
Ⅳ.①G635.12

中国版本图书馆 CIP 数据核字（2011）第 169766 号

书　　　名	教师专业化与中小学教师资源配置研究
策划编辑	杨力军
责任编辑	孔令钢　张馨芳
出版发行	世界图书出版广东有限公司
地　　址	广州市新港西路大江冲 25 号
邮　　箱	sjxscb@163.com
印　　刷	虎彩印艺股份有限公司
规　　格	710mm×1000mm　1/16
印　　张	13.75
字　　数	234 千字
版　　次	2013 年 5 月第 2 版　2013 年 12 月第 3 次印刷
ISBN	978-7-5100-3836-5/G · 0987
定　　价	47.00 元

版权所有，翻印必究

目　　录

导　　论

第一节　问题的提出

任何一项有意义的社会科学研究，都要同时具备理论和实践上的价值。就理论需要而言，它应该是在研究方向、研究方法、论证逻辑体系或研究基本结论上，对已有学术研究活动的补充或修正；就实践需要而言，一部社会科学著作的生命力和意义则主要表现为对现实社会问题的理性关怀。从这个标准来看，本课题所要解决的理论问题具有重要意义。"教师专业化"、"教师资源配置"、"教师劳动力市场"等概念，是分析教师培养和教师流动所必需的概念基础，但在教育理论界并无学者作出明确阐述。从经济学角度看，教师流动是教师资源配置与重组的必要条件，但目前教育学界对教师流动的经济学分析无论在深度上和广度上都无力给教育实践以明确指导。在理论建构的同时，本研究也将关注教师培养和教师流动中的现实问题，如教师的社会福利保障机制如何保证教师资源的有序流动。

教师专业化与中小学教师资源配置的经济分析，是一项具有重大理论意义和现实意义的研究课题。教师的专业化与开放性，是我国教师教育和教师管理所面临的重大问题。教师的专业化为教师确立了社会地位，但衡量一种职业在社会上的地位如何，除了社会地位和职业声望外，更重要的是经济地位，或者说，根本取决于教师的经济地位。近几年来，有不少学者对中小学人事制度改革从不同角度进行了有益的探讨，而本著作将从宏观与微观相结合的多层面，从社会学、经济学与教育学的多学科视角，采用规范分析与实证分析的方法，来系统地研究教师专业化与中小学教师资源配置问题。

第二节　核心概念

一、教师专业化

（一）专业

这里所说的专业，不是指教育学的"学科专业"，而是一种职业，一种特殊的与学科专业相关的职业。

专业作为社会的一个概念，它是在社会分工、职业分化中的一类特殊的职业；它以有生命的人或无生命的物为对象，以特有的知识技能进行专门化的处理活动、从而解决人生和社会问题，推进社会进步。

（二）专业化

所谓"化"，指的是一个动态的过程。如现代化是指从农业社会到工业社会、从工业社会到信息社会的转变过程。专业代表一类特殊的职业类型，专业化则是职业迈向专业目标的努力过程。也就是说，专业化是指一个职业从普通职业向专业性职业的转变过程。

目前，社会职业按照专业化程度一般可分为三类：一是专业性职业，如医生、律师、会计师等。二是半专业化职业，如护士、图书馆管理员等。三是非专业性职业，如售货员、操作机器的工人等。

作为专业，它有一套相对完善的指标体系。社会学家们以医生、律师等社会所公认的成熟的专业为范例从中概括出专业的指标体系，形成理想化的专业模式，依此作为标准来衡量其他职业的专业状态，并把这套专业指标体系作为专业化的发展方向。

（三）教师专业化

教师专业化，有两个方面的含义。其一，教师职业是一种专业，教师职业有专门的理论知识作依据，有专门的技能作保证；教师承担着重要的社会责任；教师在职业活动中有高度的自主权。其二，教师不是天生就可承担这一专业的，他需要经过一个过程使自己逐渐专业化。1966 年联合国教科文组织在《关于教师地位的建议》中提出应该把教学工作视为一种专门职业，强调教师是具备经过严格训练和持续地研究才能获得并维持专业知识及专门技能的专业人员。经过哪些严格训练呢？那就是学科专业和教育专业的训练。教师必须要掌握广博的文化知识和学科知识，即必须要经过学科专业的训练。同时，教师还要掌握教育学、心理学、学科教法等知识，掌握教育技能技巧，又必须经过教育专业的训练。也就是说，教师这一职业具有双专业性质。良师必为学者，学者未必为良师。教师只有持续不断地研究才能维持专业人员的地位。教师作为一个教学专业人员，都要经历一个由不成熟到逐渐成熟的过程，都必须经过职前培养、在职锻炼和职后培训才能逐渐成熟。

20世纪60年代以后，随着国际终身教育思潮的兴起、世界范围内教育改革的不断深入以及对教师质量要求的不断提高，教师专业化已成为国际师范教育改革的核心，成为国际教育界的研究热点。从世界范围看，"二战"以后特别是七八十年代以后，教育研究形成了两个研究重心：一是教育政策研究，二是关于教师专业化问题的研究，主要研究怎样的教师才是好的教师和怎样培养出好的教师。

实现教师专业化，一是要确立教学工作的专业地位，二是建立与专业相适应的衡量标准。

教师专业化的核心是教师专业发展。教师专业发展包括三个方面的内涵：专业知识发展、专业技能发展和专业情意健全。

（1）专业知识结构：包括本体性知识、条件性知识、实践知识和文化知识。

（2）技能：对学生的学习和发展负责，对所教学科深刻理解并知道如何指导学生学习、探索这些知识，系统地思考教学过程并不断总结经验，了解学生的差异并充分发挥人的特长和优势。

（3）情意：包括对教育事业的理解、对职业道德和规范的认同、对工作群体的向心力与奉献精神等。

（四）教师专业化是一个历史发展过程

在人类的原始社会，长者即是教师。当时，教育还没有从社会生活和社会生产中分离出来，教育活动融合于生活与生产之中。原始部落中的长者自然成为教育工作的承诺者。年少者则通过模仿，在"做"中学习生活经验。

人类进入奴隶社会之后，社会生产力有所提高，社会产品有所剩余。这使社会文化生活，包括教育活动能够从生产、生活中分离出来。这时，产生了专门从事精神生产的人——"文人"，但是教师职业还没有完全分离出来。在我国漫长的封建社会，长期实行"官师制度"，也就是说，教师与国家官员同等待遇。在社会上，一些自由文人、僧侣、解职官吏也可以充当教师。总之，有文化者即是教师。

教师成为文化知识的传递者，是随着工业化制度建立起来之后出现的。教师需要经过专门的训练，一部分知识分子专门从事教师职业。这时，教师成为一种专门职业，成为一种专业。

随着社会的变化，教师的角色发生了历史性的变化。新课程要求人们不再把教师视为定型的知识的传声筒，而应把教师看作发掘教育资源的向导，是学生发展的指导者。这时，社会对教师的期待值更高了，教师向着更加专业化的程度发展。

二、教师资源配置

（一）资源

《辞海》中的"资"指：资财，供给，资助。"源"指：水流所从出，引申为事的的来源。在《现代汉语词典》中，"资源"是指生产资料和生活资料的自然来源。《世界图书词典》（The World Book Dictionary）中，"来源"（source）是指"事物所从来，或所从获得的地方"，提供信息的人、书本、文件、资料等；"资源"（resource）是指"供满足需要的"东西"，或"储藏以备需要时提取"。从辞典的解释和汉语的语言习惯来看，"资源"包含两个方面的意义：第一个方面，是指事物所从出，即事物的来源。我们平常所说的"能源资源、矿产资源"这些表述中，"资源"的含义是指从事这些行业生产所应具有和必备的物质。即相对于生产能源而言，必须具备通过燃烧产生热能，或通过自然运动产生动能，并转化为其他形式的能量的煤炭、油气、阳光、地热、水力、风力、潮汐等，所以能源资源所指的是煤碳、油气、阳光、地热、水力、风力、潮汐的蕴藏情况。这些正是矿产资源。第二个方面，是指某种事物对另一些事物是不可缺少的，是满足别的事物的需要的条件。如，粮食资源不是指生产粮食所需要的土、水、肥、种和现代农业科技，而是指粮食本身，指一个地区的粮食能够满足解决温饱、工业生产、畜牧业生产的需要的状况。又如，教师资源主要不是指向生产人力的设备或其他条件，而是指向满足经济建设需要劳动力的状况。

我们常听说教育资源这个词，其实，在汉语中它不是在一个意义上被使用的，而常常是在以上两个方面的意义上被使用着的。一个方面是指，构成教育活动所需要的各种事物，包括人、财、物、知识、经验等；另一方面是指，教育满足一个国家或地区的经济与社会发展的状况，即教育本身的状况，如一个国家或地区的学校数量与人才培养的能力、教育的质量等。

（二）资源配置

资源配置，是指对社会已有资源在不同用途之间、不同地区与部门之间进行分配，以取得最大的产出效果。高等教育资源配置是指全社会（政府、社会、企业、家庭及个人）对高等教育事业投入的人力、物力、财力等资源在各种不同使用方向上的分配，包括宏观配置（即如何有效地将总体教育资源分配于各类高校，使教育资源流向最需要且能取得最大效益的教育机构）和微观配置（即各类学校如何组织并利用有限的资源，使之发挥最大的效益）两方面的配置。教师资源配置则是教育资源配置的一个重要组成部分。一支数量充足、业务精湛，学历、职称和学科结构合理，能熟练运用现代教育技术，有较强教学和科研能力的教师队伍，对民族地区学校完成人才培养任务，提高办学效益有着极大的促进作用。

作为经济学意义上的资源是有限的，即资源存在着稀缺性，"人力资源和非人力资源的数量都是有限的"，美国经济学家萨缪尔森认为，由于"能够生产各种商品的全部资源的有限性，使得人们必须在各种相对稀缺的商品中间进行选择"；如果能够不受资源的限制而无限量地生产每种物品，或者如果人类的需要已经完全满足，那么，某一种商品是否生产的过多，劳动与原料是否配合恰当，都是无关紧要的，从而人们都能随心所欲地得到他们所需要的东西。只有在这种情况下，才没有任何相对稀缺的物品。显然，这种假设是不存在的。因此，当一个经济社会"决定生产什么，如何去生产时，它在实际上一定要决定这些资源将如何被分配于千百万种可能生产的不同商品之中"。因此，资源配置的问题就是有限的资源的分配问题，《简明不列颠百科全书》认为，资源分配是指生产性资产在不同用途之间的分配。美国 D·格林沃尔德主编的《现代经济词典》认为，资源分配是指资源在不同用途和不同的使用者之间的分配。①

虽然经济学家们认为，资源配置就是资源分配，而没有提到资源分配后的使用问题；但是这并不是说经济学家们没有考虑到资源的使用问题。其原因在于经济学是"它分析改善资源配置形式所需要的代价和可能得到的利益"②，经济学是研究"稀缺资源的最佳利用"的学问③。因此，在西方经济学中，资源的使用问题包含在资源配置之中，例如生产者依据生产函数，依据成本最小化和利润最大化的原则来组织生产；对消费者而言，

①[美]D·格林沃尔德.现代经济词典[M].现代经济词典翻译组译.北京：商务印书馆，1981.
②[美]保罗·萨缪尔森等.经济学（第16版）[M].肖琛等译.北京：华夏出版社，1999.
③王宏昌编译.诺贝尔经济学奖金获得者讲演集（1969—1981）[M].北京：中国社会科学出版社，1986.

依据自身效用最大化选择劳动和休闲的选择和商品的购买。而资源的分配是通过汇总了供给和需求之后采用某种形式实现的，因此，并不存在将资源配置理解成资源分配会忽视了资源分配后的使用问题。[①]

（三） 教师资源的概念

教师资源，是指某种范围内的人口总体所具有的劳动能力的总和。它又被称为"教师劳动力资源"或者"教师劳动资源"。在通常的情况下，教师资源是宏观意义上的概念，即以国家或地区为单位进行划分和计量的。有时，教师资源这一概念，也用于部门、学校。

要进行社会生产，就必须具备人、财、物三个要素，即必须具备人力、资金、设备和原材料，资金是人力和物力的货币表现。因此，作为社会的最基本的要素，就是人力和物力。

人力和物力，二者都具有物质实体，这种物质实体，也就是"资源"，它是人力和物力赖以存在和发挥的物质基础。

人，是一个具有多种质的规定性的概念，有其自然性，也有其社会性；有其经济性，也有其政治性。如果把"人本身单纯作为教师劳动力的存在来看，也是自然对象，是物"。由此，教师资源的概念就得以建立。

我国现行的国民经济统计中，"教师劳动资源"或者"教师劳动力资源"是一项重要的内容，它是指以国家或地区为范围的具有劳动能力的人口数量。这一用法来源于前苏联的统计学。显然，从统计学的角度，考虑的是数量。但是，从内容丰富的经济学概念出发，应将教师资源看作推动生产的"动力"的来源，不光要考虑数量，而且要考虑到质量，因此，研究教师资源，必须指握数量和质量这两个方面。

研究教师资源，根本目的是为了运用"人力"。人力的最基本方面，包括体质和智力，如果从现实应用的形态看，则包括体质、智力、知识、技能四部分，这是研究教师资源的一个基本前提。教师资源的体质、智力、知识、技能，也就是人们所赋有的推动生产的各种具体能力。体质，即人们的身体素质，包括力量、速度、耐力、柔韧度、灵敏度等人体运动的功能状态以及对于一定劳动负荷的承受能力和消除疲劳的能力；智力，是人们认识事物、运用知识、解决问题的能力，包括观察力、记忆力、思维力、想象力；知识，是人们从事实践活动的各种经验和理论；技能，是人们合理化、规范化、系列化、熟练化的一种动作能力。这四者的不同组合，形成教师资源的丰富内容。

---

①张男星. 对高等教育资源配置的提问[J]. 高教探索, 2000(3).

三、劳动力市场

劳动力市场是教师资源配置的重要途径，也是涉及教师资源生产、开发、使用各环节的重要体制问题。党的十四大明确提出，我国要建立"有中国特色的社会主义市场经济"，强调要积极培育和发展各种要素市场；作为市场的一个重要有机组成部分——劳动力市场也日益受到重视。现在，我国社会劳动领域"培育和发展劳务市场机制"、人事领域开展"人才市场"等等，都说明劳动力市场已开始成为中国经济发展中的一个现实范畴

（一）劳动力市场的基本含义

劳动力市场一词，有着不同的说法与含义。我们认为，劳动力市场是指在市场经济规律的制约下，在国家政策指导和宏观调控下，作为社会经济要素之一的"劳动力"（即教师资源）进行交换的场所。

理解劳动力市场的这一概念，需要注意以下四点：

1. 劳动力市场的性质

劳动力市场首先是"市场"，显然具有"市场性"，受市场经济规律制约；同时，它也受国家政策指导和宏观调控，以控制和干预其运行中可能产生的负面效益。

2. 劳动力市场的基本含义

劳动力市场的基本含义有三，这三层意思概括了劳动力市场由浅入深、由表及里、由现象到本质的全部内涵。也就是说，劳动力市场首先指"劳动"交换的场所，其次是指这种交换关系的总和，更深层次则是指一种实现劳动交换的经济机制。

3. 劳动力市场在社会经济活动中的具体实现

在社会经济活动中，一方面作为教师资源供给个体的个人，要寻找合适的职业，另一方面作为教师资源需求的经济单位，要寻找合适的劳动者人选。教师资源供给与需求的结合，需要有一定的场所，这种场所即劳动力市场。从宏观意义上讲，劳动力市场即教师资源配置市场。

4. 劳动力市场的相关概念

劳动力市场一词，在我国是随着经济改革的进程而提出的。关于这一概念，人们有着不同的表达。有的人称为"劳动市场"，有的人称为"劳动力市场"，还有的人（特别是劳动管理就业部门）称为"劳务市场"。此外，还有"劳动力资源配置"、"职业市场"等提法。在理论界和实践中出现这么多的概念和提法，是因为人们对"劳动力是不是商品"、"劳务的

内涵与外延"等众多理论问题持有不同看法而引起的，这表明我国在这一领域的理论有待进一步发展和完善。但是，这些概念和提法在实践中的所指基本上都是一致的，都是在传统劳动管理体制上的深化改革，是市场经济的产物，在教师资源的配置方式方面以及教师资源的调节手段、活动形式、运作机制等方面是没有区别的。笔者在这里选用"劳动力市场"的提法，不仅表明了我们在理论上的倾向性，而且也是充分考虑了这一点的。

从现实场所的角度看，劳动力市场有类别和层次等方面的划分。如技术工人市场、工程师市场、保姆市场、普通市场、人才市场；社会劳动力市场、二级劳动力市场、区域劳动力市场等。不同的劳动力市场在教师资源配置的对象、特点等方面各有不同。

（二）劳动力市场的作用

通过劳动力市场配置，教师资源是配置社会资源的基础性方式。任何教师资源的配置方式，都可以实现物质资源与教师资源结合并形成一定现象的生产条件，任何同等数量的教师资源和物质资源由不同制度或体制所决定的教师资源配置的不同方式，所形成的社会生产条件规模和效果并不相同。建国以来，在我国传统体制下的教师资源计划配置方式，不仅造成大量教师资源浪费，而且也造成其他物质资源的低效利用。而以劳动力市场作为教师资源配置的基础性方式，通过劳动力市场实现劳动力交换，可以最有效地配置教师资源，实现物质资源与教师资源的最佳结合，可以大大激发劳动者的潜在能量，有效利用各种有限资源，形成最有活力的社会生产力。其主要表现在：

1. 有利于最佳配置教师资源

市场配置教师资源，使学校按生产经营需要合理使用劳动力，使劳动者能够发挥能动作用。通过劳动力市场可以使学校与劳动者实现"双向选择"，从而创造在全社会范围内使教师资源与物质资源更加有效结合的内在机制，提高它们之间的配置效率。

2. 有利于社会分工和产业结构转变

通过劳动力市场可以促进教师资源在不同地区间、不同经济行业间流动，这有利于各类专业技术人才市场的形成，有利于社会范围内协调活动的分配，加强分工和专业化发展。

通过劳动力市场可以调整社会就业结构。就业结构往往是由产业结构所决定的，产业结构调整的直接影响，往往首先反映在就业结构的变动上。就业结构也只有随产业结构调整不断加以调整，并与产业结构相适应，才能使劳动力资源提到较充分的利用。反过来说，在一定的劳动力资源总量下，如果就业结构不能调整，产业结构的调整也就不能实现。目前，我国经济进入一个高速增长的新时期，同时也是一个经济结构发生较大变动的时期。在产业结构大变动的过程中，各种生产要素将进行重新组合，新增劳动力中的相当大部分将要投入新兴产业和高科产业，传统产业中劳动力将要被转移，进行重新分配和安置。这些都应该通过劳动力市场来完成。

3. 有利于劳动生产率的提高

劳动力市场是实现教师资源供给和需求的场所。一方面，作为教师资源需求方的学校，根据生产经营的实际需要组织劳动，出于追求最佳经济效益的考虑，必然要节约教师资源，提高教师资源生产率。另一方面，作为教师资源供给方的劳动者，基于自己的意愿和薪金等方面的考虑，必然会加强自身素质的提高，从而形成在全社会范围内劳动力资源质量不断提高的趋势。这两方面的共同作用，必然会促使学校注重内部挖潜，加强科技开发与应用，提高劳动生产率，以获最佳的经济效益，吸引更多更好的高质量人才，从而形成良性循环。众多学校的良好运行状态，直接导致社会劳动生产率的普遍提高。

4. 促使社会分配合理化

在我国计划经济体制下，就业制度僵化，劳动者不能自由流动，收入分配是难以趋于合理的。平均主义的分配与"铁饭碗"式的就业制度是密切联系在一起的。传统体制下，职工的工资收入与其工作绩效没有直接联系，学校之间壁垒森严，劳动力不能流动，其结果是干与不干一个样，形成学校内的"大锅饭"，学校经营好坏一个样，形成全社会的"大锅饭"。要改变这种情况，必须打破限制劳动力合理流动的各种障碍，允许劳动力市场上的正常竞争，才能克服平均主义，真正实行按劳分配。由于存在劳动力市场，学校可以根据运营的实际情况自主决定劳动力资源使用的数量和质量，职工可以根据自己的劳动力选择工作岗位，决定具体的劳动方式和劳动量投入，并取得相应的劳动报酬。这样，就可以把职业的劳动报酬与劳动贡献紧密在一起，使收入分配合理化。

（三）劳动力市场的机制分析

1. 劳动力市场机制的性质

这里，我们首先对机制进行阐述。所谓机制，是事物运行的目标指向、动力来源、传导系统、动作方面、运动力度这样一个成套的规定性，它决定着一个事物运动的质的方面，也决定着该事物的存在现状和发展前途。

劳动力市场是市场经济完整市场体系的一部分，劳动力市场机制是整个经济运动机制的一部分，它又直接构成整体经济机制。研究劳动力市场机制问题，应当首先研究整个经济机制，从而把握劳动力市场的基本环境和总的发展方向，我国过去实行的是一种不完全的、简单的计划机制，缺乏甚至排斥市场机制，经济实质上是产品经济。党的十三届三中全会确定，我们要实行"有计划的商品经济"；中国共产党第十三次代表大会进一步明确，我们要实行"国家调控市场、市场引导学校"的模式；中国共产党第十四次代表大会的报告则提出了"建立社会主义市场经济"的伟大战略任务。这样，我国经济机制实质上就是"市场"性质的，同时带有社会主义特征。劳动力市场同样具有这样的性质。

在社会主义市场经济条件下，市场机制本质上是学校的自由运行，它本身的运转机制，是追求利润最大化的动力和市场总量、竞争对手的压力。这样，作为经济机制有机组成部分——劳动力市场机制应当是：在微观上，学校可以按照自己的愿望和需要调节用人，同时个人也有自身的择业权；在宏观上，政府通过经济杠杆、政策法规、投资方向等对学校的用人以及个人的职业行为进行调节，这种调节必须是基于微观的正常运行的基础上，对这种运转中的不足之处进行弥补，对运转中的负效益（包括经济效益和社会效益）进行控制和干预，而绝不能代替微观单位进行资源配置。

我们所说的劳动力市场机制带有社会主义特征，还有另一层含义，即必须符合我国国情，这是极为重要的。

2. 劳动力市场机制的内涵

劳动力市场机制，主要包括供求机制、竞争机制、工资机制、风险机制和保障机制。

（1）供求机制

劳动力市场要运行，首先必须要求有教师资源的供给与需求。教师资源的供给取决于达到劳动年龄人口的数量和质量，教师资源的需求取决于经济发展水平，产业结构调整和城市发展速度等。教师资源的供给与需求受很多因素的影响。而且供求平衡是偶然的，不平衡是经常的。因此，应该通过教师资源的社会化管理，扩大学校用工自主权，允许教师资源按社会需求在地区、行业、学校、岗位之间合理流动，在经济、法律和必要的行政手段调控下，力求实现供求在总量和结构上的平衡。

（2）竞争机制

劳动力市场上的竞争主要是发生在劳动供给与劳动需求双方各自的内部，反映的是在既定市场的情况下某一方内部的关系，但是这种关系无疑会影响劳动供求双方关系，从而影响市场本身，因而竞争机制也是一个重要的机制。

（3）工资机制

工资水平调节劳动市场上供求数量，调节双方关系，使某一方面趋向于选择对方的特定种类。对劳动者来说，工资收入是劳动者选择职业的重要参数；对用人单位来说，能通过工资水平吸引所需的劳动者；对国家来说，可以通过工资水平调节教师资源的供需平衡。很好地发挥工资机制作用，能合理地拉开工资收入差距，克服我国分配上长期存在的平均主义和攀比现象，可在一定程度上解决社会分配不公的问题。

（4）风险机制

在社会主义市场经济体条件下，学校会因经营不善而破产；在就业岗位相对短缺的条件下，会导致一部分人失业，但失业有助于国家注意从宏观上调整产业结构、投资方向和就业政策，及时解决失业问题。在显性失业的情况下，会促使失业者在社会经济和市场竞争面前，矫正自我评价偏高的趋向，增强其自谋职业的主动性，形成一种必须靠努力学习、提高自身素质，靠真才实学去竞争就业岗位的气氛。同时也使在职职工有一种危机感和压力感。

（5）保障机制

待业保险是国家对因非本人原因失去工作的劳动者给予的物质帮助，保障其待业期间的基本生活需要，并通过专业训练和生产自救等途径实现重新就业，从而保障社会稳定和市场的正常运行。

四、教师劳动力市场

（一）教师的市场需求具有较高的专业性或素质要求

所谓"学博为师，德高为范"，教师一般要求具有较高的思想伦理素质、科学文化素质和身体素质，简而言之，教师必须德才兼备。1976年，在美国进行的一次民意测验中，关于教师应具备的素质提的最多的包括：交谈和理解能力、严格而公正地执行纪律的能力、启发和引起动机的能力、高尚的品德、爱护和关心儿童、对专门职业的献身与热诚、友善的个性和端正洁净的仪表。实际上，除此之外，教师还必须具备教育过程的设计能力、教育活动的组织能力、学生行为与日常生活的观察能力和纠偏能力以及与学生交往的人际关系能力。上述素质要求说明，并非任何人都能充任教师角色，教师具有很强的专业技术上的不可替代性。

（二）教师的市场需求具有较为明显的层次性

教师的市场需求的层次性，是由教育本身的层次性引起的，教育分为初等、中等和高等教育，不同层次的教育对教师的素质提出了不同的具体要求。例如，《中华人民共和国教师法》中对各级教师资格的规定，虽然只是从静态的角度提出了对不同教育层次教师的要求，且与发达国家相比，我国教师资格认定尚不完善，但它们反映了教师市场需求的层次性特征。

（三）教师的市场需求表现出较强的地域性差异

从整体上来说，我国人口过快的增长速度，导致了教育需求迅猛增长，使得教师的需求大于教师的供给，产生了较为严重的供求缺口，教育实践中，为满足教师的需求，只能采取以次充好的权宜之计。例如，我国在 20 世纪 90 年代期间，小学教师有四分之一没有获得规定的学历，类似的情况，在初中和高中阶段的教育中也普遍存在。不仅如此，地区之间的差异也十分明显。作为一个发展中的农业大国，我国存在着较为明显的城乡差别。农村地区，尤其是边远地区和贫困地区，教师的工作条件和生活条件比较差，工资之外的其他福利含量比城市少，使得许多大学毕业生对城市趋之若鹜，而对农村地区却望而生畏。这种状况使得城镇教师的合格率高于农村地区，而农村地区则面临着如何获得"分得下，留得住，用得好"教师的难题。因此，从地域差异看，农村地区对教师的需求大于城镇地区。

（四）在既定的价格水平即既定的工资率下，对于教师的需求将具有较大的需求弹性

由于我国人口基数大，人口再生产的惯性定律决定了较长时期内，我国的总人口仍趋于增长，由此便决定了较长时期内教育需求将不断增长。教育需求的增长将要求拥有更多数量的教师，也即在既定的工资率下，对于教师的需求将继续增长，从而将进一步加剧现阶段教师数量不足的矛盾，产生更为严重的教师短缺现象。

第三节　研究内容

全书共九章。

导论：问题的提出，核心概念，研究内容，研究思路和方法；

第一章，教师专业化与教师身份认同：专业化与教师资源配置，教师身份属性的定位，教师职业认同与教师专业发展；

第二章，中小学教师培养与培训一体化：职前培养和职后培训，我国教师培养模式的历史沿革，教师准入机制与教师培养机制的政策分析，校本学习共同体与教师专业发展；

第三章，教师流动与教师资源配置的实现机制：教师流动，教师流动的理论基础，教师流动的经济学分析，教师合理流动的路径选择；

第四章，中小学教师工资待遇及其激励机制：教师的工资及其待遇，建国以来中小学教师工资制度变迁，教师的工资待遇与教师供求关系，教师的绩效工资及其激励机制；

第五章，中小学岗位设置和工作绩效评价：职位分类及其内涵，岗位责任制，中小学教师工作绩效评价，中小学教师岗位设置；

第六章，中小学教师劳动及其社会保障机制：教师劳动的价值观，教师职业压力与职业倦怠，教师劳动与社会保障政策的实证分析，贫困地区义务教育教师的社会保障；

第七章，中小学教师资源配置的制度保障：教师聘任制的研究回顾，"末位淘汰制"的制度分析，农村代课教师退出机制，教师聘任制有待完善的问题；

第八章，关于湖北省教师资源配置的实证研究：教师队伍总体情况，教师队伍建设的主要成就，教师队伍建设中的突出问题，"十一五"时期湖北省教师队伍建设目标，加强湖北省教师队伍建设的对策。

第四节　研究思路和方法

本书在研究过程中，充分体现总体研究特色：

（1）突出总体性。本书在课题的研究角度、政策配套和课题组织等方面将贯彻这一精神。

（2）理论与实际相结合。一方面要解决好理论问题，但另一方面研究理论的目的还是指导实践的，本课题的研究是为政府决策提供咨询建议和一些具体政策方案，非常强调从实际出发，注重调查研究，有针对性地解决当前中小学教师资源配置的效能问题。

（3）定性研究与定量研究相结合。课题对调查数据进行分析论证、政策模拟、方案比较、理论抽象、建立相关模型，为我国今后的总体研究和宏观决策打下一定的基础。

（4）宏观分析与微观分析相结合。既从微观上指出个体教师和微观学校内部的教师资源配置状况，又从中观和宏观层次上分析整个中小学系统或区域性中小学系统的教师资源配置。

（5）规范分析与实证分析相结合。既用实用的方法探讨我国中小学教师资源配置的特点及其实现机制，又用规范分析方法探讨教师专业化与中小学教师资源配置的相关制度建设和政策建议。

第一章　教师专业化与教师身份认同

第一节　专业化与教师资源配置[①]

一、计划经济体制下教师资源配置运作机制的分析

教师资源配置，简单地说，就是教师的分配和安置。具体来讲，是指配置者依靠特定的配置力在教育系统中实行的对教师的分配和安置，主要包括三个方面：配置者；配置力；配置方式。

计划经济体制下，社会主义经济实行国家集中计划与政府直接管理体制，政府代表全体劳动者掌握、配置生产资料，直接领导和组织社会经济活动，它把行政手段作为计划机制的主要手段。在资源一定的情况下，政府包揽权力并使决策高度集中，组织成本高，存在巨大的规模不经济、按劳分配理论上的不现实和操作上的不可行，取代为固定劳动定额制和于此相适应的固定工资制，教师付出与个人收益不挂钩，激励机制丧失；加之行政强制和政治压力服从模式。教师资源配置模式主要是由政府借助法律和权力实行的对教师的分配和安置，这就无法避免地存在着强制性、等级性、偏向性三大缺陷。教师资源配置的法律和权力的强制性，一方面有利于保持教师资源的充足供给，有利于教师资源配置的制度化、正规化，有利于教师的稳定；另一方面却排斥市场调节作用，从而不利于教师的自主选择、自愿从业，不利于教师在职业间和地区间的合理流动，不符合市场经济对劳动力合理流动的内在要求。

---

①楚艳芳.论教师专业化与教师资源配置的制度分析[J].中国集体经济,2008(3).

二、市场经济体制下教师资源配置运作机制的分析

市场经济运行机制与计划经济体制下主要以计划方式和行政手段配置资源的运行机制迥然有别，主要是遵循由市场来配置教师资源的运行规则及相应规律。其本质就是让市场机制对教师资源配置起基础性作用，功能就是通过优化教师资源配置，在教师劳动力市场供求关系与自身发展需求作用下，实现效益与效率的最大化，减少"市场失灵"现象。这是理解计划经济与市场经济本质区别的关键所在。

由于市场经济的平等性、竞争性、法制性和开放性实质上是由商品经济的客观规律（即价值规律）决定的，因而市场经济的一般特征是市场经济本身所固有的，不是由人的主观意志强加的。市场经济是社会化的商品经济，是市场在资源配置中起基础性作用的经济，无论是在国内还是国外，是各种社会条件下的市场经济的共性。市场经济的优越性——市场经济是实现资源优化配置的有效形式。我国在计划经济体制下形成的由政府和行政组织权力包揽的、单一的教师资源配置机制，已经不能适应我国公立、私立学校健康发展的需要。随着私立学校的进一步发展，这种矛盾将更加突出。

长期以来，我国高校教师配置一直采用计划调配模式，教师的录用、调配和培养主要通过行政手段实现。这种国家单一计划配置方式，给我国地方高校教师资源配置造成了许多弊端，具体表现为：教师资源紧张，各专业教师分布不均，有些专业和学科的教师人数较多，尤其是一些冷门专业教师的工作量不满，造成人力资源浪费，而一些新设热门专业以及英语、数学、计算机等基础课教师非常短缺，教师超负荷运转，缺乏优秀人才，致使师资力量与专业调整不相适应。目前，我国"教师队伍结构性矛盾突出，学段分布与学科结构不合理，区域性结构失衡，城市教师局部超编与农村教师尤其是边远贫困地区教师严重紧缺并存，余缺难以互补，教师资源配置亟待优化"，教师资源配置严重失衡。

从办学体制上讲，促进教师专业化的最佳办学模式应是开放式而不是封闭式。专业化不是专营化。教师专业化不是封闭式地建设教师队伍，而应以师资市场为媒介，建立开放化的教师管理系统。我国的教师教育是世界上最庞大的教师教育体系之一，我国是穷国办大教育，更需要大量的合格教师。然而，教师职业在社会上还缺乏应有的吸引力。现阶段，如果没有专门培养师资的师范院校教育体系的支撑，没有一个相应规模、多层次、多类型、有保障、有较高水平的教师培养来源，要想办好规模

如此庞大的教师教育，是根本不可能的。这一国情、教情决定了我国师范院校短时期内并不具备向综合性大学转变的条件，当前还需要坚持以独立设置的师范院校为主体的教师教育体系，现有的师范院校在教师教育中仍然居于主体地位。但我国现行的封闭式教师教育体系造成社会上教师来源渠道单一和教师的职业安全感过强，这与市场经济条件下要求教师来源多元化以及形成竞争不相适应。要培养大量高素质的师资，适应当代科技、经济和教育发展的要求，原有的封闭师范体系必须打破，必须增强教师教育体系的开放性和兼容性。应根据不同地区的具体情况，在保证教师专业水准的前提下，逐步试点及推行教师教育由定向型向开放型转化。随着时代的发展，传统师范教育中专业设置狭窄、培养模式单一等弊端也就更加显露出来，教师教育专业化则成为时代对教师教育与时俱进的呼唤。

三、教师资源配置与教师专业化

在教师专业化发展的过程中，教师资源的合理配置是很重要的。原来的中师在转型中大多升格为初等教育学院。按理说，纳入高等教育体系，变身为本科层次的教育专业，首先必须考虑其结构优化问题，要借助高校进行优质资源配置，吸引优质教育资源支持教师教育的发展；其次要着力于学科建设和专业建设，明确专业目标，提升专业化发展程度。只有内部发展与提升了，才能真正提高教师教育的质量。但事实上，从参与"资源配置"的角度讲，因受各种因素影响，教师教育一开始就被边缘化了，与其它专业相比处于劣势，"如果不作特殊的努力，它就等于甘愿被实际定位在较低的层次上，就等于缺少争取教育资源的资格，就等于听任优质资源的流失。"初等教育学院往往只留下专业课教师，而把其它学科的教师分流掉，一方面没有更多教育资源的投入，另一方面使一部分对教师教育有感情、有经验也有一定水平的教师不得不离开原岗位，造成优质资源的流失，其结构优化不能与整个高校的结构优化相联系。而且，并入高校后，地位不受重视，重点学科、重点专业都排不上号，专业建设与学科建设得不到政策倾斜和重视，对教师专业化问题研究不深，不是扎根于教师培养的特色和规律，而是被高校培养模式简单同一化，完全用高师的标准与要求来规划衡量自身，丢失了培养的目标和特色，也就很难真正得到质量上的提升。

第二节 中小学教师身份属性的定位

"教师的身份是什么?"现代教育已经作出了与传统教育完全不同的回答。教师不再仅仅被看成是社会的代表,知识的权威与道德的化身,也不仅仅是以教育者的身份出现在教育活动之中。教师也应当被看成与学生一样,是一个处于发展中的人。①

一、中小教师身份定位的几个问题

(一) 教师的法律地位和教师的身份属性不清晰

我国现行法律存在着对教师身份规定不明确、与现实矛盾的问题,集中表现为:规定了中小学教师是专业人员,但是没有指明其身份的特殊性;中小学教师职业实际上的公务员性质与法律规定上的非公务员性质。因此,中小学教师成了身份属性模糊的职业群体。教师的法律地位,是一个非常重要的问题,但是《教师法》中要解决的问题在我国没有得到很好的解决。教师的法律地位在不同的国家是不一样的,日本在 1952 年 4 月 4 日第三十次大会的决议中,提出了以"整个官公私立学校教员拥有作为特殊身份的公务员身份"的原则为基础,实行了《教师公务员特例法》。② 教师职业绝对不是自由职业者,我国必须明确中小学教师的身份。

(二) 教师权利得不到法律保障

我国现行教育法规还没有形成上下有序、内容齐全、形式完整统一的教育法律法规体系。首先,教育法规的横向覆盖面尚不完整,一些在教育实践中急需的重要教育法律法规还未制定,如《成人教育法》、《教育行政组织法》、《教育经费法》等。其次,从教育法规的纵向结构看,还没有形成教育法律、教育行政法规、地方教育法规、部门教育规章和地方教育规章这样一个层次有序的体系。教育法规能有效实施,不仅需要全国人大和国务院制定有关的教育法律法规,而且还需要地方各级人大和政府制定出不同层次的具有同样法律效力的地方性法规、规章和实施细则,从而形成一个教育法规网络,以便于操作和检查。按此标准,我国目前在这些方面仍存在较大缺陷。最后,从立法技术看,教育法律法规的用语比较空泛,

①熊和平.教师是谁——现代教育理念下教师身份的重构[J].上海教育科研,2005(1).
②顾明远,梁忠义.世界教育大体系:教师教育[M].长春:吉林教育出版社,2002.

原则性表述较多，可操作性不强。教育法规是教育行为的规范，应该解决由谁做和怎么做的问题，因此可操作性应是教育法律法规用语的最重要的特点。同时，教育法规中还有相当一部分用了"暂行"、"试行"的名称，有的已用了十几年，长期"试用"，既不进行修订也不作为正式法规发布，必然降低教育法的效力和权威。

相关的法律不完善，导致中小学教师的身份归属模糊不清，其权利得不到有效的法律保障。从现实情况看，长期困扰农村中小学教师的拖欠工资问题以及时有发生的随意解聘教师现象，不能不说与中小学教师身份的模糊属性有很大的关系。

我国《教师法》规定，对拖欠教师工资的，地方政府应当责令其限期改正，但《教师法》公布施行以来，有些地方政府仍在拖欠教师工资，也没有追究其法律责任。造成这些情况的原因主要的还是不少教育法律法规没有明确的法律责任，没有明确的罚则，尤其是某些法律法规在具体执行中涉及多个部门时，因法律条文规定不明确不具体，造成执法主体之间互相推诿，互不负责。

（三）教师身份获得方式不统一

教师身份与其他职业地位的获得一样，不只是一种专业资格，更是一种社会身份的象征。由于我国特殊的历史和社会原因，教师身份的获得通常有两种方式：一种是接受正规的师范教育训练，取得相应的文凭和资格；另一种是民办教师转正。民办教师没有接受正规的师范教育，不具备国家规定的学历，长期以来虽然在履行教师的职责，但不具备法定的教师身份，在经济待遇和社会地位上与正式教师存在着很大差距。民办教师必须进修，取得国家规定的学历和资格证书，才能获得正式的教师身份，享受与正式教师同样的经济待遇。民办教师转正不仅仅是一个教学能力的提高过程，而且是地位获致的过程，获得教师身份意味着一种纵向社会流动，因而隐含着深刻的社会学内涵。同时，民办教师转正也是国家对农村教育的一种控制手段，八十年代民办教师占整个农村教师的一半以上，国家通过转正政策将民办教师逐步纳入到国家管制的范围之内。

有学者认为，政府一方面依靠乡村教师来发展乡村教育，另一方面政府通过对社会成员进入乡村教师职业的控制和对乡村教师总数的控制，从制度上对乡村教师加以节制。教师资格的获取由政府制定的有固定人数的考试和转正制度的一系列规定所决定，通过对乡村教师进行编制，控制了乡村教师的总体人数。这种人数的节制与意识形态的控制双管齐下，加强了政府对于乡村教师的管理。复杂的学历和职称制度，与来自政府的乡村教师报酬，构成了政府管理乡村教师的主要手段。因此，教师同政府的关系具有双重性质，既支撑着政府举办的乡村教育，又为政府所控制。①

二、中小教师身份定位的法律依据②

（一）关于教师的身份

《教师法》第三条规定："教师是履行教育教学职责的专业人员"。这个规定是对于教师身份的准确的科学的定位，也是改革开放以来的成果。改革开放以后，在确定教师的专业人员的工资等级时，有的同志认为，中小学教师的劳动是熟练劳动，没有专业技术含量，不应当定专业技术人员的工资。这在当时不重视知识分子的社会环境下，是有一定的市场的。经过努力，教师的工资确定为专业技术人员的工资，在历次的工资改革中按照相应的职务兑现了工资，这是一个重要的进步。

如果将教师确定为公务员或者教育公务员，将涉及教师身份的根本改变。如果教师不是专业技术人员而是公务员，就不能获得专业技术职务，目前的专业人员职务制度就没有了依据。如果教师没有专业技术职务，则无法提高专业水平也就是教育教学水平。而如果把教师作为公务员，就会使教师教育教学创新的动力缺乏制度保障。从国外将教师定位为公务员的国家来看，许多国家试图改变教师的公务员身份，以增强教师的专业性、学术性和创造性。

（二）关于教师的地位

不同的社会身份带来了不同的社会地位。在《教师法》第三条明确了教师的专业人员身份之后，《教师法》第四条规定："全社会应当尊重教师"。之后，1995 年通过的《教育法》第四条规定："全社会应当尊重教师"。第三十三条规定："国家保护教师的合法权益，改善教师的工作条件和生活条件，提高教师的社会地位"。2006 年通过的《义务教育法》第四条再次规定："全社会应当尊重教师"。这一系列的规定反复重申了全社会对于教师的尊重，而作为公务员，在法律上就没有作出这样的规定。由于这样的规定，教师职业目前已经成为了最受尊敬的职业。在社会上，由于教师地位的提高，出现了教师称谓的泛化。无论是什么人，尊称时都可以叫做"教师"。所以，我们认为，按照现行的《教师法》关于教师身份和地位的规定，对教师是最有益的。

---

① 马戎，[加]龙山.中国农村教育问题研究[M].福州:福建教育出版社,2000:160.
② 孙宵兵.中小学教师的身份定位[J].教育管理,2008(1).

（三）关于教师的权利和义务

不同的社会身份的地位产生了不同的权利和义务。从教师的身份出发，1993 年通过的《教师法》对教师的权利和义务作了规定。首先对教师的权利作了规定，其次对教师的义务作了规定。2006 年通过的《公务员法》对公务员的权利和义务作了规定。首先对权利作了规定，然后对权利作了规定。由此可见，教师的权利和义务与公务员的权利和义务的次序是不同的。两者的权利义务有着多方面的不同。在这里，我们着重对于两者在学术权利和参与民主管理的不同予以讨论。

关于教师在学术活动中充分发表意见的权利。《教师法》第七条第三项规定，"在学术活动中充分发表意见"，这个规定对于大中小学都是实用的。在高等学校，按照《高等教育法》第十条的规定，"国家依法保障高等学校中科学研究、文学艺术创作和其他文化活动的自由"，实际提出了高等学校教师的科学研究、文学艺术创作和其他文化活动的自由，比起中小学教师来更进了一步。按照世界上对于公务员管理的惯例和我国现行公务员法的规定，公务员有"对机关工作和领导人员提出批评和建议的权利"，而没有规定在学术方面的权利和自由。如果教师不是专业技术人员是公务员，也就需要按照公务员的要求去做。然而，如果没有在学术方面的权利和自由，教师的教育教学水平就不能得到提高。这对于中小学教师也是完全一样的。

有的同志会说，中小学教师与高等学校教师的科学研究、文学艺术创作和其他文化活动的自由和权利也是不完全一样的。即使如此，也应当具备《教师法》规定的"在学术活动中充分发表意见"的基本要求；与公务员的规定是不同的。当然，公务员作为公民，如何实践《宪法》第四十七条规定的"公民有进行科学研究、文学艺术创作和其他文化活动的自由"的规定，那是需要另外深入讨论的。

关于教师的民主参与管理。《教师法》第七条第五项规定："对学校教育教学、管理工作和教育行政部门和工作提出意见和建议，通过教职工代表大会或者其他形式，参与学校的民主管理。"这是《教师法》对于教师提出的参与民主管理的要求，而《公务员法》却没有提及参与民主管理的规定，强调的则是"服从和执行上级依法作出的决定和命令"。

（四）关于教师的任用

不同的身份和地位，不同的权利和义务，导致任用制度的不同。教师的任用，既体现了教师的权利，也体现了教师的义务，但我们认为，更多的是体现了教师的义务。在教师的任用上，按照《教师法》的规定，我国教师实行教师资格制度、教师职务制度和教师聘任制度等三个主要的制度。

关于教师资格制度。《教师法》第十条规定："国家实行教师资格制度。"按照《教师法》的要求，在中小学专门从事教育教学工作的人员必须依法取得教师资格，未取得教师资格的人员要调整出教师队伍。

通过实施教师资格制度，一方面，严把教师队伍入口关，拓宽教师来源渠道，补充具备教师资格的优秀毕业生。另一方面，如果没有丧失教师资格，那么教师就具有任教的法定依据。

关于教师职务制度。《教师法》第十六条规定，"国家实行教师职务制度，具体办法由国务院规定"，在法律上明确了教师职务制度的地位。在此之前，1986年中央职称改革工作领导小组颁发了《高等学校教师职务条例》、《中学教师职务条例》、《小学教师职务条例》、《中等专业学校教师职务条例》。目前，大中小学教师均被纳入了专业技术人员职务系列，成为了专业技术人员，可以依据专业技术职务的条件晋升职务，同时享受了专业技术人员的工资。

关于教师聘任制度。《教师法》第十七条规定："学校和其他教育机构应当逐步实行教师聘任制"，"实施教师聘任制的步骤、办法由国务院教育行政部门规定"。按照推行教师聘任制的要求，一段时间以来，中小学要按照按需设岗、公开招聘、平等竞争、择优聘任、严格考核、合同管理的原则，积极推行教师聘任制度。在平等自愿、协商一致的基础上，学校与教师签订聘任合同，明确双方的责任、权利和义务，确立双方受法律保护的契约关系。学校可以按照法定程序解聘教师，教职工也可以按照聘任合同的约定辞聘。

公务员的任用制度与教师的任用制度不同，《公务员法》第三十八条规定，"公务员实行选任制和委任制"。选任制和委任制体现的是国家机关的需求，在任用上，双方的地位是不均衡的。如果教师不是专业技术人员是公务员，就必须按照公务员的办法进行管理和任用。比如，公务员是服从国家的需要进行交流转任的，然而，目前的教师是聘任的，教师如果不同意，是可以不接受聘任的，但作为公务员在任用上没有这样的对等的权利。《公务员法》第六十五条规定，公务员可以在不同职位之间转任，第六十七条规定，"公务员应当服从机关的交流决定"。按照《公务员法》第一百零一条第（三）项规定："不按规定程序进行公务员录用、调任、转任、聘任、晋升、竞争上岗、公开选拔以及考核、奖惩的"，要承担相应的法律责任，"拒绝执行上级依法作出的决定和命令"的公务员，可以给予处分。

当前教师任用存在的问题是，《教师法》出台以后，教师职务条例、教师聘任办法等没有得到制定落实。当前急需的是，做好教师资格制度，教师职务制度和教师聘任制度的制定实施及其制度之间相互衔接的工作。

第三节　教师职业认同与教师专业发展

一、作为"人"的教师的发展

提到人的发展，不能不说到马克思关于人的全面发展理论。其理论包含如下几个要点：①人的发展受到既定的经济基础社会关系的制约，人发展到何种程度，由其所处的历史条件所决定。②人的主观努力和先天才智是影响人发展的重要因素。③人的发展应该是全面的发展，以免于人的被"异化"。而近现代的"发展"一词是在二战以后，随着帝国主义殖民体系的纷纷瓦解，各国相继取得独立以后，在众多的发展中国家被广泛提及的一个词汇，属于发展经济学的范畴，"发展"即经济的增长。20世纪60年代，随着在发展中国家出现的政府腐败、低效率、环境恶化、民族冲突等等问题的凸显，"发展"一词被赋予新的意义，指一国在政治经济文化社会生活等方面全面协调可持续的提升和优化。

国家和社会的发展，归根结底也是人的发展，为了人的发展。因此，借鉴发展经济学的观点，人的发展就不能不包含人的经济能力水平的提升，即人对物质世界操控能力的不断提升。或者说，使人得以摆脱"物的依赖"而获得现实的自由，即罗斯福总统的名言，"使人免于匮乏的自由"。而随着现代人对于"发展"一词理解的不断加深，除了人在免于"物的依赖"方面的发展，人的发展被赋予更多人文精神的成分。人的发展应该不仅仅是生命自然延续的过程，而应该是物质和精神文化生活不断提高优化的过程。物质生活的持续改善，使人得以摆脱"物的依赖"，进而使人得以追求精神境界的提升。这包括人的不断延续的自我认同、自我价值的实现、幸福感等等。

以上所述，只是说明了人们对于发展的愿景，而影响人的发展的重要因素，应该是作为主体的人，他以怎样的方式影响世界。人是以其独特的方式影响环境并受到环境的影响，来获得自身的发展的。而该过程中人影响周围环境的方式便成为至关重要的环节。它可以是"增长式"的，也可以是"发展式"的。

作为"人的教师"（而不是作为"教师的人"）[①]，同样面临发展的难题。其经济状况的提升，是其发展的重要方面，也是其构建教师文化的基础。力求改善自己的经济状况，绝对是教师需要考虑的重要方面。而一名教师要想做到对自己目前物质生活还有精神生活境界的提升和超越，就必须以自己的方式来影响周围的环境，并产生良好的效应而获得环境的回报。而教师影响环境的方式，也只能因应教育的职业特征，那就是在自己的专业领域获得更多的自信和认同（基于对自己专业水平的客观的认识和评价），并因为自己的教学行动对学生产生的积极效应而获得外在的认同，这种影响可以放大到同事、校方乃至社会的认同。当然，如果教师甘于随波逐流或者打算另辟生活之路，则大可不必在自己的专业之路上走得更远。

因此，教师要想获得自身的发展，其影响学生的方式必须越来越受到教师群体及社会的广泛关注。20世纪中期，"好教师"的标准，只是符合学校要求、是一位好公民、个性诚实、友善，而且知识丰富、教学认真。随着教育专业理论的发展，则不以身心行为为特质来界定"好教师"，而是以教师的具体行为及对学生的影响等实证指标来判断"有效能的教师"。然而，人们发现，单单从效能出发来衡量教师的观念，也存在严重的漏洞。依照这样的观点，教师就成为了机械的"知识灌输者"，衡量的指标就在于教师传授技术的高低。近些年来，随着教师专业化的话题被不断提及，人们愈来愈关注教师的"自我认同"，同时给与教师愈来愈多的权力，让其成为自主的课程开发者，教师可以根据自己的专业素养来对课堂做出个性化的决策。而新课改的核心其实也就在于改良教师的课程开发发展的能力，而作为课程实施主体的教师，其"自我认同"便受到诸多研究者的青睐，期望能从理论到实践都有所突破，从而能大幅提高教师的主体能力。

二、教师认同的概念和特征

过去的教师愿意以对教师专业"角色"所赋予规范的遵从来获得社会的认可。很显然，角色规范或者期待不一定为教师所接受并内化。因此，教师并未摆脱"物的依赖"而获得自主发展。这样的教师便只能是课程规范的僵化执行者，是毫无生命感的知识传授者。不光他们自身的发展因此

---

①周淑卿.课程发展与教师专业[M].北京:九州出版社,2006:79-89.

而停滞，他们的学生也将是知识符号的僵化背负者，知识不再是切入经验的价值的重组，不再是带着个体独特体验的有意义的自主建构。只有教师从潜在的角色规范下摆脱出来，获得自主，并重新审视作为"教师自我"的时候，他们才可能发现自己的专业发展方向，走上一条充满发现与体验的道路，在这条道路上释放自己创造的冲动，形成属于自己的教育理念，构建自己的价值体系，拥有作为教师的"个人文化"。惟有如此，教师才可能开始真正意义上的成长与发展。

其实教师在开始自我审视，并追问诸如"我是谁"、"为什么我是现在这个样子"、"我要成为什么样的人"等问题的时候，他（她）正在实施教师的身份认同。身份认同即是"自我"的建构历程。在这些问题的追问中，人们藉由自己与他人的各种关系，反思自己的特质与外界赋予的意义，寻求统合其不同地位与角色，以及分歧的各种实验，以形成一个自我意象，并能确立自己所处的位置，期望与行动。①

近年来，"教师认同"（teacher identity）也是欧美国家教育研究的热点问题，有许多学者对教师认同进行了定义：德沃雷特（Dworet）认为，教师认同是教师对自己作为教师的整体看法；诺里斯（Knowles）认为，教师认同是教师个人对他/她自己成为一个教师的想法；也就是他们对自己身为教师的"意象"（image）；与诺里斯相似，尼亚斯（Nias）等人认为，教师认同是教师的自我概念或意象，这些自我概念或意象强烈地影响教师教学的方式，专业发展的方式以及他们对于教育改革的态度；迈克利诺斯（Michalinos）则将"教师认同"与"教师自我（teacher-self）"、"教师个性（teacher individuality）"等视为一组类似的概念。

国内有学者认为，教师认同是教师个人对自己身为教师的概念和意象，它回答的是"作为一个教师，我是谁"以及"我要成为何种类型的教师"的问题。②

作者认为，所谓教师认同就是指教师个人将自己置于教育及社会的开放环境下自主地思考作为教师的概念和意象，它回答的应该是"作为教师的我是谁"、"我该怎样规划我的教育发展之路"、"我该怎样促进自我成长及学生的成长"。

对自我认同的心理产生机制的研究发现，自我认同具有以下几个特征：

---

①周淑卿.课程发展与教师专业[M].北京：九州出版社,2006.
②周成海.导正教师认同：教师教育的重要使命[J].中国教育学刊,2007(11).

（1）教师认同是动态的，是不断形成的。从专业发展的观点看，教师认同的形成，是一个持续地对经验进行解释和再解释（re-interpretation）的过程。因此教师的认同具有持续渐进的特征，它的形成受到生活事件所蕴含意义的影响，受到经验及环境文化的影响。

（2）教师认同的形成，受到其原有价值和意义系统的影响。教师认同既受环境影响，又具有个人特征。人们期望教师专业地思考和行动，社会的要求、他人的观念和期望影响教师认同的形成。但是，教师个体并不是简单地采用那些社会既定的专业规范（知识，态度等），他们基于自己的价值和意义系统对外在的规范进行调整，形成个人化的认同。

（3）教师认同由许多次认同构成，一些次认同可能广泛地联系在一起组成教师认同的核心，而另一些次认同则可能处于边缘。越是核心的次认同，改变起来越是困难。并且，这些次认同可能和谐一致，也可能不和谐一致。

（4）主体性是教师认同的一个重要特征，教师认同是教师自主建构出来的。在教师认同形成的过程中，教师是能动的主体，一方面主动参与社会交往和对话，广泛接触各种资源；另一方面又通过积极的反思，对自己既有的认同进行检视，不断修正或重构自己的认同。

（5）学习和质疑应该是建构认同的重要因素。教师的认同是在原有知识架构及特定环境下通过实践形成的，具有相对稳定性。学习可以使教师开阔视野，提供更多思维的素材与视角，从而能够更为全面地审视既有的认同。而在积极实践基础上的质疑对既有认同的合理性进行批判性的解构，这有利于打破原有的稳定格局，重新建构更为优化的价值体系。

教师认同（teacher identities）从字面意思上理解有"确认"、"属性"之意，即教师认同至少包含教师对自我生存价值的认同，诸如满足于教师职业所蕴含的意义，有对教师群体的归属感等等。从词性上来看，它属于"名词"，从这个角度理解的教师认同，应该是一套业已形成的静态的价值符号体系。但若从人的永恒发展的过程来看，"动词"的教师认同，更能表现其动态变动优化的本质。因为只有教师不断地审视自己，不断地修正自己既有的认同（名词的、静态的），才能拥有渐进的专业发展经历，正是这样的经历构成了教师个体生命的历程。从这个角度来说，教师认同的过程也就是教师个体生命不断发展成长的过程。

三、基础教育新课程改革背景下的几种教师认同

教师认同应该是教师将自己置于一个开放的教育领域及周边环境之

中，通过与环境的互动，形成对作为教师的自己的评价和期望。教师若不能在更加宽泛的背景下超越现有教育学知识领域、课堂、学校和地区环境，则可能形成不合理的认同。教师对内统合自己的知识结构，对外与学生、家长、校方、社会协商对话形成自我认同，但这样的认同受到其知识视野及地方文化的差异的局限，可能是有失偏颇或者不尽合理的，这往往可能是不利于学生教育学意义上的发展的。局限于一个信息不畅的空间领域，教师的专业发展之路也会因之停滞不前。在新课程改革的大环境下，目前在中小学教师群体中还存在一些不合理的认同。

（一）对教育理论的漠视，对教学实用技术的青睐

有研究发现，初任教师认为教育理论的作用在于：一方面是奠定教育的理念。另一方面有助于认识教育的原理和方法。但在面临实际情景的问题时，理论应用性不高。[①] 尽管如何弥补理论与实践之间的鸿沟是一件很费思量的事情，但是绝不能因此否认理论会对实践产生影响。杰克逊（Jackson）认为，教师拒斥抽象理论，会减少其心智思考和主动探索的空间，导致教师的"心智简单性"，把教学背后的复杂原因进行简单化的理解，使教育实践诉诸经验、直觉和浅层次思考。批判教育学者吉鲁（Giroux）则认为，理论能赋予教师一种"认知框架"，它像是个"过滤器"，可以帮助教师观察信息，选取事实，定义问题，进而发展可能的解决之道。尽管教育理论能够为教师提供一种精神的引导、判断的凭借、看问题的视野、反思的参照，但是，许多教师对于教育理论的价值并不认同，多数教师只关注"实用"的技术，而对于抽象的理论则漠然拒之；在教室内的课程实践中，多数教师满足于技术的临摹和复制，却不愿澄清其背后的原理。他们内心的真实想法是：不用学习教育理论，照样能把课教好，教育理论都是些没有用的大道理。

（二）认同"我是知识的传递者"的教师不在少数

这些教师把知识看作客观的、普遍的、确定的"金子般的真理"，教师是知识的拥有者，而学生则是缺乏知识的人，教学就是把知识从教师转移到学生，学习就是对知识的复制、占有和储存。"我是知识的传递者"这一教师意象，往往导致教师对教学的简单化理解，亦即将教学视为"一桶水"向"一杯水"灌输的过程，建构主义教学提出的创设问题情境、切入已有经验、开展多向对话、引导自主建构等教学要求，往往被这些教师视为"节外生枝"、"费时费力"。对于认同"我是知识的传递者"的教师

---

①周淑卿.课程发展与教师专业［M］.北京：九州出版社,2006.

而言，教师是教学的主角，控制整个教学进程；讲授法能够实现较高的知识传递效率；"我讲你听"应该是教学的常态；反复训练可以确保所传递的知识得到巩固；考试是测评知识传递效果的重要手段。

（三）认同教师就是学生的管理者

在一些中小学教师的心目中，学生在课堂上就应该整整齐齐，安安静静，没有嘈杂，没有混乱，一切都在教师的调度下、按照教师的意志行事。这部分教师对下述观点高度认同：学生需要"管"，否则他们就会"乱"；而要管好学生，教师则要"严"，要让学生"怕"。他们强烈希望将学生置于自己的绝对控制之下，希望学生"听话"，并把"纪律好"和"学习好"作为评价"好学生"的最高标准，一旦学生的行为超出了自己的期望，哪怕这种行为不具有任何不当性，他们也会加以制止。更有甚者，有的教师为了达成自己所期待的秩序，往往想方设法减少学生活动和说话的可能，一些有悖教育精神和人道原则的行为也以维持纪律的名义出现。

（四）认同教师就是问题答案的判定者

建构主义理论以及后现代思潮认为，知识不再是绝对的、确定的，它只是一种有待于修正的假设，人面对知识也不再只有顶礼膜拜的份儿，他们可以从自己的经验出发来诠释知识，建构自己的理解。然而有相当部分教师认为，标准答案是不可逾越的边界，不可违背的圣旨，如果没有标准答案，学生就不能掌握"正确"的知识，教师对学生的评价也就无所参照。在这样一种教师意象的控制下，学生在课堂中提出的许多富有创意的见解被教师以不符合答案为由而否定，即便是"探究学习"、"发现学习"也并不是真正允许学生做出自己的发现，而是按照教师预设好的程序来达到探究的结论，即标准答案。标准答案成为一种思想霸权，他们必须把自己的理解和观点限制在标准答案圈定的框框中，独立见解、批判质疑不仅得不到肯定，还要承担非常高的风险：被教师否定，在考试中丢分。在标准答案的长期规训下，学生的探究精神、创新意识遭到严重的压制。

四、修正教师认同，促进教师个体发展

必须指出，教师认同作为教师的深层认知，其改变并非易事，然而人作为流变的主体，其专业认同也可以通过主体自觉地体验、互动和反思而实现某种程度的改变。博里克（Borich）指出，教师认同的形成是结合了内部和外部两种力量进行的，既受到教师所处的社会情境的影响，也是个体自主反思和建构的产物。教师教育要导正教师认同，必须从内外两个方

面入手。

（一）提供教师修正其认同的文化环境

雷诺兹（Reynolds）指出，教师认同受文化脚本（cultural scripts）和职场景观（workplace landscape）的影响。不同的社会文化、学校文化往往潜存着不同的规范和期待，教师必须根据特定的脚本和景观来建构自己的认同。社会文化取向有着极其复杂的历史与现实背景，是有着极其复杂甚至矛盾冲突的价值符号系统。处于社会文化包围之中的学校文化，不可避免会受到其大环境的影响，但学校本身就是传承文化发展文化的特殊主体，因此学校完全可以发展一种有利于教师个体认同健康发展的文化氛围，并对教师的合理认同的形成提供支持。

社会互动是教师改变和修正已有认同的诱发力量，教师只有参与到一定社会文化情境中的交往和对话中去，通过与"重要他人"的互动，才有可能以他人观点为参照，质疑、检视自己的价值认同。教师教育的重要任务就是创设一定的情境，提供必要的信息资源，引导教师检视、修正原先持有的认同。

（二）通过培育发展学习型学校文化，引导教师反思既有认同

教师个人是其认同建构的主体，教师认同的形成有赖于教师自主地反思自身，通过与自己对话，不断修正其信念、态度和假设，发展出新的认同。曾子曰："吾日三省吾身——为人谋而不忠乎？与朋友交而不信乎？传不习乎？"可见，自我反思很早就成为人们检视自我修正自我的一种重要思想方法。符号互动论的鼻祖、美国社会学家米德（Mead）曾提出"自我互动"的概念，他指出，自我（Self）作为有别于非我（周围环境、客体）的主体自己，由主我（I）和客我（Me）组成，"自我互动"是人（主我）把自己当作客体（客我）加以反思，重新定义自我，形成新的认同的过程。对于教师来说，如果没有时时反省自己的习惯，其认同也难以发展。

美国管理大师彼得·圣吉所力图建立的一种组织文化，"以组织成员的共同愿景为组织发展的目标和价值取向，以弥漫于整个组织的学习气氛为组织发展的原动力，建立起一种有机的、高度柔性的、扁平的、符合人性的、能持续发展的组织"。在教师专业化的大环境下，通过创设特定的情境，努力培育发展学习型学校的文化氛围，将有助于打破教师原有的知识结构，开阔视野，以更为宽泛的视角审视原有的认同，从而发现既有认同的局限，继而打破局限，形成新的认同。在这个知识概念不断产生与快速消亡因而必须崇尚学习的时代，作为文化创造者的教师，若不能及时更

新观念，改进教育教学方法，则必将在固有的不合时宜的认同里举步维艰。

（三）搭建开放化的信息平台，发展教师认同

许多教师之所以难以改变自身认同，是因为他们只是在一个受局限的空间行事。比如，不在少数的教师认为，高效率的讲授，典型的训练，大量练习的强化，然后学生分数得到提高，就是教育的成功。因此，划范围、背例题、机械化训练解题思路，成为教师在学生身上获取成功的高端技巧。然而，在后现代主义思潮的大背景下，这样的教学方式显然是不可取的。按照其观点，成功的教育应该打破知识单一的冷冰冰的理性面具，关注知识与人类生存状态的关系，反对"为知识而知识"，因为人是生活在"意义"之中的，知识很显然只有和人的意义世界相联系才是生态的、人道的。因此其核心词汇应该是："多元，建构，意义，参与，对话"。很显然教师若不能将自己置身于更为宽泛的知识背景中，那么他们将很难理解当前的课程改革。

因此，搭建开放化的信息平台，让他们处于一个广泛而开放的教育信息环境之中，给予教师更多的实践空间，让他们与更多的信息、观念发生碰撞，将使得他们对自己有更加精准的认识与定位，从而对自己无论是既有知识结构、教育理念，还是教学方式的认同产生"扰动"，甚至对自己的局限产生"切肤之痛"；使教师有更多机会深入地思考"我是一个怎样的教师"以及"我要成为一个怎样的教师"；促使教师怀疑其原有认同的合理性，通过不断反思，实现教师认同的修正或重构，发展出新的教师认同。只有这样，才可能产生修正认同的动机，产生修正既有认同的动力和张力。

总之，在教师的生命过程中，应该有一条轮廓分明的线条，其中点缀着精彩纷呈的由事件和人物构成的特殊经历，每一次的触动，带来的是观念的补充或者干脆就是重建。佛瑞德（Fred）所提出的发展教师认同的"生命之路"、"经验之河"、"故事交换"、"利用档案袋"等方法，也正是为强化教师的认同意识，使教师们走在自己的路上，向前走着，体验着，并和学生一起成长，这才是教师的生命发展之路。

第二章　中小学教师培养与培训一体化

第一节　职前培养和职后培训

一、教师职前培养

1966 年，联合国科教文组织发表的文件《关于教师地位的建议》中强调："应当把教师工作看做一门专业，因为它是一种服务公众的形态。它需要教师的专门知识和特殊才能，这些都需要经过长期持续的努力与研究，方能获得与维持。"从此，各国政府不断努力探索将教师专业化作为教师教育改革追求的重要目标。教师专业发展由职前培养、资格任用和在职培训三个阶段组成。

职前培训，又称入职培训，是指劳动者在就业之前接受的培训。职前培养是教师专业发展的起始阶段，对其今后的专业成长有着至关重要的影响。教师职前教育是教师培养的主要渠道，是指师范院校对志愿走上教育教学岗位的青年学生进行的职业准备性教育。教师职前培养是属于师范教育体系内部的基础性教育，它为师范生各方面素质的发展奠定良好的基础，包括向学生传授文化和教学知识、培养学生教育教学技能、帮助学生确立正确的教育观等一系列的课程与培训。

二、教师职后培训

终身教育理念的提出，突破了阶段性、制度化的传统教育模式，实现了教育与生活的整合，顺应了社会进步和人的全面发展对教育的本质要求。教师职业是一个特别需要学习的职业，通过持续不断的学习以完善已有的知识结构和提高教学技能以适应不断发展的社会是教师必须具备的能力。教师专业化要求教师必须终身学习，职后培训是实现教师专业发展的条件。

职后培训，是教师促进教师专业化发展的重要途径。它是在职前培养的基础上，根据社会与教育发展的需要，使教师进一步更新教育理念、丰富专业知识与技能、提升自己从事专业的一项系统工程。职后培训为教师增加教育专业知识、提高教学技能以及提升教育专业精神提供了不可多得的机会与条件。

教师职后培训是指师范院校对已经走上教育教学岗位的教师进行的提高性教育，它重视教师整体素质的提升和面向全体教师，关注每一个教师的发展。与职前培养一样，职后培训也是一项系统工程，它有自己的特点和规律，是在教师具有一定实践经验的基础上，通过培训促进他们对经验的反思与分析，进而将自己的感性经验上升到与时代相符的理性高度，并指导自己的实践活动。

三、教师职前培养与职后培训一体化

职前培养，是教师专业发展的起始阶段，养成合格教师必须具备的一些知识和技能，为其教师专业化奠定一个坚实的基础，从而推动教师的终身学习和自主发展。职后培训，属于再造性、补缺性和更新性的教育，它是以职前培养为前提，在职前培养的基础之上帮助教师更新知识和技术，了解教育教学改革的最新趋势，同时帮助在职教师矫正不恰当的教育观念、教育方法和教育技能。另一方面，职前培养以职后培训为补充，持续帮助教师拓展自我的专业领域，促进自我专业的成长，从而建立起其专业自主的广阔发展空间。

第二节　我国教师培养模式的历史沿革

教师培养模式，即教师培养机构在一定的教育思想的指导下，根据教育发展的现实需要，准确定位教师培养目标，科学设置学科专业，合理制订教育计划，安排教学内容，完善教师培养方式，以培养不同层次、类别的学校师资的操作样式和运行方式。

一、教师培养模式的含义

（一）"人才培养模式"的提出

20世纪90年代，随着我国推行从应试教育向素质教育转变的改革，

"人才培养模式"开始在我国教育界出现并普遍使用。1994年，原国家教委启动并实施的《高等教育面向21世纪教学内容和课程体系改革计划》中首次出现"人才培养模式"，文件中明确规定"未来社会的人才素质和培养模式"是"高等教育面向21世纪教学内容和课程体系改革计划"所设研究项目的主要内容之一。1996年，第八届全国人民代表大会第四次会议批准的《中华人民共和国国民经济和社会发展"九五"计划和2010年远景目标纲要》中也提出，改革人才培养模式，由"应试教育"向全面素质教育转变。之后，这一概念逐渐被教育理论研究与实践者接受与普遍使用。①

（二）教师培养模式的内涵

人才培养模式，是培养怎样的人和怎样培养人的有机统一。教育思想，目标指向，体现目标的教育和教学计划、内容和方式，教育教学的方法与手段，管理制度和运行机制等，是人才培养模式的组成基元。教师培养模式的产生和发展具有鲜明的时代性和社会适应性，教师培养过程具有明确的指向性和灵活性，组织结构和形式、运行原理和方式具有相对稳定性和典范性。

教师培养模式，包括职前培养、入职培训和在职培训。教师的发展是一个终身过程，我们不能期望教师教育能在几年的时间内将未来教师塑造成一个个成熟的专家型教师。适当的期望是通过这一教育过程，使他们能养成合格教师必须具备的基本素质，毕业后就能初步胜任学校的实际教育教学工作，同时又能帮助其奠定终身、自主发展的坚实基础。因此，入职培训和在职培训对每一个教师都是必不可少的，教师必须在以后的教学实践中学习新知识、新技能，必须终身进行学习。

二、我国教师培养模式的变迁：师范教育到教师教育

（一）我国教师培养模式变迁的原因

1. 封闭性师范教育的不适应性

封闭性的师范教育模式课程设置比较狭窄，学科程度相对偏低；学生基础知识不够宽厚，高师毕业生"进入角色快，发展后劲不足"；专业定向过早，学生来源和职业出路受到较大局限；培养渠道单一、封闭，不易适应现代社会和科学技术发展对多种类型、多种师资规格的需求等。② 随

---

①陈新民.民办高校人才培养模式改革的理论与实践[M].杭州:浙江大学出版社,2007:1.
②周福盛.我国教师教育转型的历史背景和现实基础[J].宁夏大学学报,2005(6).

着我国市场经济体制的建立和高等教育体制改革的逐步深入，这种培养模式受到了严峻的挑战，其弊端也日趋暴露。封闭的师范教育培养的是知识型、知识传递型的教师，它不再适合新时代对教师提出的崭新的要求，即培养全能型、自主发展型的教师。

2. 教师培养由量的扩张向质的转变

20世纪90年代以前，我国教师经济待遇低、社会地位不高，愿意当中小学教师的很少，而基础教育又需要大量的教师，这就导致中小学缺乏合格教师，其中许多教师学历不达标是较突出的问题，教师培养着重在学历教育方面，因此师范院校进行职前教师的学历教育。随着教师学历达标率的提高，基础教育水平的提高，教师培养由量的需求向质的需求的转变已成为不可逆转的发展趋势，提高学历要求是质的需求的重要表现，教师职前培养朝高学历方向发展，教师教育大学化、师资培养多样化、职前培养职后培训一体化成为现实。建立灵活开放的教师教育体系，是摆在我们面前的一项重要而紧迫的实践课题。

3. 教师专业化的要求

师范教育的"学科本位"意识较严重，课程结构偏重专业学科，而忽视基础知识、教育类基础学科和教育实习等技能的培训。现在，教师专业化已成各国教师培养的目标。教师培养模式的改革要根据社会发展的要求、高等教育的基本规律和基础教育变革的需要，以教师专业发展为出发点，实行学科专业教育与教师专业教育相对分离的培养模式，建立大学教育学院或教师教育学院作为教师专业教育的基地，完成教师专业教育的培养任务。

（二）教师培养模式变迁的过程

1. 国家政策的颁布

教师培养模式的变迁，是在国家教育政策的指导下进行的。"1999年3月，教育部在印发的《关于师范院校布局结构调整的几点意见》中指出，从我国国情出发，坚持独立设置师范院校为主体，同时进一步拓宽中小学教师来源渠道，鼓励一批高水平综合大学参与培养中小学教师，通过实施教师资格制度，逐步实现中小学教师补充与人才市场接轨，使中小学教师来源多样化。"[①] 同时，提出对我国师范教育进行层次结构调整的目标："从城市向农村、从沿海向内地逐步推进，又三级师范（高师本科、高师专科、中等师范）向二级师范（高师本科、高师专科）过渡。到2010年

---

①祝怀新.封闭与开放:教师教育政策研究[M].杭州:浙江教育出版社,2007:307.

左右，新补充的小学、初中分别基本达到专科和本科学历。"[①] 2001 年，《国务院关于基础教育改革与发展的决定》第一次在政府文件中以"教师教育"替代了长期使用的"师范教育"的概念。2002 年，《教育部关于"十五"期间教师教育改革与发展的意见》明确提出：建立"在终身教育思想指导下，按照教师专业发展的不同阶段，对教师的职前培养和在职培训一体化"和"以现有师范院校为主体，其它高等学校共同参与，培养与培训相衔接，体现终身教育思想的、开放的教师教育体系。"至此，我国开放的教师培养模式的政策已形成。

2. 培养目标的确立

我国 1993 年颁布的《中华人民共和国教师法》和 1995 年颁布的《中华人民共和国教育法》明确指出："教师是履行教育教学职责专业人员。"通过提高教师的专业化水平来提高教师队伍的质量，成了我国教师教育改革发展的目标。

培养基础教育教师，仍然是师范院校的重要任务。1999 年 6 月，《中共中央国务院关于深化教育改革全面推进素质教育的决定》强调，要建设全面推进素质教育的高素质的教师队伍，要求教师要有宽广厚实的业务知识和终身学习的自觉性，掌握必要的现代化教育技术手段。要积极参与教学研究，在工作中勇于探索创新。提高教师专业化水平成为人们的共识，"要求教师不仅是有知识、有学问的人，而且是有道德、有理想、有专业追求的人；不仅是高起点的人，而且是终身学习、不断自我更新的人；不仅是学科的专家，而且是教育的专家，具有像医生、律师一样的专业不可替代性。"[②] 我国基础教育课程的改革，要求教师拓宽学术视野、建立综合知识结构和加强教学研究能力。所以，现代社会更加需要全面适应基础教育改革与发展的高层次、专业化、以创新精神和实践能力为核心的新型师资。

3. 新培养方式的尝试

实施教师教育模式以来，我国各高等师范院校借鉴发达国家的经验，推出了新的教师培养方式。为了真正地培养具有专业化水准的教师并为教师的专业发展奠定基础，实行学科专业教育加教师专业教育的培养模式。在培养机构上，建立大学教育学院或教师教育学院作为教师专业教育的基

---

①中国百科网.教育部关于印发《关于师范院校布局调整的几点意见》的通知,教师[1999]1 号[EB/OL].http://www.chinabaike.com/law/zy/bw/gw/jtb/1339837.html,1999-03-16.
②刘微.教师专业化:世界教师教育发展的潮流[N].中国教育报,2002-01-03.

地。在课程结构上，对教师进行通识知识、学科专业知识和教师专业知识的培养。在培养层次上，采用了 3＋1（3 年通识教育和学科专业教育，1 年教师专业教育）、4＋1（4 年通识教育和学科专业教育，1 年教师专业教育，毕业时获双学士学位）、4＋2（4 年通识教育和学科专业教育，2 年教师专业教育，毕业时获教育硕士学位）、4＋3（4 年通识教育和学科专业教育，3 年研究性课程学习，毕业时获硕士学位）等形式。在教学实施上，实行 5＋3＋2 模式，即 50% 是师生互动学习但以教师为主的讲授内容，30% 是在教师指导下以学生为主的实践内容，20% 是以学生为主的研究性内容。从而保证学生掌握系统的知识，保证学生有较强的实践能力和创造能力。

三、师范教育与教师教育的比较

（一）封闭的师范教育的特征

师范教育是一个封闭、僵化的系统。各级教师的培养都由师范院校负责，师范教育分别由中师、师专和本科师范院校三种不同级别的师范院校来实施，中师主要负责培养小学教师，师专负责培养初中教师，本科师范院校负责培养高中教师。承担师范教育任务的师范院校是单一型院校，综合实力较低，学术研究要求不高，经费来源渠道较窄，学校对社会的各种变化不敏感。师范院校生源是定向招生，学生毕业后工作分配实行教育部门的定向分配制度。师范教育培养以传播知识、传承文化为主要任务的教师的目标，使师范毕业生从事非教师职业受到限制，同时，学校拒绝非师范院校毕业生进校任教。师范教育本身侧重于学科的专业教育，而忽视对学生教育的专业教育，学生教育专业课程所占的比例极少。教师职前培养与职后培训相脱离。

（二）开放的教师教育的特征

教师教育是灵活开放的教师培养体系。师范院校向多科性、综合性方向发展，增设非师范类专业。国家鼓励有条件的非师院校，特别是综合研究型大学，参与高层次教师的培养。教师教育的学历层次提高，原来的中专、大专、本科三级师范教育体制向大专、本科、研究生的三级师范教育体制过渡，经济发达地区向本科、研究生两级师范教育体制过渡。教师职业逐渐建立起自己的学术规范和专业标准，教师教育成为一个专门研究领域和学术领域。教师资格制度替代师范生定向招生、定向分配制度，定向培养师范教育体制被各级各类教师教育的分工与竞争所取代。教师教育实现教师职前培养、入职教育和职后培训的一体化以及教学研究与教学实践的一体化，为教师不断提高专业素质、促进其专业发展提供了物质条件和制度保障。在教师教育的培养模式下，教师必须终身进行学习，不断地丰富专业知识和教学技能，满足自身不同层次的要求。

四、建立师资培育机构与中小学的合作伙伴关系：教师培养模式的新趋势

教师教育的直接目的、教师培养培训的一体化及实现教师专业化，都要求培养教师的机构尤其是作为培养教师重要基地的师范院校必须加强与中小学校的联系，加强师范院校与中小学的联系。

（一）教师教育的直接目的是培养合格的教师

2002年，我国教育部颁布的《关于"十五"期间教师教育改革与发展的意见》中提出："所有从事教师教育的教师应主动积极深入到中小学，研究中小学。"[1] 大学注重理论的学术研究取向以及重研究轻教学的奖励机制，使教师深入中小学的活动得不到应有的支持与尊重。要培养出合格的中小学教师，师范院校的教师就应该了解和熟悉基础教育，与中小学教师合作展开教育研究，才不会脱离中小学的实际，才能确保教师教育的质量。同时，对想从事教师工作的学生而言，到中小学观察学习并实践，能更好地了解以后自己所做工作的性质，对教学中遇到的各种困难与面临的挑战会有更深入的体会，从而为他们毕业后走上工作岗位作好充分的准备。

（二）教师教育一体化的要求

职前培养所获得的知识已无法满足当今教师的需求，教师必须在职后不断地进行培训以更新知识、学习新的教学技能。建立师资培育机构与中小学的合作伙伴关系，中小学校可以为准教师提供临床实习的机会，增加他们的实际教学经验；师范院校等师资培育机构则为中小学的在职教师提供更多发展深造的机会，是中小学教师职后培训的渠道。这样，通过建立师资培育机构与中小学的合作伙伴关系，一方面师资培育机构通过中小学校培养优秀的中小学教师，另一方面，中小学通过师资培育机构提高本校教师的素质能力，从而达到互惠双赢的局面，提高教育系统的整体质量。

（三）实现教师专业化的基本途径

教师专业化发展只有通过对实践的反思和拥有系统理论知识与研究能

---

①法律教育网.教育部关于"十五"期间教师教育改革与发展的意见［EB/OL］.http://www.chinalawedu.com/falvfagui/fg22598/17350.shtml,2002-02-06.

力才有可能，这要求师范院校与中小学建立紧密的联系。如今，教师不只是任务的执行者，而且是教育思想者、研究者和实践者。培养反思型的教师只有说教而缺少实践活动的双向互动是不行的，它需要师范院校与中小学校的合作，只有在课堂教学的过程中进行的教育科研才能培养反思型教师，因为课堂教学是培养反思型教师的平台，教育科研的过程只有在学校的特定环境中才能得到保证。

第三节　教师准入机制与教师培养机制的政策分析

1978 年开始，我国社会进入了由计划经济体制到市场经济体制的转型时期。随着社会及国际形势的发展，为应对当今世界教师专业化的需求，20 世纪 90 年代末开始我国教师教育制度也在经历转变，即由师范教育到以教师专业化为目标的教师教育。在现代教师教育制度下，开放的教师准入机制与新的教师培养机制是其主要内容。可由于教师教育制度转型时期存在的固有特点，两者之间存在着相互矛盾的地方。本文从转型时期社会的基本特点出发，阐述了当前我国教师教育制度转型时期开放的教师准入机制与新的教师培养机制之间的矛盾问题。

一、我国教师教育制度的转型："师范教育"到"教师教育"

20 世纪 80 年代以来，世界上出现了教师教育专业化的趋势。随着教师专业化的不断发展，基础教育实现了从追求数量到追求质量的飞跃，21 世纪我国掀起了轰轰烈烈的基础教育课程改革，这些都对师范教育提出了严峻的考验，要求传统师范教育模式必须进行彻底的、根本性的改革，以推动教师专业化发展，从而提高教师队伍的素质。在此背景下，教师教育制度应运而生。

（一）现代教师教育制度的内涵及特点

朱旭东教授指出，现代教师教育制度是"以教师资格证书制度为基础，以现代大学教师培养制度为主体，以教师专业化为核心，以教师专业标准、教师教育机构标准等为条件的教师教育应该遵守的一整套行为规则。它具有专业性等现代性特征。"

可见，专业性、标准性是现代教师教育制度最重要的两个特征。首先，现代教师教育制度是一种专业教育，是培养专业化教师的制度。培养专业化教师首先要建立专业化的教师教育制度，它是通过教师教育的专业学科制度实现的。专业性特征决定了现代教师教育制度要培养教师的专业知识、专业能力和专业伦理等。其次，教师资格证书制度是现代教师教育制度的基础，它提出了教师专业的质量要求，即教师教育能否满足教师专业发展需要及其程度所作出的肯定性价值判断，所以必须要一整套专业标准来衡量。因此，现代教师教育制度是以教师教育标准为条件的，现代教师教育制度还体现出丰富的标准性，它存在于现代教师教育制度的各个环节。

（二）现代教师教育制度的内容

1. 教师资格认证制度

2000年9月23日，教育部颁发了面向社会认定的教师资格的操作性规定《〈教师资格条例〉实施办法》，这标志着教师资格制度在全国开始全面实施。教师资格认证制度的实行，标志着我国教师教育由封闭走向开放，标志着我国教师职业社会化的开始，标志着我国开放的教师准入机制的建立。

长期以来，我国教师队伍的补充主要来源于师范院校的毕业生，师资的培养主要由各级各类的师范院校来完成。这种方式存在师资培养格局单一、学生知识能力结构不合理等局限。教师资格证书的实行为改善这种局面起了重大的作用。2001年，《国务院关于基础教育改革与发展的决定》中提出，完善以现有师范院校为主体、其他高等学校共同参与的、开放的教师教育体系。综合性大学参与教师培养，师范院校增设非师范专业。国家教师资格证书制度的实行，促进了师资来源的多元化。

开放的教师准入机制对我国教育有很大的作用。教师资格制度在保证教师质量等方面表现出不可替代的作用，使我国对教师的聘用走上科学化、规范化和法制化的轨道。教师资格证书制度是教师专业化的一项重要指标，教师资格制度的实施，有利于对我国教师职业实现专业化，有利于严把教师队伍"入口关"，有利于实现多种渠道培养和聘任教师，吸引社会不同领域里的优秀人才任教，给教师队伍注入新鲜血液。

2. 教师培养制度

教师专业化是各国教师教育追求的目标之一，教师的专业化向教师的人才培养模式提出了更高的新要求。为了真正培养出具有专业化水准的教师，应当在大学框架基础上将教师专业教育独立出来，即实行学科专业教育加教师专业教育的培养模式。为了迎接教师教育新时代，一直承担培养教师的重要任务的师范院校须进行教师培养模式的改革与创新。

我国各高等师范院校借鉴发达国家的经验，尝试以下形式：4年一贯制形式、"3 + 1"形式、"4 + 1"形式、"3 + 1 + 2"形式、"4 + 2"形式和"4 + 3"形式等。针对重点高中师资的要求，华中师范大学逐步探索、完善培养模式：一是"主修专业 + 教师教育课程模块"（"3 + 1"）；二是"主修专业 + 教育类第二学士学位"（"4 + 1"）；三是"主修专业 + 学科教学论硕士研究生"（"4 + 2"）。三种培养模式在培养目标、课程安排、能力要求等方面呈梯级递进关系，以"3 + 1"为主体，以"4 + 1"为纽带，以"4 + 2"为高端，实现"本科——第二学士学位——硕士研究生"有机结合的教师教育培养体系。

可见，新的教师培养模式同时注重师范性与学术性，其"新"之处表现为：与过去相比，新的教师培养模式更强调对教育类课程的学习研究。以往人们认为教师教育没有专业性，任何有知识的人都可以当教师。这种观点，导致长期以来对教师教育缺乏应有的重视，严重影响其"师范性"水平。高等师范院校试行的新的教师培养模式，就是针对社会上批评师范生师范性不强而提出的。

二、我国教师教育制度转型存在的问题

（一）问题的具体表现

开放的教师准入机制与新的教师培养制度是我国现代教师教育制度的两个基本内容，培养合格的、优秀的准教师是提高教师整体素质水平的根本，教师资格证书制度是选拔优秀教师的保障，只有两者相互配合才能真正提高教师队伍素质。可是，我国开放的教师准入机制与新的人才培养模式之间却存在相互矛盾的地方。

1. 对教师师范性要求的不统一

开放的教师资格制度忽视教师的师范性，而新的人才培养模式突出强调教师的师范性。

社会上批评师范教育的师范性不强，理由之一是师范生欠缺在教育科学理论知识体系建设和实际教学能力建设方面的培养，所以各高等师范院校推出"3 + 1"、"4 + 1"等"学科教育 + 教师专业教育"的教师培养模式。在这种培养模式下，学生在本科阶段主要进行专业课程的学习，培养学生的专业性；在硕士阶段则主要进行教育类课程进行系统的学习和研究，注重培养师范生的师范性。这样，我国教师教育就能确保学科专业教育和教师专业教育的质量，才能由职业定向型向专业训练型转型。而我国目前实行的开放的教师资格认证制度中，对申请者的师范性根本没有起到高质量的把关作用。对没有系统学习过教育学、心理学、教育理论课程等

教育类课程的非师范生，只需考教育学和心理学就能取得教师资格证。这种简单的笔试，并不能测试出他们对该课程的真正掌握程度，也就无法保证这些准教师的师范性。

2. 对教师教育实习要求的不统一

新的教师培养模式，注重师范生的教育实习，而非师范生在学习过程中并没有教学实践这一环节，教师资格证书考取过程中对非师范生的认证也没有这方面的规定，导致了新的教师培养模式对师范生的高要求与开放的教师准入机制对非师范生的低要求之间的矛盾。

教育实习是师范教育专业教学环节的重要组成部分，是提高师范生教育教学素质的一种职业强化训练。为促进教师专业化发展，现在我国高等师院推行的人才培养模式在课程实践中重视和突出的原则之一就是注重实践性。教师职业的实践性很强，实践性课程是教师教育的重要环节，它直接指向教师专业发展的实践基础。这一教师专业化发展的思想和原则，体现了对专业化教师娴熟的教育专业技能、教育教学能力和教育智慧等师范性的重视和强调。我国教师资格证书的认证，对非师范生并没有教学实践的规定，只要各科成绩合格便能获取教师资格证书。这种形式无法保证教师的质量，更无法保证我国教师专业化的推行。

（二）原因分析

开放的教师准入机制与新的人才培养模式之间存在矛盾，是教师教育制度转型时期的一个普遍现象。

1. 转型时期的含义及特点

社会经济形态的转型，意味着该国传统的社会秩序、经济模式或政治体制等出现重构，而新的社会秩序、经济模式、政治体制目标尚在建立之中。其特点是：①不确定性因素增多，风险增大。传统的惯性成为变革的阻力，人们不大熟悉新系统而导致操作失误。②旧的体制、结构、观念被打破，而许多新的体制、结构、观念尚未确立。

教育失序，是教师教育转型时期的一个普遍现象。所谓教育失序，是"指教育生活或教育世界失却了教育交往活动中普遍有效的教育制度体制规范，致使教育交往活动呈现出失序的状态。"教育失序在教师教育制度转型时期，既有的教育生活方式正在发生着深刻而剧烈的变化，曾经在一定历史时期发挥有效规范作用的旧的教育制度规范体系在日益变革的社会中已失却其存在的合理性、合法性，丧失了规范教育生活、调整教育活动的有效性，而新的教育制度规范体系必然诞生，但新的教育制度规范体系并未完全建立。

2. 教师教育制度转型对两者矛盾的影响

在教师教育制度转型时期，旧的师范教育制度受到质疑，新的教师教育制度开始出现可又尚未完全形成，对教育系统的工作人员还不具有有效的约束力，从而导致教育制度的"真空"状态。目前在我国的表现是：教师资格认证制度已开始实施，目的是为了让更多高质量的人才进入教师队伍，但在其具体操作过程中对非师范专业毕业生并没有起到很好的把关作用，即存在准入门槛低的问题。开放的教师准入机制与新的人才培养模式矛盾的实质是：教师教育制度转型时期对教师高准入门槛的要求，与教师资格认证制度实际操作过程中表现出来的旧师范教育制度时期教师低准入门槛性质的矛盾。教师资格认证制度低准入门槛的具体表现：

（1）开放的教师准入机制忽视师范性

"师范性作为教师教育的内在属性，一般是指教师的教育专业性，它主要解决教师'如何教'的问题，是教师教育的专业思想、职业道德、行为规范、职业素养和职业技能等方面在学校教育科学和各种活动中的集中反映，是教师教育区别于其他专业教育的本质属性和特殊性所在。"[①] 可见，教师的师范性是教师专业化的重要内容。

我国开放的教师准入机制没有突出对申请者师范性的严格要求。我国教师资格认定考试的一般流程是：对各级各类非师范院校毕业的申请人，要求参加教师资格认定机构组织的教育学、心理学补修和考试，还要参加该机构组织的教育教学能力测评。也就是说，对没有系统学习过教育学和心理学等教育类课程的非师范生，只补考教育学和心理学课程就能取得教师资格证。这种简单的笔试并不能测试出他们对该课程的真正掌握程度，也就根本无法保障这些准教师的师范性。

（2）认证机构资质过低

各地教师资格考试的时间、试卷的编制、考务和考试成绩证明等工作，都是由县级以上地方教育行政部门组织实施的。我国《中华人民共和国教师法》第三章第十三条规定："中小学教师资格由县级以上地方人民政府教育行政部门认定。"由于各地发展水平的差异，对教师资格认证标准的要求也存在差异，这样就容易产生一些问题：如何去鉴别各地教师资格证书的含金量？在经济较落后地区合格的教师资格证书在经济发达地区能否得到承认？全国各地的教师又该怎样实现必要而合理的流动？因此，这种没有全国统一标准的教师资格认证制度影响到各地教师的流动问题，也

---

①李国庆，张正锋.论高等师范院校的师范性[J].教育研究,2002(8):66-69.

关系到教师资格认证制度自身的权威性问题。

三、日本教师资格认证制度及其对我国的启示

日本教师资格认证制度取得了较好的成效，其教师资格认证制度的内容、标准及考试形式等方面对完善我国的教师资格认证制度具有启示作用。

（一）日本教师的培养途径及改革措施

综观日本师资培养教育的历史演变过程，可以概括为战前的"封闭型"（也称为"定向型"）、第二次世界大战以后的"开放型"（也称为"非定向型"）、20世纪70年代以来新构想的"定向型"和"开放型"之结合。这种新的"统合型"（"定向型"和"非定向型"相结合）师资培养正在不断得到改善，以求质量的提高。

第二次世界大战以后，日本师资培养教育不像战前那样特设专门机关以及分成培养初等和中等师资两种类型，而是位于一般学校体制之中。从小学到大学的修业年限为16学年，师资培养教育机关（包括国立、公立、私立的师资培养大学和综合大学的教育学部、一般大学、短期大学）位于第12—16学年之间，其中主要有四年制大学及两年制短期大学。3所新设想的教育大学大学院（研究生院）以及18所国立师资培养系统大学大学院（研究生院）位于第17—18学年之间，开设硕士课程。开放型师资培养体制延长培养教师的学制年限，实际上也提高了中小学教师的培养规格。日本新改定的《教师职员许可法》旨在促进中小学师资现有水准逐步提高到硕士课程水平，这已成为一种趋势。随着大学毕业后读硕士课程的人增多，还没开设硕士课程的师资培养大学正在积极准备或创设必要的条件。①

教育发展的需要从我国的现实来看，我国的高等师范教育体系是以独立设置的高等师范大学及学院为主，同时兼有各级教师进修学院及师范专科教育机构。因此，从师资培养机构上看，我国的高等师范教育目前处于国外发达国家二战初的状况。现在，我国正在建立和探索适合我国国情的师范教育体制。师范教育改革的一个显著特点是，中等师范学校（包括普通中等师范学校、中等幼儿师范学校、中等特殊教育师范学校）正在被逐渐取消或升格为高等师范学校，而现有的一些师范院校或逐步被并入综合大学，或逐步改为综合大学。随着社会的不断发展，当前单一培养普通教

①王世忠.中小学教师聘任制的回顾与前瞻[J].江西教育科研,1999(4).

育师资的各级师范学校已不能适应。因此，我国新的《教师法》明确规定："中国公民凡遵守宪法和法律，热爱教师事业，具有良好的思想品德，具备本法规定的学历或经国家教师资格考试合格，有教育教学能力，经认定合格的，可以取得教师资格。"教师资格认证制度目的在于，扩大教师队伍的数量及提高其质量。[1]

（二）日本教师资格的认证标准

在日本，都、道、府、县发行教师资格证书。教师资格证书分为多个等级和类别，有"（小学、初中、高中）普通教师资格证书"。普通教师资格证书又分为"专修许可证"、"一级许可证"、"二级许可证"等。日本教师资格证书的获得主要有三种途径：一是在大学等机构获得学士学位等基本学历、修完文部科学大臣认定课程中所规定的教学科目以及教职科目的学分，经考试合格，由都道府县教育委员会颁发。二是对于在大学的课程学习不够取得一定资格者，可以通过教师资格认定考试、获得普通资格证书。实施的考试项目有：小学教师二类资格证书、聋哑学校或残疾人学校自立活动一类资格证书。三是在职教师在已有资格证书的基础上，在职教龄达到一定年限，并在大学等机构取得规定的学分，也可以取得高一级的资格证书。一般情况下，二类进一类的条件为，在职教龄5年，取得45学分；一类进专科的条件为，在职教龄3年，取得15学分。这项措施在一定程度上有效地促进了教师的自觉进修。

近年来，日本仍在谋求教师资格证书制度的进一步改革。根据2002年2月21日中央教育审议会《关于今后应有的教师资格证书制度（答申）》的提案，为谋求各学校层次间连接的协调化、充实小学专科指导、更多地录用其他社会阶层的优秀人士、确保社会对教师的信赖，政府于2002年5月对教师资格证书法又进行了修订，主要内容为：①具有中学教师（包括初中和高中）资格证书者可以担任小学中相应课程的教学。②放宽对三年以上教龄的教师取得种类相近学校的教师资格证书的条件。③废除特别资格证书中对学士学历的要求，并废除特别资格证书的有效期规定。④加强对资格证书的失效以及没收处理的措施。[2] 2006年6月26日，日本中央教育委员会完成了一份关于教师资格证书的报告，报告建议，为提高师资质量，每10年对教师资格证书进行更新，更新的条件是参加至少30小时的

---

①王世忠.中小学师资队伍综合化发展研究[J].湖北广播电视大学学报,2005(1).
②陈永明.国际师范教育改革比较研究[M].北京:人民教育出版社,1999.

培训。[①]

目前，我国的教师资格认证制度主要规定了对教师进行学历认定，就是说申请者无论是师范专业还是非师范专业，只要具有相应的学历，就基本上可以认定申请者具备教师资格，只是对不具备规定的学历者组织教师资格考试。到目前为止，我国仍然是以师范院校和高等学校的学历文凭作为取得教师资格的主要依据，在我国只有种类和层次之分而没有教师资格的临时和长期之分，教师资格一般属于长期性质，但是我国的教师资格属于中央颁发，在全国可以通用的。

（三）日本的教师资格考试

日本教师资格，是由文部科学大臣批准的具有教师培养资格的大学或短期大学考核。这种考核包括两方面：一方面是对一般大学毕业生的教师资格考核；另一方面是对志愿当教师的其他社会成员的考核。四年制本科毕业的学生经教师资格初检合格后，先实习一年，再经复检合格者，才能取得教师资格证书。对其他社会成员的考核，文部科学省每年委托几所大学进行鉴定考试，报考小学教师须短期大学毕业或具备同等学历，报考中学教师则要求具有大学毕业程度。经考试合格，发给教师资格证书。[②] 我国的《教师法》规定，凡遵守宪法和法律，热爱教育事业，具有良好的思想品德，具备规定的学历或者通过国家教师资格考试合格，有教育教学能力，经认定合格的，可以取得教师资格。可见，要取得相应教师资格，应当具备相应的学历。例如，取得高等学校教师资格，应当具备研究生或者大学本科毕业学历。如果不具备《教师法》规定的教师资格学历的公民或者已具备某种教师资格而还要要求申请上一层次教师资格的人员，必须通过国家教师资格考试。通过国家教师资格考试，被视为具备相应学历。[③]然而在实际操作中，我国师范教育类毕业生可直接向教师认定机构对符合法定条件的申请人颁发教师资格证书，无需经过考试。而且我国目前的教师资格认证考试主要还是替代性考试，只是为了提高了教师的学历，在事实上这种考试制度并没有体现优化教师队伍的作用。我国的教师考核与管理在于学校当局，但是在我国教师相对短缺，教师的资格属于长期性，并没有体现出考核制度的选拔作用。

（四）日本教师资格认证制度对我国的启示

从中日两国实施教师资格认证制度的情况来看，可以得出其异同点。

---

①刘捷,谢维和.栅栏内外[M].北京:北京师范大学出版社,2002:3.
②刘文华.日本教师资格证书制度及其启示[J].武汉市教育科学研究院学报,2006.
③啸天编译.日本拟将实施教师资格更新制度[N].中国教师报,2006-7-5.

首先，其相同之处在于：两国为提高教师队伍质量都制定了教职标准，保障了教师职业的发展；中日两国都制定过大规模的师资培养计划，在创始阶段为解决教师数量问题曾设立各种各样的教师培养机构；关于教师教育机构在学制中的地位，两国在二战之前基本相同，都是独立设置师范教育机构，在学校体系中有别于其他学校而占有特殊的位置。并且，根据培养初等学校和中等学校教师的既定目标，形成两个不同的层次，也就是建立师范学校和高等师范学校。

其次，其不同之处在于：第二次世界大战以后，我国是在固守师范教育体制不变的前提下而求改革与改善，日本却把战前那种封闭型师范教育制度改革成为开放型教师教育制度；日本为提高教师队伍素质创立了新设想教育大学研究生院，向中小学在职教师提供为达到硕士水平的高层次学历教育和学习研修机会。[①] 可见，日本的教师教育是随着社会的需要逐步地向高层次专业化方向发展，相比之下，我国对教师学历的要求是比较低的，随着我国教师教育大学化的不断推进及对人才素质要求的提高，不久的将来对教师的学历必将有更高的要求。在我国教师教育发展中，不论中学教师，还是小学教师，或是幼儿教师，都应由高等教育层次的机构来培养。师范甚至师专应撤销、停办、合并或升格，以满足人们对教师教学水平和学历提出的要求。接受高等教育必须成为我国各级学校教师任职的必要条件。

四、对策：完善教师资格认证制度

"克服社会转型时期教育失序的根本途径在于建立健全与新的教育生活方式、新的教育交往活动相适应的教育制度规范体系。"目前，我国教师资格认证制度的不完善，是导致开放的教师准入机制与新的教师培养模式存在矛盾的主要原因。因此，要解决两者的矛盾，首先要完善我国的教师资格认证制度。具体可以从以下几方面着手：

（一）加强对教师的师范性要求，增加教育专业课程的比重

从教师专业化的要求看，目前教师的人才培养模式越来越重视教师对教育专业课程的掌握，即对教师师范性的重视。要使教师成为一门专业，教师资格的取得首先必须要求准教师具有系统的教育科学理论知识。教师专业与其他专业的区别，不在于教师具有学科专业知识，而在于教师具有教育教学的科学理论知识，即教师的支撑性知识，包括教育学、心理学等

---

①朱旭东.试论师范教育体制改革的国际趋势［J］.比较教育研究,2000(4):42-46.

教育类课程。所以，要当好教师，首先得系统学习这些课程，并在教学实践中进行研究。教育科学理论是一个广泛的学科群，要扩大教育专业课程在整个课程体系中的比例，教育专业课程至少应包括基础理论课程、学科教育课程、职业技能课程和教育研究课程四个层面，帮助学生掌握基本的教育理论知识和从教技能，培养他们独立从事学科教育的能力和教育科研能力，形成科学的教育理念和坚定的教育信仰。而在这一过程中，参观学习、教育见习、教育实习等形式起着非常重要的作用，可是让学生得到多方面的锻炼，最终提高他们的教育教学能力。

（二）对教师资格证书的取得设定试用期

对教师资格的申请者进行一段时间的检验，合格后才发给正式的教师资格证书。长期以来，各国对师范生的实习都有严格的要求。目前，我国教师资格的认证对非师范生并没有这方面的规定。

专业认证的六个基本程序的第五个程序是：检查，认证机构在认证通过的有效期内对获得认证的专业进行检查，以确保其持续达到了认证机构的认证标准。[1] 教师的专业认证也应遵循这一程序，对教师资格证书进行预认证。我们可以对教师资格证书的领取设定实习期，把证书分为临时、短期、长期三种。实习期的期限可以是一年或者两年，对通过各项检验的教师资格证书的申请者发一个临时或短期的证书，这个证书只能说明该申请者当前可以当教师，以后能否长期当教师，只有经过实习期才能确定。实习期满后，经检验合格的教师则可以转正，认证机构颁发正式的长期的教师资格证书，而对表现不合格的人则取消他们当教师的资格。这样，非师范院校毕业的申请者的教学能力才能得到更好的保障，才能真正提高教师队伍的质量，最终才能达到实施教师资格认证制度的目的。

（三）实行全国统一教师资格考试，提高教师专业的资格准入门槛

目前，我国开放的教师准入机制对各级教师实行的弱筛选机制，对不合格教师的准入并没有起到很好的把关作用。我国自从实施教师认证资格制度以来，除了对普通话和难以准确量化的思想品德有要求外，教师资格考试缺乏硬性的量化指标，这导致教师申请入职的门槛过低。[2] 各地教师资格考试的时间、试卷的编制、考务等工作都是不一致的，试卷没有全国统一的编制，考务工作和考试成绩证明都是由县级以上教育行政部门组织实施。因此，我国现在的教师资格考试不是国家考试，无形中降低了教师

---

①董秀华.专业市场准入与高校专业认证制度研究[M].上海：上海世纪出版集团,2007:176.
②中国教育报,2008-3-18.

资格考试和教师资格证的公信力。

在当前形势下，实行国家统一教师资格考试，加强教师队伍建设，已成提高教育质量、迎接时代挑战的重要课题。[①] 教师要实现专业化，必须对教师准入进行强筛选，实行全国统一资格考试办法，制定切实可行的职业评价标准，要设置严格的程序、条件，进行程序控制，建立完善的考核和监督保障体系，提高教师入职认定门槛。对教师的能力做全国统一的标准与要求，才能确保入职教师的任教能力，才能提高教师资格证书的公信力，从而实现教师的专业化，提高教师的社会地位。

总之，实施开放的教师准入机制与实行新的教师教育培养机制，两者的根本目标都是实现教师的专业化，提高教师队伍的素质。因此，对于两者的矛盾，在我国教师教育制度转型时期必须从制度建设开始着手，完善当前教师资格制度的不足之处，建立两者统一的标准，并在实现教师的专业化过程中不断探索与完善，从而最终实现教师专业化的目标。

第四节　校本学习共同体与教师专业发展

一、学习共同体的内涵与特点

（一）学习共同体的内涵

所谓"共同体"，是一个社会学概念，源于英文的 Community，中文译为"社区"，其词义为：①在一个地区内共同生活的有组织的人群；②有共同目标和共同利害关系的人组成的社会团体。

1887 年，滕尼斯在其著作中首次把"共同体"的概念引入社会学领域，用来表示任何基于协作关系的有机组织形式，并特别强调人与人之间的紧密关系、共同的精神意识及对"共同体"的归属感和认同感。

把"共同体"思想引入教育领域，便出现了"学习共同体"（learning community）。1995 年，博耶尔发表的《基础学校：学习的共同体》报告中首次用到了"学习共同体"一词。他认为，学校交友的最重要因素是，在学校中建立有共享愿景、能彼此交流、人人平等和快乐气氛的学习共同体。

20 世纪 90 年代后，学习共同体的思想在教育中的应用有了新的发展，

①中国教育报,2008-12-15.

研究者们对它的内涵给予多种解释。本研究将采用张建伟在《论基于网络的学习共同体》一文中的定义："指一个由学习者及其助学者（包括教师、专家、辅导者等）共同构成的团体，他们彼此之间经常在学习过程中进行沟通、交流，分享各种学习资源，共同完成一定的学习任务，因而在成员之间形成相互形响、相互促进的人际联系"。①

（二）学习共同体的特点

莱夫和温格把学习共同体的特点概括为："共同的文化历史传统，包括共同的目标、协商的意义、实践；互相依赖的系统；再生产循环，通过循环，新来者能成为老手，共同体也因此得以维持"。② 在共同体中，人们是自愿组成的，他们彼此信任，并且因有共同的观念能相互理解，能把对方的活动状态作为评价的参照标准。

因此，可以把学习共同体的基本特点概括为：①在一个地区内共同生活的有组织的人群；②有共同目标和共同利害关系的人组成的社会团体；③集体中的个体是自由的、得到尊重的。

二、理论基础——成人学习理论

（一）成人学习理论

美国成人教育家诺尔茨根据人本主义的观念提出了成人学习理论，并从成人学习和儿童学习差异的角度提出了成人学习的特点：③

1. 自我指导

诺尔茨认为，成人能自我管理，一个成人的自我概念将从未成年时的依赖型转变为自我指导型，他们的学习不再是"要我学，教我学"，而是主动的"自我指导型"的学习。

2. 注重经验

对于成人来说，个人的经验形成自己的个性，因而他十分珍惜这些经验。成人的学习常以其过去的经验为背景，他们学习的内容和方式的选择以及对学习计划的制定都会把之前积累的经验作为依据。因此，成人能把经验作为学习的资源来利用，他们的学习丰富多样。

3. 准备性学习

一个成人的学习意愿，与他的社会职责的发展任务有着密切的联系。

①刘月玲.中小学教师教育技术培训中学习共同体应用研究[D].南京:南京师范大学,2008:15.
②刘月玲.中小学教师教育技术培训中学习共同体应用研究[D].南京:南京师范大学,2008:15.
③易斌.诺尔茨成人学习理论对中国成人教学的启示[J].中国成人教育,2008(6).

成人学习的课题受其承担的社会职责的影响，而且这些任务会不断地发展变化。因此，成人的学习是开放性的学习，应该注重计划要根据本人的社会任务和作用做出适当的变化，为自己将要承担的职责做好准备。

4. 以问题为中心

成人成熟时，他运用知识的时间观念发生变化，从将来运用知识的观念变成即刻运用知识的观念。因而，成人的学习是以问题为中心，而不是以教材为中心。

（二）成人学习理论对教师学习的启示

教师的专业发展要求教师必须终身进行学习，教师的职后教育是教师专业发展的要求，而学习共同体作为教师职后教育的重要途径之一，对实现教师的专业化起着至关重要的影响。教师作为成人，其继续教育只有建立在对"教师作为成人学习者"这一特点的充分认识上才能取得成效。

1. 教师学习是自主的学习

教师自主学习，是教师作为成人自我意识成熟在学习上的体现。自我意识，是个体对自己本身以及自己与客观世界关系的一种意识。人的自我意识，其大体上的发展路径为：依赖—独立、他律—自律、外控—内控。

2. 教学经验是教师学习的重要资源

知识与变化着的经验是不能分开的。仅有知识并不能形成能力，经验更是现实的能力，书本记录的知识也是他人的经验。学习者自己的经验同样是教育的一种有效的基础。

经验也有两面性。我们之所以能从经验中学习，是因为从我们的行动中直接看到了有利的或期待的结果。

但是，并不是所有的行为都能看到直接的后果，有的是要相隔很长时间才能看到我们行为的后果的。甚至我们看到的短时间的有利结果，从长期的后果来看是有害的。因此，对于经验我们也要分析，不能盲目乐观地信任经验。不然的话，经验可能妨碍教师的进一步学习。

3. 教师学习是知行结合的学习

教师学习与教学的现实需要紧密联系。与儿童学习相比，教师学习不是储备性的学习，学习与教师个体的发展任务紧密相关。成人的发展任务更多的带有社会性，为完成相应的社会职责服务，而儿童的发展任务主要是身体与心理发育方面的。1962 年，美国进行了一次成人学习活动的大规模普查，得出了这样的结论：成人学习者重视的是所学知识的实用性而不是学术性，他们注重应用而不注重理论，注重技能而不注重知识或信息。

教师学习的主要特点表现在：第一，教师追求"知行"两方面建立在

"行"上的"知行统一"。教师不是单纯追求知识的积累、对知识的好奇心，而是追求知识的可应用性，是建立在"行"的基础上的"知行统一"。第二，教师追求"知行统一"的现实的实现机制，不是为了将来的"行"，不是遥远企盼的"行"，而是在当前就要运用。

4. 教师学习是问题中心的学习

诺尔茨说，"成人的学习是以问题为中心，而不是以教材为中心。"追求现实的应用，必然以解决现实问题为学习目的。"问题为中心"，指的就是教师教学工作中的实际问题。"教材为中心"，指的是系统的专业知识体系。这是两种不同的体系。

三、构建校本学习共同体

实现专业发展，是教师学习的终极目标，是构建校本学习共同体的依据。而教师作为一门专业，与其他专业的区别在于教师知识构成的独特性。所以，要发挥校本学习共同体的作用，就必须认清教师专业发展的特性，这就首先要求对教师的知识构成有所认识。

（一）教师的知识构成

教师的知识结构，包括本体性知识、支持性知识和实践性知识。

1. 本体性知识

本体性知识，是指教师所教的学科专业知识。

2. 支持性知识

对于学科专业知识的教学工作起到支持和支撑作用的知识。它包括教育学知识、一般教学法知识、学科教学法知识、学习者和学习的知识、课程论的知识等。

教师是专业工作者，其重要区别不在于教师具有学科专业知识，因为其他专业人员也可以具备此类知识，而是因为教师具有教育教学的科学理论知识。没有教育科学理论指导的教师，是一个盲目和短见的实际工作者。但有了教育科学理论知识，并不意味着教师一定具备教育教学的实践能力。①教育理论具有非常重要的作用，这种作用主要是启迪与启示。这是因为教学实践从其本质上讲不是一种技术性实践，不是仅仅依据一些教学规范、技术行为就能胜任的，在理论的应用中需要教师的智慧。②教育理论目前以至将来也不可能发展成为一门技术性的学科。教育理论在其发展中要处理的对象是发展中的学生，这就确定了它不可能具有像自然科学一样的确定性与重复性。尽管它也可以发展起一些教学技术，但这些技术永远不可能成为教育科学的主体，依赖这些技术也永远不可能完全解决教育教学问题。③教育理论不是做好教学工作的全部知识，除了本体性知识，还有实践性知识。实践性知识是教师教学能力的重要来源。

3. 实践性知识

实践性知识，是教师知识结构中非常重要的一种知识。对于教师的实践性知识，各个学者有不同的观点。有学者认为，实践性知识是经由一般的学科知识向适宜于教学的学科知识转换，而形成的"与行动相关的知识"。也有学者认为，实践性知识是教师经由个体教学实践形成的个人实践知识。

笔者认为，实践性知识是指向于教学行动、与教学实践紧密结合的一种知识形态。它由教学技术规则、教学经验、教学情境知识、教学决策判断能力的知识和实践化的学问知识构成。①教学技术规则。它主要包括教学的方法、程序、技术要求等。它是实现教学目标的手段与方法。在一般的工作中，技术规则是实践知识的核心成分。但在教师教学实践中由于其性质的差异，教学技术规则并不构成实践知识的核心成分，而只是其表面的部分。②教学经验。教学经验是教师实践知识的重要组成部分。过去我们往往轻视教师的教学经验，对于经验在实践中的意义未给予足够的重视和研究。其实，杜威在其经验课程理论中早就对此给予了哲学与心理学的分析。经验可以说是实践能力的孪生姐妹，没有经验就不可能有实践能力，两者可以说是如影随形般亲密。③教学情境知识。教学情境是非常复杂的，只有具备洞察情境的知识与能力，才能灵活地运用教学技术规则与经验。情境知识是与其他成分结合在一起的，也是实践知识的重要组成部分。④教学决策判断能力的知识。教学的决策与判断知识，是教学技术规则、经验、教学情境知识相互结合的中介成分，经由教学决策与判断，才能使这些知识在教学实践中发挥作用。⑤实践化的学问知识。它既包括本体性知识，也包括支持性知识。教学实践活动不可能脱离这些知识作为实践的背景，也可以说是教学实践知识其他成分在实践中的运用"场"，它的作用是间接的。本体性知识和支持性知识与教学情境相结合得到了情境性的理解，才可能获得实践的形态。

教师的实践性知识与其他知识的不同之处体现在：①它是行动性的，而非理论性的。这就明确指出一般教育教学理论知识必须向具体情境转化。理论只能给你方向，很难给你具体行动的方案，因为教学具有艺术性。②它是"经验性"的知识，不是前人总结出来的抽象的、普遍的"原理"和"规律"，虽不普遍但很灵活。③它是个体性的，带有自己的个体的价值、情感、审美等特征，而不是纯客观的东西。④它来自于实践，是情境化的知识，要求教师在实践中主动探求，而不是被动地接受，它是适用于千变万化的具体情境的，并没有一成不变的模式，别人很难传递自己的实践经验。总之，实践性知识的形成、获得与教师的其他知识是截然不同的。学问性知识可以仅由教授或传递而获得，而实践性知识必须在完成具体任务的过程中，依据具体的问题情境，经由实践与体验来获得，即"做中学"。

（二）构建校本学习共同体：教师的专业发展的需要

从教师的知识构成中可以看出，教师的支持性知识和实践性知识，是使教师成为一门专业的关键所在，是教师专业区别于其他专业的标准。教师的支持性知识，即教育教学能力，是教师做好教学工作的前提，而实践性知识是教师教育教学能力的重要来源。可见，实践性知识是专家型教师区别于一般教师的重要因素。随着教师的成长，实践性知识在教师知识结构中越来越占有重要的位置。

因此，支持性知识和实践知识是教师专业发展的重要方面。要实现教师的专业化总体目标，必须在其职后培训中丰富其支持性知识和实践性知识并相互交流。教育学、心理学、教学法等教育理论的应用中不能完全依靠教学技术完成，而是需要教师结合个人的智慧与特点进行，靠在教学实践中去体会去领悟。同样，教师从实践和体验中获得的实践性知识，除了教学技术规则外，都属于隐性知识，即"不能系统表述的"知识。教师的支持性知识和实践性知识是教师在实践中主动探索所获得的，具有明显的"主动性"。教师的专业发展不能走传统培训与学习的老路，不能沿用学问性知识学习的先掌握理论知识后应用的旧模式，而应该构建立足于教师专业发展、强调教师的自发学习和研究、尊重教师的校本学习共同体模式。

四、校本学习共同体的建构

校本学习，有利于充分调动教师的主体作用和主动精神，是促进教师专业发展的有效策略。为促进教师的专业化，学校应努力构建良好的校本学习共同体。具体可以从以下几方面努力：

（一）构建学习型组织

构建学习型组织，是学校建设的题中之意。学校作为正规的教育机构，人们一般更多地从操作层面、硬件层面去认识它，规范它，而极少从观念层面去探究它，更少把它作为学校管理理论体系最基本的逻辑范畴来认识。

1. 学习型组织适应于团队工作而不是个人工作

传统的直线结构，以自上而下的指挥取代了人们寻求合作的自然能力，这是不可能适应时代发展需要的。管理创新在一定程度上也依赖于团队的力量。教师的观念、态度、拥有的知识量和工作水平都影响着学生的成长与发展，而校园中的学习、合作氛围不仅直接影响着教师的专业水平，更重要的是它作为一种特有的校园文化，本身就对学生产生重大影响，一直影响到学生的未来。因此，师生的心智活动成为学校的基本活动，教师劳动过程的个体性与劳动成果的集体性，必然要求学校的教育教学工作必须树立团队意识。

2. 学习型组织适应于创新而不是重复性的工作

教师的工作与其他工作的不同之处，在于其服务对象的不同，教育工作的对象是活生生的人，而不是加工产品。教育工作的根本特点是，教师所创造的"产品"还参与自己"产出"的过程，"产品"本身具有主体地位。教师劳动的对象是活生生的具有主观能动性的人，所以，教师需要根据学生的成长规律和个性特点进行因材施教。同时，教育活动是一种师生互动的过程，它无时无刻不体现出特有的创造性。

3. 学习型组织有利于师生的相互影响、沟通和知识共享

学习型组织都着力于形成一个宽松的、适于学习和交流的气氛，以利于学校师生之间的沟通和知识共享，有利于学校的知识更新和深化。教师与学生之间的作用是双向的、有交流的，教师对学生起的是引导作用，更主要的是学生自己塑造出来的，教师只是引导他们更好地塑造自己。因此，知识管理贯穿于学习型组织的始终。知识管理只有通过组织学习，这些知识才能转化为学校师生的动力，让知识真正成为学校最重要的资源并发挥作用。

在校园文化建设中，最重要的是课程文化、学生文化、教师文化及管理者文化。学生文化、教师文化及管理者文化，是由于文化主体的不同而形成的有各自特色的学校主体文化。管理者文化、教师文化和学生文化形成相对的分离和矛盾，实现三者的协调和共存是校园文化建设的重要任务。任何组织一旦形成某种独立的组织文化，它就将反过来对组织产生巨大的作用。拥有不同文化的人们对同一种客观事实就会产生不同的理解，进而产生不同的行为方式。在这一过程中，文化实际上已经成为了一种"权力"，一种起控制或强制作用的支配力量。它对组织成员进行着控制，对其成员的行为进行引导、约束和选择，并使成员产生心理上的认同感和归属感。

　　因此，在学校的管理实践中，必须加强校园文化建设，形成有利于知识交流和共享的文化氛围和有利于知识传播、知识生产、知识应用的良好环境。倡导教师与教师之间、教师与学校领导之间、教师和学生之间建立平等、和谐的人际关系，鼓励教师之间在正常的工作关系之外，建立健康的有利于知识共享和知识创新的机制，要求组织成员共同分享他们所拥有的知识，并实现真正的知识共享。

（二）建立基于实践的研究模式

　　教师成为研究者是教师专业成长的目标，因此，校本学习共同体的建构应该着力培养教师的研究能力。中小学教师的科研活动是一种教育实践活动，是以提高课堂教学质量为目标的活动，所以，校本学习共同体应该建立基于实践的研究模式。

　　1. 以经验为基础①

　　教育活动的复杂性、情景性等特点，决定了实践经验是教师在其专业发展过程中不可缺少的部分，它是教师专业化发展的基点，是教师学习与发展的宝贵资源。

　　建构主义理论认为，学习是学习者在已有经验基础上主动建构意义和知识的过程，教师作为专业人员，他们的学习以其过去的经验为基础，把经验重构到新的知识体系中。

　　2. 以实践为途径

　　实践性知识是教师专业知识的重要构成部分，是专家型教师区别于普通教师的标志之一，因此，对实践性知识的掌握是教师校本学习的主要目标。

　　为了发现和解决课堂教学中的各种问题，教师的科研活动必须与课堂教学相联系，与教师个人的教学实践经验相联系，借助教育教学的实践活动，使科研具有明确的目的性和针对性，同时培养教师的问题意识。教师的研究活动可通过案例研究、课堂观察、行动研究等符合教师职业特点和教育教学实际需要的形式，边研究边学习理论边实践，从中获得特定情境下的教育经验，重建知识体系，提升自己的整体素质，从而达到改善与促进课堂教学的效果。②

　　由于教师的实践性知识大多是隐性知识，而隐性知识具有双重性。教师的实践性知识是教师长期的习惯性思维沉淀的结果，这种知识已形成教

---

①田秋华.教师校本学习探析[J].教育导刊,2009(6).
②李银辉.对构建校本学习研究体系的思考[J].四川教育学院学报,2004(8).

师个性化的特点，与教师的教学实践紧密结合，在教师的语言、行为、教学技巧各个方面融为一体，与教师的思维、习惯、个性、举止融为一体。这样一种实践的、隐性的知识必然带有两面性，即教师在实践中增长的知识并不一定都是正确与科学的，有的甚至是错误的，这就可能带来危害。所以，教师必须在反思中进行学习，必须对自己过去的行动进行反思。只有把实践经验与反思结合起来，才能促进教师的专业发展。

（三）建立"共生的伙伴关系"

学习共同体的特征之一是"有共同目标和共同利害关系的人组成的社会团体"，校本学习共同体的建构应该建立"共生的伙伴关系"。

1. 教师之间的合作学习

在校本学习共同体中，教师之间的合作是一种理念，同时也是一种学习的方式。教师是经过专门训练而获得知识和技能的专业人员，他们的学习是以其过去在教育教学实践中积累的具有个性的经验、思想及感悟等为基础资源的。"校本学习"中，教师要学会与其他教师合作，具体可以通过观摩学习、开展"学术沙龙"等方式进行。基本方法有：①头脑风暴法。即小组成员就某一个问题畅所欲言，提出自己的看法和意见。②分享式讨论。小组成员把自己所获得的信息或在教育教学改革中取得成功的案例提出来交换与共享，以促进信息的流动和成功经验的推广。③批判式对话。小组成员针对学习中的某一观点或教育教学的热点问题、焦点问题，站在反思的角度展开辩论或提出质疑，通过相互碰撞、充分摩擦，以达到高一层次的共识。①

2. 不同教育机构的共同参与

不同教育机构的共同参与，主要指中小学校和师范院校之间的合作与支持。如今，师范院校的目标不再是单纯的教师职前培养，对教师的职后教育也承担着重要作用，其根本目标与中小学校建构校本学习共同体的目标是一致的，都是为了促进教师的专业发展。因此，师范院校的教师可以参与到中小学校的校本学习共同体中，通过对中小学教师在教学实践中遇到的问题进行理论指导，以使中小学教师的校本学习达到理论与实践的统一，同时也能使师范院校的教师深入了解中小学的教学现状，为其自身的专业发展提供帮助。这样，中小学校与师范院校就能通过校本学习的建构实现互惠互利的双赢结果。

---

①刘琼华.从"校本培训"向"校本学习"的转化[J].内蒙古师范大学学报,2006(10).

第三章　教师流动与教师资源配置的理性分析

"百年大计，教育为本"，"振兴教育，师资先行"。近年来，全国各地普遍把教师队伍建设作为提高教育质量和发展教育事业的基础工程来抓，取得了一定的成效。但是，由于受市场经济等因素的影响，中小学教师队伍建设的现状依然令人担忧。中小学教师流动问题引发了学者们的密切关注和深入研究。

第一节　教师流动

一、教师流动的涵义

（一）流动

流动，简单的说，就是物体的移动；相对于固定而言，经常发生位置的改变。从物理学的角度来讲，流动是气体和液体在重力、离心力、压力差等不同的外加力的作用下所引起的一种运动。从经济学的角度来看，在劳动经济学中，流动被看作是人力资本投资的一种形式。西方经济学中的流动，主要是指诸如土地、资本、劳动力等生产要素的流动，通过流动实现最大的经济效益，从而达到一种均衡的状态。

（二）教师流动

要界定教师流动这一概念，先必须理解什么是社会流动（social mobility）。美国社会学家索罗金在把握社会成员向多元化方向（经济、政治、职业）分化的社会性层次结构的基础上，将社会流动定义为：由个人或社会事物、价值等亦即人的活动而发生或是变动的所有从某一社会位置的移动叫做社会流动。我国社会学家郑杭生在其编著的《社会学概论新修》中将社会流动定义为：社会流动是指人们在社会关系空间中从一个地位向另一地位的移动。

从社会学的角度来说，教师流动也是社会流动的一种。从是否有利于我国基础教育均衡发展的角度来看，教师流动可分为良性流动和非良性流动。所谓良性流动，是指通过教师劳动力的自由流动，一方面可以使教师能够根据自身业务特长灵活自由地选择教师职业、学校和专业教学岗位，充分发挥教师资源的最大效益；另一方面可以不断调整教师队伍，使更多的高素质人才不断充实教师队伍，能够满足教育事业近期和长远的发展需要。所谓非良性流动，是指大量适合从事教师职业的优秀人才从教师职业上乃至教育领域中流出，而流进者在数量、学历、教学能力和水平上都不足以填补留下来的空缺，使教师队伍建设处于一种萎缩状态，即教师流动不能发挥良性流动的作用。目前，教师流动主要表现为以流出教师职业为主，流向教师职业的甚少，呈现出盲目性、单向性和失范性的特点，教师职业的流动量出现失衡状态，所以称之为教师流失。

近年来，我国教育者和科研人员对中小学教师流动进行了深入研究和探索，撰写了大量学术论文，取得了一定的研究成果。

学者们从不同角度分析了教师流动这种现象，并得出了许多有价值的认识。有的从"经济人"的角度分析，认为教师流动与经济利益相关，是一种趋利性流动；有的从教师市场的角度分析，认为教师流动是教师市场供求机制作用的结果，是竞争性流动；有的从人事制度的角度分析，认为教师流动是学校人事制度改革的必然结果，是制度性流动；有的从学校管理的角度分析，认为教师流动是学校管理失衡的重要信号，是自由性流动。

二、教师流动机制

（一）机制

"机制"一词最早源于希腊文，原指机器的构造和动作原理。我们可以从两个方面来理解"机制"这一含义。首先是机器的构造，即机器是由哪些不同的部分组成的，机器为什么是由这些部分组成的；其次是机器的动作原理，顾名思义是指机器各部分之间的关系与机器工作之间存在的内在关联，它决定和影响机器的整个运行过程。把机制的含义引申到其它不同的领域，也就相应地产生了不同的机制。就生物领域而言，产生了生物机制；就社会领域而言，产生了社会机制。我们既可以从经济、政治和文化三个部分来看待社会，又可以从生产力、生产关系、经济基础和上层建筑四个部分来看待社会，分析社会的机制。社会机制，指的是社会各个部分之间的相互关系及其运行方式；经济机制，是表示一定经济机体内各构成要素之间相互联系和作用的关系及其功能；生物机制，是指生物体各部分之间的相互关系及其运行方式。就教育现象而言，可以从教育活动、教育体制、教育机制和教育观念这四个部分来分析教育机制。

从对机制的本义以及引申含义的分析可以看出，机制的存在是以事物或现象各个部分之间所具有的关系及其运行方式为前提的，这种事物或现象的内部联系是客观存在的。在任何一个系统中，机制都起着基础性的、根本性的作用。在理想状态下，有了良好的机制，甚至可以使一个社会系统接近于一个自适应系统即在外部条件发生不确定变化时，能自动地迅速作出反应，调整原定的策略和措施，以实现最优目标。机制主要是依靠相应的体制和制度建立起来的，并逐步在实践中得以体现。这里涉及到机制与体制、制度之间的关系。

（二）机制与体制的关系

一种观点认为，机制就等于体制，体制就是机制，两者并没有什么明显的区别。另一种观点认为，先有体制再有机制，或先有机制再有体制。还有一种观点认为，机制包含体制，或体制包含机制。从机制与体制范畴的内涵和外延来看，两者并不能完全等同。首先，体制是各级各类机构和制度规范的结合体；机制则是把事物或现象的各个部分联系起来，并有效发挥其作用的一种运行方式。其次，体制不仅包括各级各类机构和各种规范和制度，还包括这些机构和规范相结合所形成的不同的体制。机制是一定体制下的产物，不同的体制有着不同的运行方式（即机制）。从实际情况看，机制的产生先于体制，机制是随着活动的产生而产生的。有了活动，就有了将活动各个部分联系起来从而使之得以运行的机制。从机制和体制的范围来看，机制可以包括体制，体制也可以包括机制。

（三）机制与制度的关系

根据上面所分析的机制与体制的关系，机制既可以在体制之前产生，也可以在体制之后产生，即先有机制再有体制或先有体制再有机制。由体制的含义可以看出，体制是机构和制度的结合体，体制与机制相互影响，体制与制度之间也存在着某种程度的联系。当体制包含机制时，这种制度就是体制中的制度；当机制包含体制时，这种制度就不是这个被包括的体制中的制度，而是另外一个包含了这种体制的更大的一种体制中的制度。机制必须与正确反映事物或现象各部分内在联系的制度相适应，相反如果该种制度不能正确反映事物或现象各部分内在联系或运行方式，那么用这种制度所表达的机制就不能促进事物和现象的良性发展。

（四）教师流动机制

基于前面有关机制、体制、制度等概念的理解以及三者之间相互关系的分析，我们可相应来界定"教师流动机制"这一概念，即是教师资源流动过程中所涉及的各要素之间的结构及其相互作用的关系。就教育方面而言，教师流动已是当今普遍存在的一种教育现象。面对这一现象，就必然要实现教师资源的合理化配置机制，要在实行教师资源配置的过程中，将教师经济待遇、教育财政、教师岗位设置等相关因素联系起来，找出其存在的问题，并采取有效的措施，制定相关政策和法律法规以实现教师资源的合理分配，相对地实现教育均衡，从而壮大和发展教师队伍，促进整个教育事业的发展。

第二节　教师流动的理论基础

教师的流动过程，是生产要素寻找最优配置的过程，教师流动在相关法规制约下，利用自己的"个人知识"寻求包括自我实现、偏好满足等综合效用的最大化。但是，这种流动过于频繁、过于集中或者过于随意，则表明来自政府和学校有关制度安排的失当。为了寻求教师流动的有效制度环境，建立教师合理流动的机制，我们需要坚实的理论基础。

一、社会分层理论

教师流动是社会流动的一种，因此了解教师的流动首先必须了解什么是社会流动。而"社会分层与社会流动密不可分。社会分层是流动的结果，同时社会分层的存在又是社会个体产生社会流动的动力所在。"[1] 因此，研究教师的流动，必须从认识社会分层开始。

（一）社会分层的概念

社会分层，是指根据一定具有社会意义的属性，按照一定的标准，将社会成员划分为高低有序的不同等级、层次的过程与现象。[2] 社会分层的实质是社会资源的不均等分配，即不同的社会群体或社会地位不平等的人

---

①汪开国.深圳九大阶层调查.北京:社会科学文献出版社,2005.
②郑杭生.社会学概论新修[M].北京:中国人民大学出版社,2003:217.

占有那些在社会中有价值的事物，例如财富、收入、声望、教育机会等。①

（二）社会分层的模式

社会分层理论，是西方社会学家用来描述社会结构或社会不平等的理论，社会分层理论的主要模式有马克斯·韦伯的三位一体分层模式和帕雷托的精英理论模式。

1. 马克斯·韦伯的三位一体分层模式

马克斯·韦伯针对大部分西方社会学家把经济作为社会分层标准的情况，把声誉和权利与经济放到同等重要的地位。"名、权、利"是既有价值而又稀缺的资源，是任何社会中人们始终追求的东西，也是韦伯社会分层的标准。

根据经济因素，韦伯把"市场购买力"作为划分社会阶层的标准，即把在经济状态和变化方面相同或相似的一批人划分为统一阶层。声誉是人们在高低有序的社会评价中所处的位置，是由社会公认的评价体系确定的，其影响因素有出身门第、仪表风度、知识教养、生活样式等。在韦伯看来，依据人们是否拥有权力以及权力的大小确定的权利地位是实现自身意志、无视他人意愿而支配他人的一种能力，权力分层反映的是政治领域的不平等。权利分层是社会生活的普遍现象。

2. 帕雷托的精英理论

意大利社会学家帕雷托开创的精英理论，是西方社会学分层研究的一个重要理论。帕雷托的精英理论认为：社会分层是社会存在的普遍现象，但是其中上层成员与下层成员的地位是会发生改变的。在充满创新、竞争、变革的现代社会，社会成员归属于那个社会层次取决于他们的能力和才干。因此，那些出身下层但具有特殊才能、在某一方面或某一活动领域具有杰出能力的成员将凭借自己的个人努力晋升到社会的上层，而出身上层的人如果懒惰僵化，也将跌落到社会的下层。

精英理论指出，"政治社会系统中包括执政系统和非执政系统，执政系统中包括执政精英和执政阶层中的庸才。非执政系统中包括非执政精英与芸芸众生、庸常之辈"。执政阶层中只有具备一定数量的精英才能维持政治系统的平衡。因此，可以让非执政层中的精英人物上升为执政者，或者让执政的庸才下降到非执政层的精英，循环来保持政治系统的稳定。

----

①李路路.论社会分层研究[M].社会学研究,1999(1).

我国社会科学院"当代中国社会阶层结构研究"课题组认为：劳动分工、权威等级、生产关系和制度分割是我国当代社会阶层划分的机制。人们在这四种分化机制所形成的社会关系中拥有组织资源、经济资源和文化资源的多少决定了他们的基本社会经济地位。[1]

（三）社会分层的指标体系

社会分层的指标由于社会分层标准的多样化而呈现出多样化，主要有以下三种社会分层指标：

（1）不平等指数：用最高收入者占总人口的比例与最低收入者占总人口的比例之和来表示社会的不平等程度。两者之和越大，则处于中间阶层的人越少，对整个社会而言则越不平等。

（2）五等分法：按人均收入的高低将人口分为五等，然后测量各等级人口的1/5的收入在总收入中所占的比例。高收入组所占比例越大，低收入组所占比例越小，则收入差距越大。

（3）基尼系数：表示财富的分布状况。这个系数在0~1之间，如果所有财富集中在一个人手中，基尼系数就等于1，如果财富在全社会平均分布，则基尼系数等于0。如果基尼系数在0.3~0.4之间时，则为中等不平等程度。

二、社会流动理论

（一）含义

社会流动，是社会学中的一个重要范畴，是由美国社会学家索罗金（P. A. Sorokin）在1927年出版的《社会流动》一书中首先提出来的。在索罗金看来，社会流动是两个集团之间的人口交换，即一个集团的成员转入另一个集团。[2]

社会流动，是指人们在社会关系空间中从一个地位向另一地位的移动，有广义和狭义之分。从个人角度看，社会流动包括个体社会地位的变更和个体社会角色的转换，实质都是个人社会关系的改变，因此，广义的社会流动指个人社会地位结构的改变。从社会层面上看，社会流动表现为人们在不同的行业、地区和单位间的流动，实质是指社会结构的变动。在现代社会，社会位置及社会地位总是与职业密切相联，因此，狭义的社会流动常常指人的职业地位的改变。

①臧其胜. 农村中学教师流动的动因探析与路径选择[D]. 苏州：苏州大学，2007.
②吴增基，吴鹏森，苏振芳. 现代社会学（第二版）[M]. 上海：上海人民出版社，2001：218.

(二) 社会流动的类型

根据划分标准的不同，可以把社会流动分成不同的类型：

(1) 根据流动方向的不同，可以把社会流动分为水平流动和垂直流动。人们在同一个社会垂直分化阶层内部的位置转移是水平流动，社会职业的结构性变化是导致水平流动的原因之一，科学技术是推动大规模水平流动的主要动力。人们在一个分层结构层面中的不同阶层间的流动则为垂直流动。

(2) 根据流动原因的差异，把代际流动分为结构性流动和非结构性流动。现代社会中，社会流动产生的社会条件大致可分为两类，一是社会结构的变化，二是社会开放性的增加。社会结构的变化对于流动有直接的影响，它所引起的社会位置的增加和减少都将带来个人或群体社会位置的新的分布；而社会开放性的增加降低了流动的障碍，提供了个人或群体改变社会位置的机会。通常情况下，将由结构性因素引起的流动称之为结构性流动，而将由社会开放程度的加大导致的流动称为非结构性流动。前者可以洞察一个社会的发展历程，对社会变迁的一般性和广泛性能够得到更进一步的了解；后者则可透视一个社会各阶层之间的开放程度，了解该社会市场经济建设的完善程度，并能掌握各阶层在市场竞争中机会均等的状况。[1]

(3) 根据衡量流动的不同参照基点，把社会流动分为一生中的同代流动和异代流动。

(三) 社会流动的功能[2]

社会流动对一个社会的稳定和发展具有重要的影响，其功能表现在：

1. 改变社会成员的社会地位

社会流动表现为社会成员在社会关系空间位置上的移动，可以改变社会成员的社会地位，改善社会各阶层的品质。社会成员在社会关系空间上的位置移动，不管是社会地位的提高或下降，他们都要经历一次社会地位的变动，而社会地位升降的社会流动对改变人们的社会地位具有重大意义。原有的社会成员的退出和社会发展过程中新的社会地位的出现，造成社会位置的空缺，使得新的社会成员进入这一社会地位，成为阶层的意愿，使原有的阶层不仅新鲜血液，增强了阶层的异质性。因为同一阶层成

---

①秦海霞.从结构性流动到非结构性流动——以上海研究为例[J].上海大学学报(社会科学版),2005(2):21.

②龚维斌.社会流动:理想类型与国际经验[J].中国社会科学院研究生院学报,2003(5).

员之间的交往互动的频率高于与阶层之外成员的交往互动[①]，从而增大社会成员之间的相互影响，从不同社会阶层进入到同一阶层的成员之间的互动可以使阶层成员自身的品质不断得到改善。

2. 缓解社会矛盾，保持社会稳定

社会分层的实质，是社会成员在社会资源等方面的不平等，这种不平等会使资源占有量较少的阶层成员有一种被剥夺的感觉，感到不公平，因此容易造成阶层之间的矛盾和冲突。

社会流动使原来占有较少资源和社会地位较低的成员有机会改变处境，通过各种努力与途径能占有较多的资源，上升到较高的社会地位，从而增加弱势阶层成员的社会预期，缓解了由于分层可能带来的社会矛盾与冲突。因此，社会流动使得人们有可能通过改变自身地位以改善同社会总目标的相关关系，在一定程度上消解社会的紧张、矛盾和冲突。

3. 有利于形成合理的社会结构

社会结构，是指构成社会的各种要素的联接方式。一个合理的社会结构，应该是稳定、有序、充满活力的，应该是一个中间大两头小的"橄榄型"社会。传统社会由于流动少、阶层地位固化程度较高、个人对于自己阶层地位的选择性较小，由此形成"上小下大"的社会结构，即小部分人拥有很多社会资源，位于社会的上层，而绝大部分社会成员拥有很少或根本没有社会资源，位于社会下层。在现代社会，由于人员流动的增强，促使人们充分发挥自己的兴趣和才智，有效地激发了人的积极性和开拓进取精神，形成一种积极向上、奋发进取的局面。其结果是促进"橄榄型"合理社会结构的形成，即拥有较多组织资源、经济资源和文化资源，处于最高和较高社会等级的阶层规模较小；而拥有的各种资源最少甚至没有什么资源，处于较低和最低社会等级的阶层的规模也很小。社会的绝大部分成员处于社会的中间等级位置。[②]

三、社会流动与人才流动

（一）人才流动

人才，是指在各种实践中具有并能运用某种专门知识和技能，对认识与改造自然和社会、推动或促进社会进步做出较大贡献的人们。[③] 有才能、

①[美]彼特·布劳.不平等和异质性[M].北京:中国社会科学出版社,1991:57.
②陆学艺.当代中国社会阶层研究报告[M].北京:社会科学文献出版社,2001:52.
③汪玉光.中国人口结构性社会流动的类型和意义初探[J].武汉职业技术学院学报,2005(5).

有远见卓识、有与时俱进的创新精神是人才具备的三个本质特征。在社会学家看来，人才不是一般的社会成员，而是社会的精英。

人才流动，是人才学的一个基本概念，指人才在不同的地区、部门及单位之间发生转移或变动的社会现象。

根据人力资本理论，人力资本具有趋利性、高增值性、时效性和流动性等多重资本属性。因此，人才流动会显示以下特点：人才一般从低工资区域流向高工资区域；人才趋于流向特定人才相对稀缺、供求失衡、人才价值较高的区域；趋于流向经济发达、人力资源素质较高、知识环境良好，组织、管理和技术不断创新的区域；趋于流向市场机制健全、分配制度合理、经济和政治体制科学、社会运行机制高效率的区域；趋于流向流动成本低、就业风险小、人才市场发达、法律体系健全、人才可以自由流动、自主选择适合自身才干特点之环境的地域或组织。①

（二）社会流动与人才流动的关系②

社会流动与人才流动既存在着相互联系，又存在着区别，它们的区别在于：

1. 流动主体不同

社会流动的主体是社会个体，所有社会成员都能充当其主体。人才流动的主体是社会精英，只有在学识和才能方面出类拔萃的社会成员才能充当其主体。

2. 流动向度不同

社会流动主要是指人们在不同地区、部门及单位间发生的横向流动，而人才流动既包括人才在不同的地区、部门及单位间发生转移的横向流动，也包括人才从低处向高处转移的纵向流动。人才流动与社会流动之间又存在着密切的联系，即人才流动是社会流动的一种具体独特形式。其独特性表现在：它是由一部分社会成员（人才）进行的横向社会流动。

从社会流动与人才流动的关系中可以看出，教师作为专业人员，其流动属于人才流动，教师流动的实质就是教师人力资本的流动。理解教师流动的必然性和其特殊性，是促进教师合理流动、实现教师资源均衡配置的基础。

---

①马新建.人力资本属性与人才资源流动[J].南京社会科学,1999(3):24.
②汪玉光.中国人口结构性社会流动的类型和意义初探[J].武汉职业技术学院学报,2005(5).

第三节 教师流动的经济学分析

在我国发展社会主义市场经济的过程中，经济状况和经济地位日益成为衡量个人成功与否的重要指标。中小学教师是我国最大的知识群体，一直受到经济待遇偏低的困扰。在个人追求福利最大化的经济理性支配下，该群体内不可避免地出现了趋利和"走高"的流动风气。例如由普通班级任课教师指向重点班级任课教师的校内流动，由普通学校指向重点学校的校际流动，由农村学校指向城市学校的城乡流动，由经济欠发达地区指向经济发达地区的跨区流动，由教育部门指向非教育部门的跨部门流动，由国内指向国外的跨国流动等等。在教育市场无力实现教育资源合理配置和政府以实现公平为目的的财政能力极为有限的今天，这种单向流动把教育带入了效率与公平的困境，对教育的负面影响是深远的，究竟是什么原因造成中小学教师流动，这个问题是值得探讨的。

一、从经济人假设看教师流动

"经济人"假设源于以亚当斯密为代表的古典经济学的一种学说。所谓"经济人"，是指进入市场的受利益最大化驱使的任何人类自然个体、经济团体和利益地区等的总和。具体来说，"经济人"具有以下几个特征：第一，经济人具有自利性，即个人追求自身利益是驱策人的经济行为的根本动机；第二，经济人具有理性，即每个人都关心自己谋求最大的利益；第三，在良好的社会秩序下，个人追求自身利益最大化的自由行为在"看不见的手"的指引下，会无意识地和有效地增进社会公共利益。

根据经济人假设可以看出：个人作为一个理性的人，在做一项行为时，总是以经济因素作为衡量值不值得的标准。在流动行为中，多数自愿流动的劳动力中总是由经济原因引起的，而经济动机是个人自愿流动的最直接原因。产生经济动机的根本原因主要是收入水平的差距，但收入水平的不同只是劳动力流动的必要条件并非充分条件，劳动力流动的合理性才是产生流动行为的充分条件。所谓劳动力流动的合理性，是指劳动力流动的成本与收益的比较，只有劳动力流动的收益大于劳动力流动的成本时，劳动力流动的愿望才会付诸实施，否则，不可能产生劳动力的流动。

舒尔茨（Schultz）、达凡佐（Davavzo）、史杰斯泰德（Sjaastad）等人对劳动力流动的成本与收益做了比较，从而分析了劳动力流动的原因。其中，舒尔茨在研究人力资本投资时，明确把"个人和家庭进行流动以适应不断变化的就业机会"看作是人力资本投资方式的五个主要方面之一。既然人口流动是一种投资行为，流动者在做出流动决策时就必须考虑流动的成本与收益问题。只有流动收益大于流动投资时，人口流动才会发生。

因此，教师作为特殊的劳动力群体，从事的是精神劳动，但首先是社会中的个体，他们具有"经济人"的全部特征，具有追求自身利益最大化的强烈愿望和动机。在教师劳动力市场中，中小学教师的流动问题，从国际经验看教师流动均要受到一定限制，但并未受到终身限制。用行政手段限制教师向其他行业流动的做法，并不能从根本上解决教师队伍的稳定问题。中小学教师的流动，主要表现为教师的大量流失。从根本原因分析，教师劳动力流动同样脱离不了"经济人"理性决策行为，把经济利益作为衡量流动行为的最重要指标。

二、教师流动的实证分析

中小学教师流动可以从多个角度进行分析，但究其本质，中小学教师流动总是教师个体和其服务对象联合决策的结果。从教师自身出发，中小学教师流动，既是对离去单位用人机制的一种扬弃，又是对预去单位的一种追求，是教师个体追求其工作状态效用最大化的理性决策。因此，教师是否流动就存在着两个先决条件：其一，目标工作状态能提供比目前工作状态更大的效用；其二，目前工作状态与目前工作状态的效用差足以抵偿人才流动的直接成本。

（一）对骨干教师"流失"的个案分析

从经济学"博弈论"与"成本——收益"分析出发，中小学校骨干教师流动是政府、学校与教师个人以"成本——收益"比较为基础而进行的"博弈"的过程。骨干教师流动是政府、学校与教师在"博弈"各自的成本——收益后做出综合选择的行为。在这里，政府、中小学校和骨干教师的决策都是权衡"成本——收益"比较的结果做出的。

1. 骨干教师流动中政府的成本与收益

政府的成本主要指用于骨干教师培养与培训方面的投入，以及为促进教育均衡发展在中小学教师管理方面采取的政策措施等。政府的收益包括建立促进骨干教师合理流动的机制，加快人事制度改革，提高教师收入水平，确保教育质量的提升与教育事业均衡协调发展。骨干教师的"无序"流动，会给教育发展带来一系列负面的影响与问题，加剧城乡教育发展的不平衡与教育的不公平，从而引发政府威信的下降等等。

2. 骨干教师流动中学校的成本与收益

虽然骨干教师流失对中小学校有时也有一些积极意义，如促使骨干教师合理优化配置、提高教师待遇等，但是由于通常骨干教师流失对流出学校都是弊大于利的，其损失包括：其一，骨干教师空缺导致中小学教师队伍结构失衡，同时增加了重新培养骨干教师的成本。其二，骨干教师流失会影响学校的教学质量，导致生源质量下降。也容易被外界认为是缺乏留住骨干教师的实力，从而降低中小学校对骨干教师的吸引力，中小学校在其他领域的声誉也会受到损害。其三，骨干教师流失还可能引发连锁反应，如增加了其他骨干教师的心理压力，影响教师的工作积极性等。对流出学校来说，骨干教师的流失无疑是对学校造血功能的重创。

骨干教师流入学校的成本包括在招聘前后的决策、广告、考核、筛选、录用等方面的过程成本及招聘之后使用骨干教师的成本。收益则包括：首先，节省了骨干教师成长过程的培训、教育等方面的的投入；其次，提高了教学质量和管理质量，赢得了更好的社会声誉，吸引更多的优质生源，提高了学校的办学效益；最后，促进了本校骨干教师队伍建设，提高了中小学教师的整体素质。对流入学校来说，引进骨干教师是"低成本、高产出"的好事。

3. 骨干教师本身的成本与收益

骨干教师流出的成本主要包括以下几个方面：①决策成本，主要包括目标的寻访过程在时间、精力和货币等方面的投入。②过程成本，主要指骨干教师在流出过程中发生的损失，如差旅费、迁移费、违约金、流出过程引起的现实收益损失及为协调人际关系而发生的支出等。③结果成本，指骨干教师从原来中小学校流出之后面临的成本，如预期收益的各种贴现风险等。

骨干教师流出的收益，主要包括以下几个方面：①在流入学校获得更高的收益，包括更好的报酬、福利状况、更高的职务头衔、更强烈的成就感等方面的综合效用。②流出过程引起的个人人力资本含量的提高，可以给骨干教师在日后的职业生涯发展和职业选择过程中带来更高的收益。③骨干教师的流出意向显露出来之后，可能引起任职学校的关注和重视，提高骨干教师的相对地位，由此增加骨干教师的收益。

（二）教师教师流动成本与收益比较分析

1. 教师流动成本

（1）中小学教师流动的私人成本

其内涵如下：①直接成本，这是流动者为实现流动而直接支出的各项费用所组成的货币成本，它包括信息费、交通费、安家费等；②机会成本，这是指流动者因流动而放弃的原有工作收入和就业选择费用；③风险成本，这是流动者在流动中因为一些不确定因素所造成的某些损失，如失业风险、伤病风险、劳动过程风险等。

（2）中小学教师流动的社会成本

在多数情况下，教师流动是教师基于私人成本而不是全部成本（有关公共服务及流动的外部性）所做的决策结果。影响个人流动决策的因素并不总是满足社会公共利益的要求。这样，个人与社会对流动涉及的成本与收益存在一定偏差，这种偏差可以用流动的外部性加以解释。有关中小学教师流动的外部成本主要包括以下几个方面的内容：

第一，对他人财产价值的影响。这一点主要体现在房地产价格的变化上。流动者出售其流出地的房地产并购买流入地的房地产，会影响两地房地产的价格。大量流出中小学教师地区的房地产要么是闲置，要么是价格会下降；而大量流入地的房地产价格会上升。闲置和贬值的房地产都意味着这些资源是一种低效率利用。从这个意义上来说，中小学教师流动尤其是无序流动会影响到社会资源的优化配置，由此产生一定的社会成本。

第二，对社会公共管理资产的影响。社会公共资产主要包括学校、道路、公共建筑、公共设施及其他项目。大量流出中小学教师地区的社会资产会出现闲置和浪费，而大量流入地的社会资产则会出现供给不足。从充分利用资源的观点来看，闲置和贬值的社会资产也意味着这些资源是一种低效率利用。

第三，对社会公共服务成本的影响。对于流入地社会公共服务成本的影响，即是指流动者大量涌入大城市或人口集中地区的同时会带来较高的社会公共服务成本，致使流动者所面对的是更高的城市公共开支，是将有限的资源用于非生产和非消费性的无益管理上，从另一个角度来说这也是对社会资源的一种浪费。对于流出地而言，流动的成本主要在于，当地在向培养和引进中小学教师进行投资之后，由于流动而产生的人力资本流失问题。

2. 教师流动收益

（1）教师流动的私人收益

其内涵如下：①直接收益。教师流动的直接收益，来自教师在新的职业岗位中获取的相对于原来收入净值差额的总和。②间接收益。教师流动的间接收益，是指新的工作和生活环境所提供的各种便利引起的教师部分开支的节省，如齐全的公共设施、便利的交通、负担的减轻等等；③个人心理收益。教师流动的心理收益，即是指给流动者带来的非经济性效用，如社会地位的提高、自我价值的实现、丰富多彩的文化娱乐生活、优雅的生活和工作环境等。

（2）教师流动的社会收益

中小学教师流动通过市场、行政和法律等手段的调节能够在以下几个方面获得收益：

首先，能够使中小学教师得到充分利用。教师只有流动才能充分发挥自己的才能，从而提高其工作的效率。从长期看，也可以减少教师的闲置和浪费。由于传统的计划经济管理体制使教师流动较少，结果形成了一些中小学存在大量的富余劳动力，而同时又有很多中小学教师力量不足，长此以往造成了严重的中小学教师闲置和浪费问题。通过流动，既可以引进优秀教师，又可以流出富余教师，使中小学教师资源得到充分利用。

其次，有利于教师地位的提高。教师流动是教师作为劳动力所有者和支配者的根本体现。教师是劳动力的所有者和支配者，最根本的就是要承认和允许教师可以自由流动选择职业。如果教师不能自主选择适合自己的职业，不能流动，那就等于剥夺了教师对自己劳动力的所有权和支配权，教师就成为受人支配，依附于他人的、丧失独立人格的人。中小学教师可以流动，意味着教师可以自主选择职业和工作单位，因此教师职业的地位也就能大大提高。

三、关于教师流动的政策建议

第一，规范教育财政体制，保证教育投资的合理分配和使用。按照我国义务教育法的规定，义务教育所需的经费由地方财政负责，但有些地区例如少数民族地区和偏远贫困地区，已有的教育投资说明政府现有的财政能力不能维持正常的教育发展，需要上级政府的财政转移支付来解决财政困难。但是由于教育投资的"马太效应"，越是这些地区越是得不到充足的财政资金，各地区财政资源不平衡，因此需要建立合理规范的教育财政体制，包括财政转移支付制度化，从制度和财政上给予保障，将各地区财政投入差距缩小。

第二，建立有利于促进教育均衡发展的骨干教师的政策导向，宏观上调节中小学教师的流失问题。政府要立足于广大民族地区和农村贫困地区的生存与发展，保证中小学校均衡师资力量，营造良好的教师流动氛围，建立有效的流动政策，努力做到骨干教师的合理有序流动。

第三，建立与市场经济相适应的教师流动机制。在市场经济发展中，教师流动是社会发展的必然，单纯用行政手段禁止已经无济于事。革除不适应市场经济要求的人事管理体制，逐步实行教师定期流动制，建立促进教育均衡发展的教师流动机制。

第四，加强相关法律法规建设，使教师流动有法可依，保障各利益主体的合法权益，通过法律手段减少中小学教师流动的负面效应。此外，还应加强对教师流动的引导，增加教师流动的规则意识，促进教师的合理有序流动，引导、调整教师流动的流向、流速和流量，使教师的流动朝着健康的方向发展。

第五，发挥市场机制的作用，实现教师队伍的契约管理，人才流动风险可以通过引入市场化运作中以合同管理方法来防范，对违约流出人员实行违约赔偿制度。

综上所述，教师流动是多种因素共同作用的结果，包括社会环境因素、学校因素、骨干教师个人因素等。义务教育阶段教师流动的产生根源，有经济状况的影响，有来自政府主导力量的因素，有教师个人发展需求的增加，有城乡差距的产生，当然还有来自制度转换中所出现的新生因素，更有因市场力量的介入而不断重组的资源配置因素，作为影响中小学教师流动中外部性的基本诱致因素，伴随着中国转型期间经济社会的制度演进不断相互影响、相互制约，最终形成一种相互联系的影响力量，从不同层面诱发整个中小学教师源配置过程。根据制度经济学中有关市场的观点，中小学教师流动的根本原因是个人经济利益诱使的结果，无论是追求效益最大化的政府与中小学校，还是追求效用最大化的骨干教师，其行为都是以综合收益大于综合成本为出发点的。

第四节　教师合理流动的路径选择

师资配置不均衡，教育系统内部与外部资源的交流不畅通，教师单向流动，是当前我国中小学教师流动存在的主要问题，为解决这些问题，促进教师的合理流动以实现教育资源的均衡配置，我们必须通过构建教师资源的市场化配置管理机制、加强制度建设等途径促成教师的"正向流动"。

一、教师资源的市场化配置

教育资源供求之间，由于教育资源的稀缺和教育需求的无限，在一定意义上存在着普遍的，永恒的矛盾。① 矛盾的解决，有赖于政府对师资配置的宏观调控，一曰政策，二曰经费。

长期以来，人们认为，教育应该由政府来办。一方面原因在于，教育可使每个公民获得平等发展的权利，教育在某种程度上起着社会稳定器的作用；另一个重要理由是，教育属于公共产品，须由政府来供给才能取得最大的效果。因此，教育，特别是义务教育，都应该由政府"买单"。一直以来，在计划经济体制下，政府对师资的配置大都采用的是计划分配，教育行政主管部门的行政性指令对于教师的流动起着至关重要的作用。

但随着我国经济体制从计划向市场的转型，教师资源逐渐转由市场进行调节和配置的现象日益突显，单纯由政府的行政命令实现教师流动的方式逐渐受到弱化。农村师资的市场化配置方式，对解决当前农村师资配置所面临的困境、实现教师的"正向流动"有着积极的意义。本文将对此做粗略的探讨，以期能对农村教师劳动力市场的培育和形成以及教育人事制度改革的理论与实践有所裨益。

师资的市场化配置，归根结底源自对"教育市场"的争论。目前，有关教育市场、教育产业、教育商品的问题，是教育经济学界争论比较激烈的的问题，主要有以下几种学说：

1. "伴随说"

这派观点认为，市场经济体制的建立要求所有生产要素都要进入市场。既然承认劳务市场、技术市场和信息市场，就必然要承认与之伴随的教育市场的存在。

2. "范围说"

持这派观点的学者认为，现在不是承认不承认教育市场的问题，而是探讨教育多大意义上、多大程度和范围上进入市场的问题。一定范围内可以提教育市场，如职业教育和高等教育的某些专业，可以形成教育市场，对由国家提供全部或绝大部分教育投资的义务教育而言，一般不属于市场行为，不应提教育市场。

3. "软市场说"

这一观点认为，随着市场体制的发育与发展，教育必然要进入市场，并形成独立的教育市场体系，作为软市场的一个重要组成部分。软市场是相对物质资料市场而言的。教育市场的流通对象有的具物质形态，有的则是是无形商品。教育市场中流通的知识信息技术等，可以重复使用，重复

---

① 靳希斌.教育经济学[M]].北京：人民出版社,2001:81－83.

实现价值，并使物质产品大幅度增值，带来高额利润。同时认为，学校和教师是生产单位和工人，教育市场引导调解这一"生产"过程的有序运转，取得投资效益。

4."反对说"

这一观点认为，教育属于少数需要特殊价值判断准则的领域，这些领域不能完全依靠市场经济调节，因为其特殊价值判断准则高于经济准则，或者两者之间很难进行间接的价值比较。教育的根本目的是培养人，因此衡量的标准不是经济收益的多少，而是培养人才的数量和质量。

关于教育能否产业化、市场化，作为教育改革中争论最激烈的问题之一，我们不能把它的答案简单设定为非此即彼。[①] 因为随着我国经济体制由计划向市场的转变，市场因素对教育的"侵入"是超乎想象的。完全否认市场对教育的影响是不切合实际的。但义务教育作为纯"公共产品"，完全交给市场去运作又是不合适的，而需要由政府来承担，以保证其非营利性、非排他性和非竞争性。

因此，作为纯"公共产品"的组织，学校同时面临着对于效率的追求。对于义务教育经费投入的政府和教育产品提供方的学校来说，这是自从农村基础设施得到较大改善以来，更多被提出来的一个共识。

教育的市场化似乎是解决效率的一贯方式。以政府的计划配置方式为主导，逐渐引入市场化配置方式，应当是解决目前农村基础教育资源配置低效率、区域城乡教育发展不平衡（特别是师资配置不平衡）的积极模式。

由政府作为市场的微观主体，来对对纯公共产品的义务教育进行市场化的经营是可行的。例如，农村师资的配置既可以纳入政府的计划体系（甚至公务员体系），也可以政府进入劳动力市场，根据竞争性原则，以政府购买的方式对师资进行配置。这对于农村教师劳动力市场的培育和发展，农村教师人事制度改革具有重要的借鉴意义。作为与计划配置完全不同的师资配置方式，将对教育服务提供的效率产生巨大的影响。

为贯彻中央领导关于教育工作的重要指示，着眼于促进农村教育事业发展，湖北省教育厅2004年启动了"湖北省农村教师资助行动计划"，通过政策引导、经济激励等措施，每年从普通高等学校中遴选一批应届本科毕业生到乡镇学校任教，重点支持农村的薄弱学校，重点支持农村学校的薄弱学科。计划实施至今，我们可以发现，计划一直处于良性发展状态，

---

① [英]克里夫·R.贝尔菲尔德.教育经济学[M].北京:中国人民大学出版社,2003.

每年来自全国各高校报名参加资教计划的应届大学毕业生呈年年持续攀升的势头。中国教育在线教师招聘专题文章说，"……参加行动计划的毕业生，服务期内合同管理，服务期满后按照合同规定自主择业或自己选择留在农村。这种管理方式是真正意义上的教师聘任制。通过岗位设定、选聘解聘、契约管理等环节和程序的实施，探索建立新形势下能进能出、富有活力的教师管理机制"。

"湖北省农村教师资助行动计划"通过制度的规范，引入市场化师资配置方式，这是一次意义深远的实践，它将为我们探索教育的市场机制，着力推进教师人事制度改革提供现实的依据。

二、我国师资配置存在的问题

（一）教育系统内部存在的问题

教育系统内部存在的问题主要表现在：区域性师资配置不均衡，缺编与超编共存；学科结构失衡，"教非所学"现象较为普遍；教师素质有待提高，表现在学历水平偏低及教师老龄化。

1. 超编与缺编共存，区域数量缺失

全国农村教师队伍数量从总体上来看是适当的，但是，农村教师的区域性短缺问题依然还十分严重。经济发达的东部地区以及经济发展状况相对较好的中西部城郊和平原地区教师数量基本平衡，局部地区存在超编的问题；而中西部的很多省区的山区、林区、牧区和湖区等交通不便、经济欠发达地区依然存在着农村教师数量严重不足的问题。2005年10月，国家教育督导团对江西、河北等六省基础教育进行督导检查时发现，六省普遍存在城市教师超编，农村教师缺编的问题。

"中国教育在线"网2007年5月30日的报道说，重庆市农村中小学教师缺编1.2万人，甘肃省中小学教师缺编2万人，贵州省中小学教师缺编人数达1.64万，主要都是农村教师短缺；安徽、湖北等经济状况相对较好的省份也程度不同地存在着农村教师数量不足的问题。

2. 学科结构失衡

在农村小学中，音乐、体育、美术、外语、信息技术等课程没有教师教是十分普遍的现象。如湖北省恩施土家族苗族自治州A县，2006年有302所小学、351个教学点，2007年仅对全县所有三年级小学生开设英语课，需要300余名专职英语教师，但现实的状况是全县所有小学连30个专职英语教师都没有，小学信息技术、音乐、体育、美术等新课程同样缺乏教师，要么干脆不开设这些课程，要么让其他学科的教师现学现教，应付了事。在农村初中，音、体、美、职业劳动等艺体类职业技术类和综合活动课学科教师很少，很多学校要么不开这些学科，要么是由其他学科教师兼任；语文、数学、英语、物理、化学等文化基础知识学科虽然基本都能开全，但"教非所学"现象比较普遍教师的学科知识与教学能力还达不到新课程改革的要求。

3. 年龄分布不均

教师的年龄结构本应呈现均衡分布的态势，但目前我国农村小学教师的年龄结构则呈现出两种状态：一种是两边高、中间低的"驼峰形"分布，即45岁以上的教师多，25岁以下的教师多，而30岁至40岁这个骨干年龄段的教师数量较少，经济较为发达的农村小学教师大多呈现这一态势。另一种是单边倒的老龄化倾向，即40岁以上的教师所占比例很大，中青年教师较少，很多乡镇小学教师的平均年龄都在45岁以上，有些甚至达到50岁以上。我国农村初中教师的年龄结构主要呈现两边高、中间低的"驼峰形"分布，老教师和青年教师较多，30岁至40岁这个骨干年龄段的教师数量较少，他们要么被"选拔"到高中任教，要么想方设法调转到城里的学校或经济较发达地区。

4. 学历层次偏低

近年来，随着各级政府对教师素质的重视，作为教师素质提高的重要指标之一的教师学历也有了显著的提高。2004年，我国农村义务教育阶段教师学历已经基本达到国家规定的标准：农村小学教师学历合格率为98.08%，农村初中教师合格率为92.81%。但是，现在的农村中小学教师中有很多是民转公的教师，还有大部分教师的第一学历是中师或高中毕业，虽然很多人通过各种渠道也获得了大专或本科学历，但事实上并没有真正接受大专或本科的教育，可以说是有其名而无其实。

（二）教育系统与外部资源的交流不畅通

因为农村教师待遇偏低，农村环境恶劣，教师地位较低，职业魅力缺乏，从而导致了新的教师资源无法进入。

据统计，恩施自治州某县，五年以来全县仅招聘教师6人。其原因在于：①与其他行业比较，教师的经济收入相对偏低，影响了教师的进入。大学毕业生毕业后愿意从事农村教育工作的极少。②县级财政财力有限，不能大量引进教师。当前农村在编教师在年龄及学科结构上已经极其不合理，可以说亟待调整。然而，县级政府在考虑问题时从减轻财政压力、减少县级财政供养人数角度出发，宁愿招聘"代课教师"，因为招聘一名合同制管理的教师，县财政每月至少要支付700~800元工资，另外还有医保、失业保险之类的支出，而请一名代课教师每月仅付 400～500 元工资即可，其他什么也不必考虑。教育投入不断增长的需要与县级财政超负荷运转之间的矛盾，使地方政府在制定教师招聘政策时须对本地财力谨慎估量，而不能对当前农村教育存在的结构失衡问题进行有效的调整。于是，"代课教师"现象成为农村教育的一大特色。这导致农村教师在数量和质量两个方面都不能满足农村教育发展的需要。也就是说，目前对于农村教师的进入的"入口"与退出的"出口"都存在"阻塞"现象。一方面存在对优质教师的迫切需求，一方面却不能有效的供给。这就是目前农村学校师资配置存在的两难处境。

三、教师合理流动的路径选择

（一）教师流动的现状及其影响

1. 现状

目前，我国农村师资流动的现状是"单向上位流动"[①]，即大量优质教师由乡村流向城镇，农村流向城市，经济落后地区流往经济发达地区。

造成这种现象的原因主要有：①教师编制问题。多年不变或变动很小的教师编制管理办法，如同一个"紧箍咒"，使能干的教师进不来，不能干的教师出不去，限制了教师在本区域内的正向流动，本地无法流动，人才自然就流到了别的区域。尽管如此，农村的教师还是千方百计涌入县城学校，使得城市学校严重超编，农村学校严重缺编，但这个县的教师又整体超编，这是值得关注的问题。所以，建立科学的、动态的学校编制管理办法势在必行。②学校内部教师岗位竞聘问题。和其他行业相比，教师这个岗位目前似乎还是一个"铁饭碗"，只要你端上这个饭碗，即使水平一般也很难离开。再加上有编制那个围墙保护着，新的大学生即使再多、再有才也进不来。如果在学校推行教师岗位竞聘办法，将那堵人为设置的"保护墙"拆掉，让大批的优秀大学生加盟到教师队伍中来，优胜劣汰，经过常年的流动，教师队伍尤其是农村教师队伍的整体素质就提高了。整体流动起来，个体的流动就不必担忧了。③教师待遇问题。就教师个人而言，流动不外乎是为了增加收入，或为了改变环境和氛围，或为了子女的发展，人往高处走，水往低处流，这点我们应予以更多的理解。如果政府能够加大对农村学校和薄弱学校的经费投入，大幅度提高这类学校中教师

---

①邓涛,孔凡琴.关于推进基础教育师资配置均衡化的思考——吉林省城乡师资差异和教师流动意愿的调查与分析[J].中国教育学刊,2007(5):1-2.

的工资待遇，尽量满足他们在职称、住房等方面的个体需求，教师自然就正向、合理流动了。

2. 影响

单一方向的自发性的教师流动，是我国前一段时期教师流动的主导模式之一，它给我国基础教育带来的冲击是：基础教育领域的地区之间、校际之间的师资质量差异日益扩大，并以"雪球效应"向前发展着，造成了严重的基础教育师资配置失衡现象。这种后果已经为人们所认识，并采取了一定的防范措施，但目前城乡教师之间的额外收入、工作条件和专业发展环境的差距依然客观存在，教师"单向上位流动"的诱导因素仍然没有消除。这都大大削弱了农村教师整体素质，造成了农村学校大量缺编而城镇教师超编的现象。

教师流动现象不可避免，它的产生是不以人的主观意志为转移的，受流动的客观因素和市场规律的制约。要实现教师资源合理有效配置，实现教育均衡发展，必须加强教师流动的管理但并不是一味地去"堵"，而是要进行有效地"疏导"，促进教师合理有序的良性流动。

如果一所学校的教师不流动，可能会使组织结构失去活力，使员工产生惰性，使管理趋于僵化，使队伍趋于老化，使效率大打折扣，使学校发展失去后劲。教师流动可能会使有吸引力、有魅力的学校文化得以重新组合、融合，给学校带来生机和活力。如果跳出教育看教育，换个角度看流动，从教育的长远发展来考虑，或许会得出这样的结论：流动，带来的不仅仅是活水！

（二）教师合理流动的路径选择

教师流动的目的在于打破原有的平衡，产生新的变化。教师资源能否合理流动，关系到教师队伍的稳定，影响到教育教学工作的安排和学生受教育的质量。因此，必须采取措施促进教师的合理流动、有序的良性流动，实现城乡之间、区域之间和校际之间教师资源均衡配置，实现教育资源公平，力求将教师流动的负面影响降至最低。

师资的"正向流动"，指教育资源的均衡配置过程，是积极的正效应的教师流动，是在政府的政策引导下，通过在市场机制下的双向选择，引入竞争机制实现应届大学毕业生、优质师资、教育专家学者等从城市向农村、从城镇向乡村、从经济发达地区向落后地区的流动。

1. 以计划配置为主，逐渐引入市场化配置方式

《中共中央国务院关于深化教育改革全面推进素质教育的决定》中明确提出：要"合理配置教师资源，各地要制定政策，鼓励大中城市骨干教

师到基础薄弱学校任教或兼职，中小城市（镇）学校教师要以各种方式到农村缺编学校任职，加强农村薄弱学校教师队伍建设"。那么，在"人往高处走，水往低处流"成为教师当然理念的今天，如何促进师资的均衡化，如何使优质的教师资源能够在一定区域内有序流动和共享，这是个理论问题同时也是需要解决技术层面的问题。

（1）以计划配置为主导，加强对在编教师的管理。广大的农村在编教师，是农村基础教育的"血脉"，是最具潜力的人力资源。加强对广大教师的管理和培训，努力提高学校管理水平和教师素质，从而为农民的孩子提供最优质的教育服务，是学校当前及今后工作的中心所在。教育部人事司副司长吕玉刚说，"各级政府要完善教师的管理体制，认真解决教师的编制、招聘、晋级、晋职等方面的机制问题。此外，教育行政部门和各级各类学校要完善教育工作机制，加强教师的培养，深化学校人事制度改革，建立充满活力的教师人事制度。"

（2）建立以制度安排为主导、以利益驱动为辅助的"教师交流制度"。通过制度的方式确定教师交流的时间、区域及操作的方式，同时以一定的利益驱动来促进，以实现这一制度的良性发展。日本韩国早已形成较为成熟的"教师交流制度"，对于教师的特殊优惠政策，是其得以延续发展进而形成成熟教师市场的主要原因。没有利益的驱动作用，"流转自如，资源共享"的教师市场是难以形成的，因为定期流动会给教师的生活带来很大变动。教师的物质收入和社会地位，都会受到所流向地区和学校的影响，教师会因流动而付出自身专业发展及其他方面的成本，若不能出台一系列相关优惠政策，仅仅靠行政指令来决定教师的流动，将对教师群体的心理产生冲击，使其积极性受到挫伤，丧失服务于农村薄弱学校的热情，这也就失去了师资均衡配置的本意。

（3）建立健全开放的编外教师市场。通过科学的教师资格认定，建立开放的教师资格制度，鼓励所有有志于教育的师范及非师范高校毕业生、其他符合资格考试的人士，通过资格考试获得教师资格，从而形成一个成熟的编外教师市场。学校与教师，作为地位平等的市场主体，遵循市场原则，通过岗位设定、选聘解聘、契约管理等环节和程序的实施，建立新形势下能进能出、富有活力的教师管理机制。

另外，通过市场化的运作，引入竞争机制，以政府购买阶段性教育服务的方式来配置薄弱学校教师，也可以是教师资源市场化配置的有益实践与探索。

2. 加强制度建设，促成教师的"正向流动"

要实现所谓的"正向流动"，制度和机制是保障。国家应建立教师交流法，以法律制度的权威性来保障其实施。以法律的形式确定教师应该去农村薄弱中小学校服务的地区及年限；地方政府出台相应的实施细则以规范教师的交流；对不同地区偏远农村额外给定不同的教师特殊津贴，提高西部地区农村的教师边远地区津贴；对同一地区内不同省份根据经济发展情况确定不同份额的教师津贴，以吸引应届大学毕业生、优质师资、教育专家学者去最艰苦的农村服务。

总之，通过制度的规范，引入市场化配置方式，促成教师的"正向流动"，将有利于教师队伍的稳定，有利于教师市场的形成与繁荣。通过教师通畅而有序的"正向流动"，使教育资源均衡配置的理想真正得以实现，让教育公平正义的光芒照亮农村基础教育的未来。

3. 透过"教师流动"，筹划"教育动态均衡"

市场经济条件下，教师资源主要是以市场自由配置为主，受流动的客观因素和市场经济规律的制约，相对于行政计划配置而言，教师资源的流动带有较强的自愿性、自主性。

根据当前教师流动现状，可以将其分为市场自由流动与行政流动两种形式。市场自由流动，是指教师与学校间以市场交易为原则实现的人事流动；行政流动，是指教师与学校间按照教育行政决策与教育制度安排实现的人事流动。从教师流动结果来看，教师市场流动是当前教师流动的主体，它不但没有促进教育均衡发展，反而扩大了教育差异。目前，我国教师的流动特点可概括为"水往低处流、人往高处走"，优秀的教师流向高处，必然导致流出优秀教师的学校流往低处，教育差异的加剧也就在所难免。为了弥补教育差异，教师行政流动也就提到了议事日程，要求评高级职称的教师必须到农村学校挂职，要求经济发达地区的教师到欠发达地区的学校挂职，但行政流动毕竟数量有限，而且这种流动缺少教师的主动性，效果也就不难想象了。

要促进教育均衡，需要教育财政均衡，更需要教师人力资源均衡，即使实现教育财政均衡，最终也要表现为教师人力资源均衡。如果只是追求静态的教师人力资源均衡，就需要教育政策做两件事：一是阻止当前的教师市场流动，因为这种流动形式是加大而不是缩小教育差异；二是依靠行政手段与制度安排推动教师行政流动，要求优秀教师去欠发达地区学校、乡村学校、薄弱学校工作。当教育处于静态时，只能依靠"劫富济贫"来缩小欠发达地区与发达地区、乡村学校与城市学校、薄弱学校与重点学校间的差异，这种均衡必然以教育整体质量的滑坡为代价。

实现教师资源的合理有效配置，核心在于实现城乡均衡和义务教育均衡发展。如果用动态发展的眼光来看教育均衡，我们要思考的问题是：第一，如何引导教师市场流动来促进教育均衡发展；第二，如何在教师行政流动中增加教师的主动性与积极性。其实，这两个问题也可以回归为一个问题：如何让教师自愿选择去经济欠发达地区、去乡村学校、去薄弱学校。要做到这一点，就得要求这些学校为优秀教师提供更为优越的教育资源与教育环境，需要政府利用制度去改变经济欠发达地区、乡村学校、薄弱学校的教育环境，而不是让这种环境继续恶化。比如，在考虑教师工资均衡化的同时，设立西部优秀教师、农村优秀教师、薄弱学校优秀教师岗位津贴等；在教师职称比例上，可以向经济欠发达地区与薄弱学校配置更高的比例，与其让教师被动地去"服务"获得更高职称，还不如直接把这些职称设在这些地区与学校。总之，我们并不需要以牺牲教育品质为代价的教育均衡，也不需要阻碍任何一类学校进步的教育均衡。我们要用动态发展的眼光来看教育均衡，并在教育不断发展的过程中获得教育的动态均衡。

第四章　中小学教师工资待遇及其激励机制

第一节　教师的工资及其待遇

教师的工资和待遇问题一直是社会关注的焦点，特别是义务教育阶段中小学教师的工资待遇都普遍较低。国家也一直在关注义务教育教师，努力提高和保障中小学教师的工资待遇。近年来，教师基本工资实现了较快增长，但教师工资收入水平依然偏低。下面对与工资有关的几个概念以及教师工资和福利进行说明。

一、工资、报酬、薪酬以及待遇

工资：现代汉语词典中，对工资（wages）进行了如下解释，"作为劳动报酬按期付给劳动者的货币或实物"。工资是指用人单位依据国家有关规定和劳动关系双方的约定，以货币形式支付给员工的劳动报酬。如月工资、季度奖、半年奖、年终奖。但依据法律、法规、规章的规定，由用人单位承担或者支付给员工的下列费用不属于工资：①社会保险费；②劳动保护费；③福利费；④用人单位与员工解除劳动关系时支付的一次性补偿费；⑤计划生育费用；⑥其他不属于工资的费用。关于工资的英文解释有很多，比如"pay"、"wage"、"salary"、"earnings"、"laborage"，大体从工资、薪水、工钱等入手去定义。在我国古代，工资被称为"禄"，《周易》中的"君子以俭德辟难，不可荣以禄"，应该是中国最早的古籍文献中涉及工资的文句。

报酬：作为报偿付给出力者的钱或实物。从涵义上看，并无包含明显的雇佣关系，也可以是帮助别人做了某事，别人为表谢意而付给报酬。

薪酬：是指用人单位以现金或者现金等值品的方式付出的报酬，包括员工从事劳动所得到的工资、奖金、提成、津贴以及其他形式的各项利益回报的总和。薪，指雇佣劳动的代价，它一般是货币形式的，如薪水、薪金。酬，是给予的回报，它具有一定的褒义色彩。关于薪酬的定义主要有以下几种观点：①薪酬是指雇佣关系中的一方所得到的各种货币收入，包括各种服务和福利之和。②薪酬是指雇员完成工作而得到的内在和外在的奖励。内在薪酬，是由于员工完成工作得到酬劳而形成的心理思维形式。外在薪酬，包括货币薪酬和非货币薪酬。非货币薪酬包括保障计划（如医疗保险）、带薪休假和服务等。非货币薪酬常被称为员工福利或者边缘薪酬（fringe compensation）。③薪酬是雇主对受雇者为其已完成或即将完成的工作，或者已提供或者将要提供的服务，以货币为主要结算工具，由共同协议、国家法律法规或者政策确定，凭个人雇佣合同支付的报酬或收入。

待遇：传统上的福利待遇，一般指现在劳动法所规定的劳动保障和社会保障。待遇既包括了依据《劳动法》和双方约定好的以货币形式按期支付的工资，也包括了工资以外由用人单位承担的福利，如现在时常提及的"五险一金"以及受雇者在公司或社会上的经济、政治地位。

二、教师工资及其待遇

（一）教师工资

前苏联教育经济学家科斯坦扬在《国民教育经济学》一书中指出："支付给教育工作者的工资，就其社会经济内容来讲，是国民收入的一部分，它通过社会人民消费基金按计划进行再分配，用做社会公益劳动的报酬。"我国台湾著名学者盖浙生（1999）认为："教师工资是对教师教育服务与劳动价值的肯定与尊重。教师待遇除本薪外，有职务'加给'项，称'职务加给'，以酬其辛劳及贡献。"

教师属于知识员工，"知识员工"也称知识工作者。这一概念由美国学者彼得·德鲁克首先提出，指的是"那些掌握和运用符号和概念，利用知识或信息工作的人"。知识员工并不是单纯指学习了很多知识的人，而是指能通过知识进行创新工作的人。[①] 因此，教师的工资待遇要与教师的劳动特点相结合。

教师工资，是以货币形式支付的教师劳动报酬。工资不仅能满足教师

---

①郑耀洲.知识员工的报酬管理[M].北京:机械工业出版社,2006.

谋生的需要，又是维持和激发教师工作积极性、稳定教师队伍的管理手段，还是影响教师职业魅力的一个重要因素和考察教师职业的社会地位、声望的一个指标。教师工资是教育人员自己劳动创造价值的货币体现，它体现了国家、集体、个人根本利益一致的关系。教师工资的制定应遵照以下原则：在科学的基础上，依据按劳分配原则，建立符合教师劳动特点的工资制度。因为教师工作的特殊性，所以工作时间不仅仅是上课时间，还包括备课时间、思考教学方式的时间以及课下对学生的关心指导时间，这些加起来，工作时间远远超过 8 小时；教育这种劳动具有结果上的滞后性和时间上的长期性等特点，考核起来也比较复杂，因此工资应与适当的考核制度相挂钩；逐步提高教师的工资待遇，使教师的工资水平随着国民经济的发展有计划地增长。

（二）教师待遇

所谓教师待遇，是指教师职称、工资、奖惩、退离休及其他方面的福利待遇。福利是国家对国家工作人员在生老病死各方面提供的社会保障，凡属在职或正常离职（因病、伤、残及超龄而退休）的国家工作人员都可享受规定的福利待遇。

我国目前实施的福利，有以下几种：①保险性福利，只要按规定交纳保险金，如果由于意外事故造成人伤身亡、财产损失者，可申请保险给付；②善老性福利，如离退休制度、赡老费的发放等、抚恤金及抚养费的发放等；③健康性福利，如公费医疗、生育、疗养假以及其他各种休假制度等。

为了做好教师的福利待遇，国家特别规定，凡教龄满 30 年，获得荣誉教师证书的中小学教师，退休金从优；有高级职称教师的退离休，如工作需要、本人愿意，其退离休年龄可适当延长；教师住房的分配、购买，实行优先、优惠政策；建立教师的医疗保健制度，实行教师医疗保健的优惠政策。

（三）提高中小学教师的工资待遇

教师待遇问题，关系到教师的流失和教师的素质问题，进而关系到教育的质量和培养下一代任务的问题。要使教师素质提高，应吸引更多更优秀的人从事教育。目前，我国教师的工资待遇特别是义务教育阶段的中小学教师的工资待遇较低，使广大农村地区的义务教育教师生活工作条件十分艰苦。国家一直在努力提高教师的待遇和社会地位。

《中共中央、国务院关于加强和改革农村学校教育若干问题的通知》指出，各级党政领导必须认真落实知识分子政策，以极大的热情关心教师，提高教师的政治地位、社会地位和工资待遇，注意改善其工作条件和生活条件，在全社会形成尊重教师的良好风尚。这是建国以来对教师的地位、工资、待遇等"后顾之忧"问题第一次以正式文件的形式做出规定，即使规定得并不具体，但对教师队伍的稳定和发展起到了决定性的转折作用。

《教师法》明确规定，教师具有获得报酬权，按时获取工资报酬，享受国家规定的福利待遇及寒暑假期的带薪休假，这是教师的基本物质保障权利。教师的工资保障，包括基础工资、职务工资、课时报酬、教龄津贴、班主任津贴及其他奖金在内的工资性收入。福利待遇一般包括医疗、住房、退休等方面依法享有的各项待遇和优惠，以及寒暑假期的带薪休假。《教师法》第六章对此作有详细的说明。

《国务院关于提高中小学教师工资待遇的通知》、《劳动人事部、国家教委关于下发"提高中小学教师工资标准的实施办法"的通知》中明确指出，"从一九八七年十月起，将中小学教师和幼儿园教师现行的工资标准提高10%。各省、自治区、直辖市也可以在不超过工资标准提高10%的增资总额范围内，根据本地区实行情况，将增资总额的大部分用于提高工资标准，小部分用于调整中小学教师内部的工资关系。"

《2001—2010年深化干部人事制度改革纲要》专门做出了改革事业单位的收入分配制度，认为应根据"效率优先，兼顾公平"的原则，实行按岗定酬、按任务定酬、按业绩定酬的分配办法，将职工的工资收入与岗位职责、工作业绩、实际贡献以及成果转化中产生的社会效益和经济效益直接挂钩，积极进行按技术、管理等生产要素分配的试点，认真总结经验，逐步形成重实绩、重贡献、向优秀人才和关键岗位倾斜的分配激励机制。

温家宝说，一个国家重视不重视教育，首先要看教师的社会地位。国家开始对义务教育阶段教师实行绩效工资，保证教师平均工资水平不低于当地公务员平均工资水平。要不断提高教师的政治地位、社会地位和生活待遇，把广大教师的积极性、主动性、创造性更好地发挥出来。中小学教师非常重要，要像尊重大学教授一样尊重中小学教师。要让教师成为全社会最受人尊敬、最值得羡慕的职业。①

---

①人民网.温家宝：要不断提高教师社会地位和生活待遇[EB/OL].http://edu.people.com.cn/GB/9996473.html,2009-09-07.

三、工资差异

工资差别，即工资结构，是指不同工资收入者之间的工资数量关系，主要指各类人员工资水平的差异。衡量工资差别的标准，是洛伦茨曲线和基尼系数。

影响工资差异的因素，可以从宏观与微观两方面进行分析。

从宏观方面来看，首先主要是经济发展水平。按照生产决定分配和消费的经济学理论，可供分配的收入和消费水平的高低最终取决于社会提供的可以分配的个人消费基金的多少。经济越发达，居民的消费水平越高，构成工资的生活资料的范围也就越大，因此必须相应地提高工资水平。其次，政府的宏观政策，也会对教师的工资水平产生较大的影响。经济发展水平大致相同的国家或地区，教师工资水平有的却相差很大，其中一个重要原因就是政府政策的价值取向。如果政府对教育非常重视，教师工资就会相应处于较高水平，相反，如果政府采取较为功利的近视政策，教师工资就会相对较低。再次，劳动力市场的供求状况。劳动的投入与其他要素达到均衡时，如果劳动力继续增加，则劳动生产率和人均产出的绝对量就可能下降，也就是供过于求，此时，必然造成工资水平的下降。工资水平和劳动市场的供求关系相互影响，当劳动供给小于劳动需求时，工资水平下降，反之亦然。

从微观方面考量，首先是那些与劳动有关的生产要素。也就是说，工资水平是这些生产要素的函数，如人均资本数量、人均人力资本数量、个人特殊的生产技能、工作的非货币特征以及市场的竞争程度等。具体来说，教师的学历，在同一级教育中，学历高者职称晋升较快，相应的工资也较高。其次是教师的教学经验。教学经验相对于学历对工资的影响要小些，但随着教师聘任制度逐渐实质化，教师的教学经验对工资的影响会逐渐加大。学校的类型也是影响教师工资的重要因素之一。学校的规模、等级、管理模式等因素对教师工资也有较大的影响。

亚当·斯密认为，工资水平在同一地区应该完全相等或趋于相等。假如在一个足够自由的社会，每个人都能够自由地选择自己认为适合的职业，并能够随时改变职业。那么，在这个社会中，如果一个人的工资水平低于他人的工资水平，这个人就会离开原来从事的职业，而加入到比较有利的职业。教师的工资差异，引导、决定着教师的供求行为。在教育领域，中小学教师的工资如果低于一般职业的平均水平，许多教师就选择了转换行业，于是就造成了教师资源的流失。

四、教师工资的理论基础

(一) 劳动创造价值理论

马克思指出，劳动力价值的大小取决于生产这些生活资料所必需的社会必要劳动时间。劳动力的价值是"由生产、发展、维持和延续劳动力所必需的生活资料的价值来决定的"。① 教师劳动力价值，由以下几个部分构成：一是教师本人维持正常生活所需要的生活资料的价值；二是教师维持家属、养育子女即社会劳动力的接替者正常生活所需要的生活资料的价值；三是教师用来培训和提高自身劳动力再生产所需的费用；另外，由于教师职业的特殊性，知识需要随时代发展而补充和更新，需要及时获得科学信息、教育信息，需要必要的工具书籍等，也即教师要经常补充自己的知识，开阔自己的视野，更新自己的观念，探索教育的规律，为此，教师也需要支付一定的费用。这些费用构成了教师劳动力的价值，这种劳动力的生产，需要花费较多的生活资料，耗费较多的社会必要劳动时间。②

(二) 激励理论

激励是一种引起需要、激发动机、指导行为有效实现目标的心理活动过程。西方的激励理论大体可以分为以下几类：

1. 强化理论

斯金纳（Burrhus Frederic Skinner）的操作性条件反射理论，其基本观点是：当行为的结果有利于个人并得到强化时，行为就会重复出现，否则，就会削弱和消失。对于教师工资来说，工资中的激励部分，就是对教师教学过程中的良好表现的肯定，激励教师在已有的良好表现上，继续努力。

2. 双因素理论

双因素理论，由弗雷德里克·赫茨伯格（Frederic Herzberg）提出。① 保健因素：指缺少或恶化之则容易导致职工不满和消极行为，拥有或改善之则可以防止不满的因素。② 激励因素：指拥有或改善之可以使职工得到满足和激励，做出最出色表现的因素，包括成就、赞赏、工作本身的挑战性、责任感、晋升发展等。比如，现在实行的绩效工资制，70%的基础性工资就属于保健因素，30%的奖励性工资就属于激励因素。

---

①马克思,恩格斯.马克思恩格斯选集(第2卷)[M].中共中央马克思恩格斯列宁斯大林著作编译局编译.北京:人民出版社,1995:48.
②范先佐.教育经济学[M].北京:人民教育出版社,2002.

3. 需要层次理论

需要层次理论，由美国著名犹太裔人本主义心理学家亚伯拉罕·马斯洛（Abraham Maslow）提出。马斯洛认为，动机是由多种不同层次与性质的需求所组成的，而各种需求间有高低层次与顺序之分，每个层次的需求与满足的程度，将决定个体的人格发展境界。需求层次理论将人的需求划分为五个层次，由低到高，并分别提出激励措施。这五个层次是生理需要、安全需要、归属和爱的需要、尊重的需要和自我实现的需要。教师工资要与工作成就、认可或赞同相配合，则对教师具有激励作用。

第二节　建国以来中小学教师工资制度变迁

我国的工资制度，是以按劳分配为原则建立起来的社会主义的工资分配制度，它的确立是一个不断完善、不断发展的过程，在不同的历史阶段，随着政治经济的发展，进行着不同的变革。建国至今，我国教师工资经历了四次大的变革。

一、第一次工资变革

第一次工资变革，是在 1952 年以大行政区为单位的工资制度初步改革及 1956 年国家整个工资制度进一步改革的基础上，实行的职务等级工资制即八级工资制。1952 年的改革逐步将以供给制为主的工资制度改为工资制。

供给制，是一种偏重平均主义的分配制度。这种分配制度是在战争条件下形成的。供给制的最初建立，首先就是以保证部队的战斗力为首要目的，因为战争时期生活环境极其不稳定，物资供应经常会处在匮乏状态。这时，通过统一的后勤补给系统，以一个大致平均的标准，为全党军民提供生活所需的各种资料，是非常必要而且重要的。

1952 年工资改革的主要内容有：第一，统一以"工资分"作为全国统一的工资计算单位，并统一规定了"工资分"所包含的品种和数量。工资分，是以一定种类和数量为计算基础，以货币进行支付的工资计算单位。每一工资分，按照当时一般职工基本生活的实际需要，可以折合成粮食、布匹、食油、食盐和煤炭等五种食物。第二，各大行政区分别建立了新的工人和职员的工资等级制度。第三，改革旧的计件工资制。在国民经济恢复时期，政府决定改革旧的计件工资制和旧的包工工资制，制定了实行计件工资所必需的一些标准和条件。第四，建立奖励制度。奖励的条件比较明确具体，直接同劳动成果挂钩，按条件考核，无需职工评议，个人奖金不封顶。第五，供给制向工资制的过渡。

1956年工资改革的主要内容有：第一，取消"工资分"，实行直接货币工资标准。第二，调节产业、地区、部门、企业之间各类人员的工资关系。在产业之间，根据各产业在国民经济中的地位和技术复杂程度以及劳动条件等因素，并参照过去的情况，排列出产业顺序，分别制定工资标准。地区之间的工资关系，按照重点发展地区多增加、某些沿海地区的工资稍有增加的原则进行了调整，重点建设地区的工资标准有较多地提高。在产业内部不同企业之间，按技术的复杂程度、劳动繁重程度和劳动条件，规定了不同的工资标准等等。第三，进一步改革工人的工资等级制度。工人工资等级实行八级工资制。第四，国家工作人员仍实行统一的职务升级工资制。

通过这次改革，职工工资水平包括教师的工资水平有了普遍提高。但是，这次工资改革仍有其不完善的地方，比如，工资标准过于繁杂，各工资关系形成级别林立，层次重叠。职工工资的增长幅度过大，致使国家财政支出处于紧张状态，引起物价上涨。[1]

二、第二次工资变革

第二次工资改革，是在1985年党中央和国务院作出改革国家机关、事业单位工作人员的工资制度待遇的决定以后，实行的以职务工资为主要内容的结构工资制，其特点是把工作人员的工资待遇同本人负担的实际职务密切结合起来。

（一）结构工资

结构工资，又称职务工资和分解工资，即把支付给工作人员的劳动报酬分为基础工资、职务工资、工龄津贴、奖励工资四个部分。

1. 基础工资

基础工资，是国家对工作人员的最低生活实施保障的部分。从国家领导干部到一般工作人员，都执行同样的基础工资标准。基础工资应随着职工维持基本生活所需的商品价格指数的上升而增长，当然这种增长要由国家进行统一的调整。

---

①徐颂陶.中国工资制度改革[M].北京：中国财政经济出版社，1989.

2. 职务工资

职务工资，是按照实际职务确定的相应工资部分。从全部工作人员工资收入总额的构成来看，职务（岗位）工资占了最大比重。此时建立的职务工资，主要有以下特点：①一职数薪，上下交叉。就算是同一职务人员，根据人员具体的新老之别、经历异同、能力高低，职务工资也会有所不同，更好地体现了按劳分配原则，体现了各类人员劳动贡献大小的差别。②突出职务，能上能下。以职务体系为框架，确定工资标准和等级，突出职务在工资决定上的主导作用。③增加等级，缩小极差。更实际地反映了工作人员的劳动差别。

3. 工龄津贴

工龄津贴，是按照工作人员工龄或工作年限长短确定的劳动报酬，这是过去工资制度中所没有包括的。

4. 奖励工资

奖励工资，是以工作人员的工作成绩为依据，以鼓励先进优秀为原则，鼓励工作人员认真工作、做出成绩，有利于调动教师的工作积极性。

（二）结构工资制度的特点

这一以职务为主要内容的结构工资制度，体现了按劳分配的原则，也有利于调动教师的劳动积极性。其一，结构工资制分析了影响工资形成和变化的多种因素，并把它们分为四类。基础工资随着能保证教师基本生活所需费用的增加而增加，换句话就是随着物价的上升而上升；工龄津贴是按照教师工作年限的增长而增长；职务工资是随着职务（岗位）的变化而增减；奖励工资是依据教师能否做出巨大的贡献或突出的成绩，来短期小范围地影响工资。其二，简化、统一了工资标准。这次工资改革，将1956年机关事业单位工资标准中不同的工资标准进行了归并统一，把复杂的工资标准以及级别林立、层次重叠的工资关系进行简化归一。

同时，结构工资制度也有它的不足。从教师工资制度的整体上看，这种结构工资制没有考虑事业单位的特点，在实践中难以起到激励事业单位员工努力工作的效果。还需要进一步的改革，解决教师工资水平偏低的问题，完善定期提薪制度，增加课时津贴，克服尚存的一定程度的平均主义，充分体现工资的激励机制与杠杆作用。

三、第三次工资变革

根据党中央、国务院的决定，1993年10月1日起，实施事业单位包括中小学在内的中小学职务（技术）等级工资制。这一工资制度的构成，由过去的结构工资改为新的复合形式，即由教职工的职务（技术）等级工资和津贴两部分组成。职务（技术）等级工资，在一定的时间区域内，是工资中比较稳定的部分，主要体现工作能力、责任、贡献以及劳动的繁重程度，这一部分实行定期升级，适当体现劳动差异。新工资制度规定，中小学教师实行统一的职务序列和职务工资标准。津贴是工资中的变量部分，直接具体反映教师的实际工作成绩、劳动差异和质量差异。单位资金来源不同，工资构成中的固定部分和活的部分的比例不同，中小学作为全额拨款的事业单位，在各学校的全部工作总量的构成中，职务工资部分占70%，津贴部分占30%。"三七分"的比例，是就一个学校的总量而言的，具体到每一个教师，津贴部分可能高于30%，也可能低于30%，这正体现了工资的激励作用。新工资制度与1985年的结构工资制度相比，取得了实质性的进展。

（一）新工资制实施了"制度挂钩"、"分类管理"的原则

"制度挂钩"，即国家事业单位与国家机关在工资制度上脱钩，对事业单位按单位性质分别实行了五种不同类型的工资制度。"分类管理"，指将全国的事业单位按照行业特点分为五大类。对教育、科研、卫生等事业单位实行专业技术职务岗位工资制；对地质、测绘、交通等事业单位实行专业技术职务岗位工资制；对文化艺术表演团体的艺术表演人员实行艺术结构工资制；对体育运动队的运动员实行体育津贴、奖金制；对金融单位实行行员等级工资制。中小学工资制度，建立的是专业技术职务等级工资制，改变了建国以来教育工资系列以官为本，即比照国家行政机关工资制度的模式，使教师工资制度走向科学化。

（二）一定程度上改变了中小学教师平均水平偏低的问题

新工资制度贯彻落实了《中国教育发展纲要》和《教育法》的有关规定。《中国教育发展纲要》规定，"改革教育系统工资制度，提高教师工资待遇，逐步使教师的平均工资水平与全民所有制同类人员大体持平，八五期间，教育系统平均工资要高于当地全民所有制企业职工的平均水平，在国民经济12个行业中居中等偏上水平，其中高等学校平均工资高于全民所有制企业职工平均水平。"《教育法》规定，"教师的平均工资水平应当不低于或高于国家公务员的平均工资水平，并逐年提高……"

（三）克服了以往教师工资缺少正常晋级和增薪的弊端

明确规定了中小学实行严格考核、定期晋级制度，具体内容是：①正常履行了教育教学责任，经学校考核合格的教职工每两年可以晋升一级职务等级工资，考核不合格者不予晋升，优秀者可以越级或提前晋升；②每两年调整一次工资标准和相应的津贴标准；③对年终考核合格的中小学教职工年终发放相当于本人一个月工资的奖金；④对在教育教学改革中做出巨大贡献和取得重大成果的中小学教师给予重奖。

（四）体现了宏观管理和微观放权的教师工资管理体制改革的基本原则，扩大了地方决策权

津贴分配方式为，国家总量控制，政策指导，学校自主分配，地方在工资分配上有一定决定权。具体表现在，可以根据国家制定的基本工资标准、工资政策与指导性意见，结合本地实际情况制定具体实施意见，可以建立地区附加津贴，提高教师工资待遇。

新工资制度也存在一些不足，工资构成中活的部分（津贴）未能充分发挥其应有的作用。这次工资改革规定，在事业单位中实行固定部分和活的部分，目的是为了更好地贯彻按劳分配的原则，以体现"尊重知识、尊重人才"，拉开收入档次，向专业技术人员倾斜。但在实际操作中，考核专业技术人员的硬指标多，而考核管理人员的硬指标少，尤其是对管理人员的脑力劳动难以考核和精确计量，所以收效甚微，管理人员的津贴部分大多平均发放，造成专业技术人员与管理人员在津贴分配上的矛盾。此外，新的职务（技术）等级工资的复合结构中，按照规定应该是70%，但实际上许多地区和学校的奖金与各类津贴所占比重大大超过30%，甚至超过职务等级工资，因此削弱了职务等级工资作为激励职工提高技术水平的职能。[1]

四、第四次工资变革

根据国务院安排，从2009年1月1日起，义务教育阶段教师实施绩效工资制度。为落实这一规定，2月5日教育部出台了《关于做好义务教育学校教师绩效考核工作的指导意见》，制定了详细的实施方案，确保义务教育教师平均工资水平不低于当地公务员平均工资水平，同时对义务教育学校离退休人员发放生活补贴。在义务教育学校实行教师绩效工资制度，是对教育人事制度的深化改革，也是党和国家持续推进教育优先发展战略的又一重大举措。绩效工资制度的具体内容如下：

（1）绩效工资分为基础性和奖励性两部分。基础性绩效工资，主要体现地区经济发展水平、物价水平、岗位职责等因素，占绩效工资总量的

---

①陈孝彬,高洪源.教育管理学(第三版)[M].北京:北京师范大学出版社,2008:246-248.

70%，具体项目和标准由县级以上人民政府人事、财政、教育部门确定，一般按月发放。奖励性绩效工资，主要体现工作量和实际贡献等因素，在考核的基础上，由学校确定分配方式和办法。

（2）充分发挥绩效工资分配的激励导向作用。教育部门要制定绩效考核办法，加强对学校内部考核的指导。学校要完善内部考核制度，根据教师、管理、工勤技能等岗位的不同特点，实行分类考核。根据考核结果，在分配中坚持多劳多得，优绩优酬，重点向一线教师、骨干教师和做出突出成绩的其他工作人员倾斜。

（3）学校制定绩效工资分配办法要充分发扬民主，广泛征求教职工的意见。分配办法由学校领导班子集体研究后，报学校主管部门批准，并在本校公开。

（4）绩效工资总量暂按学校工作人员上年度12月份基本工资额度和规范后的津贴补贴水平核定。其中，义务教育教师规范后的津贴补贴平均水平，由县级以上人民政府人事、财政部门按照教师平均工资水平不低于当地公务员平均工资水平的原则确定。绩效工资总量随基本工资和学校所在县级行政区域公务员规范后津贴补贴的调整相应调整。

（5）义务教育学校实施绩效工资同清理规范义务教育学校津贴补贴结合进行。将规范后的津贴补贴和原国家规定的年终一次性奖金纳入绩效工资总量，在人事、财政部门核定的绩效工资总量内，学校主管部门具体核定学校绩效工资总量时，要合理统筹，逐步实现同一县级行政区域义务教育学校绩效工资水平大体平衡。对农村学校特别是条件艰苦的学校要给予适当倾斜。

（6）义务教育学校实施绩效工资所需经费，纳入财政预算，学校绩效工资应专款专用，分账核算。国家给绩效工资制度提供财政支持。义务教育学校实施绩效工资时，对完全中学中从事非义务教育教师的津贴补贴问题，由学校统筹考虑。在实施绩效工资的同时，对义务教育学校离退休人员发放生活补贴，标准由县级以上人民政府人事、财政部门确定，绩效工资不作为计发离退休费的基数。实施绩效工资后，学校不得在核定的绩效工资总量外自行发放任何津贴补贴或奖金，不得违反规定的程序和办法进行分配，对违反政策规定的，坚决予以纠正，并进行严肃处理。

第三节 教师的工资待遇与教师供求关系

一、教育需求及其影响因素

教育需求包括社会需求和个人需求。国家为了维持巩固其政治经济秩序和发展它的经济文化事业，都必须要使其中大多数人达到当时社会经济形态所要求的某种文化水平，这就反映了社会对教育的基本需要。在社会需求中，人口的组成和经济基础是最重要的因素。人口的组成决定了对教育需求的主观愿望的大小。人口的组成，也就是人口中各年龄组比例的情况。如果青少年人口数量在人口总量中的比例较大，这种成长型社会对教育的需求相对来说就比老龄化社会对教育的需求要大。因为如果人口中的幼儿、少年、青年的比例大，按人的成长规律来说，这部分人最需要也最适宜接受基础和高等教育。一个国家的经济基础是否雄厚，决定了这个国家把潜在需求变成现实需求的实力。也可以说，义务教育年限的长短决定于国家的经济基础，国家的经济发展水平越高，对劳动力受教育程度的要求越高，同时也越有实力来支持义务教育。

非义务教育基本上是一般的需求与供给，没有义务教育阶段国家干预的色彩浓重。个人教育需求的影响因素包括：①人们有求学的意愿，受教育者只有对教育有了求学的意愿，才能初步构成对教育的需求。影响受教育者求学意愿的因素有很多，诸如受教育的机会成本、接受教育所花费的时间精力、用在其他方面比如工作所带来的收益，对受教育者来说都是一种成本，而且，个人对接受教育还要支付一定的费用。此外，个人的兴趣志向、学校的教学质量，都对个人的求学意愿有很大影响。②需要有符合受教育的德智体条件。并不是任何人有了受教育的意愿都可以去接受教育的，还要受到一些选拔条件的制约，这就是许多学校都有入学考试的选拔环节，只有当最适合接受某种教育的人被选拔出来接受教育，才能说是教育资源得到最优配置。③要有承担受教育所要求的经济能力。对一些家庭而言，经济条件是制约教育需求的重要因素。当经济条件不允许时，即使有很强烈的求学欲望，也无法实现有些孩子的求学愿望。①

---

① 邱渊. 教育经济学导论[M]. 北京：人民教育出版社，2002：39－61.

二、农村教师资源的供求

由于教育资源的稀缺和教育需求的无限，教育资源供求之间存在着矛盾，即教育经费短缺而导致的教育需求与供给总量上的失衡及供求变化中的非均衡。教育资源供给的一个重要方面，就是师资的供给。

（一）农村教师的工资待遇与农村教师供求

农村师资供求上出现种种问题的关键原因在于，教师的工资待遇不高。以经济学观点来说，在市场经济中，教师作为劳动力的一种，教师的劳动也同其他商品一样，会受到价值规律的影响，受到市场调节的制约。价值规律的基本内容是，商品的价值量由生产商品的社会必要劳动时间决定。商品交换要以价值量为基础，实行等价交换。价值规律的作用在于：其一，自发地调节着社会劳动在社会各生产部门之间的分配，也就是调节作用；其二，刺激生产者改进技术，促进了社会生产力的发展，也就是推动作用；其三，引起商品生产者的两极分化，也就是会对生产者起物质鼓励和优胜劣汰的鞭策作用。

价值规律在教育师资供求上就表现为，工资的高低影响教师供求。农村教师待遇偏低，教师的"单向上位流动"导致了教师超编与缺编共存。随着我国经济体制的转变，教师资源逐渐转向由市场进行调节和配置，单纯由政府的行政命令来对教师资源配置的方式已经逐渐受到弱化。于是，"人往高处走，水往低处流"成为当然的理念。这使得大量优质教师由乡村流向城镇，由农村流向城市，由经济落后地区流往经济发达地区。这种单向的自发性教师流动，是我国前一段时期教师流动的主导模式之一，它给我国基础教育带来的冲击是：基础教育领域的地区之间、校际之间的师资质量差异日益扩大，并以"雪球效应"向前发展着，造成了严重的基础教育师资配置失衡现象。这种后果已经为人们所认识，并采取了一定的防范措施，但目前城乡教师之间的额外收入、工作条件和专业发展环境的差距依然客观存在，教师"单向上位流动"的诱导因素仍然没有消除。这都大大削弱了农村教师整体素质，造成了农村学校教师大量缺编而城镇教师超编的现象。

除了工资对教师供求的主要影响外，地方政府和教育主管部门不能有效解决教师的进入机制和退出机制问题，即在教师引进的"入口"和教师新老更替的"出口"都存在诸多障碍。

近些年来，随着我国对农村义务教育阶段教育投入的不断加大，农村中小学基础设施、办学条件都得到了较大的的改观，教师素质的偏低逐渐成为制约农村基础教育发展的瓶颈，也因此成为各级政府关注的焦点。

然而，目前的现状是，一方面农村学校急需补充教师资源以解决目前存在的结构严重失衡的问题，另一方面地方政府不能出台切实可行的师资补充机制。其根本原因在于：第一，"出口"未能疏通，从而影响了教师的"进入"，这导致农村教师在数量和质量两个方面都不能满足农村教育发展的需要；第二，教师经济收入与其他行业比较相对偏低，影响了教师的进入，大学毕业生毕业后愿意从事农村教育工作的极少。

总之，我们需要探索建立与健全农村教师"换血"的长效机制，形成教师有进有出新老更替的良性循环。

（二）对建立健全农村教师供求模式的对策建议

1. 确立政府在教育资源配置中的主导地位

随着我国经济体制从计划经济向市场经济转变，整个社会的资源都将逐步依靠市场进行调节与配置。依靠劳动力市场对教师资源进行筹措、分配和使用是市场经济的基本要求和必然结果。作为"公共产品"的义务教育，教育资源不应完全由市场配置。教师是教育领域中的稀缺资源，主要应由政府配置。国际经验表明，中央政府是调节师资供求的主要角色。我国是一个教育大国，面临的问题很多，教育资源又十分短缺，更需要充分发挥政府的控制和干预作用，以集中必要的资源来资助教育发展的重点和最薄弱的环节。师资问题关系到义务教育的成败，必须提高农村师资水平。这个问题，市场是不能解决的，学校更是无能为力，必须依赖于政府的控制和干预。

2. 完善农村教师工资保障制度，建立中央和省级财政为主的义务教育支付体系

农村教师工资，可采用"中央与地方合理分担，省级统筹为主"的农村教师工资保障制度。在提高全体教师经济待遇的同时，农村教师应重点对待，保障农村教师的工资能足额、准时地发到教师手中，杜绝克扣、挪用教师工资的现象。由于农村的各项条件与城市相比较差，农村教师在住房、娱乐、医疗、自我发展等方面根本无法与城市里的教师相比，而且他们付出的机会成本要大得多。因此，应付给农村教师高额的补贴，使同一地区无论城市还是农村里同一级别的教师实际收入相对持平，即实现城乡教师的同工同酬。另外，确保在民族地区和边远贫困地区工作的教师享有

特殊津贴，解决农村教师在住房、医疗、交通、子女受教育等方面的后顾之忧，为教师创造良好的工作生活环境。只有使教师职业真正成为一个让人羡慕的职业，才能稳定和激励农村的教师队伍，并吸引更多的优秀人才从事教育事业，从而解决教师的"入口"障碍问题。

3. 推进教育人事制度改革，建立适应农村教育需要的师资进入机制与退出机制

通过完善社会保障体系，退养不合格教师，使部分教育理念落后、教育方法陈旧、不能适应教育发展的教师退出，从而为新的教师资源的进入而疏通教师"出口"。采取措施吸引有志于服务农村教育的优秀青年读师范，改革师范教育的模式与方法，从而培养出能够适应农村教育需要的优秀毕业生，并把他们及时补充到农村教师队伍中来，切实保障农村教师的有效供给，从而逐渐建立与健全农村教师新老更替、合理流动的长效机制。

4. 完善城乡教师交流制度

建立城市教师与农村教师定期交流制度，可以使城市教师将先进的教育理念，教学方法及现代的文化生活气息带到乡村，带动一批教师学习钻研当前最前沿的教育教学思想，激发教师教研的热情，以农村教育为主阵地，切实推进农村学校素质教育的开展。乡村教师通过到城市学校的学习工作，也可以全面提高自身综合素质，从而更好地为农村教育服务。完善城乡教师交流制度，关键在于解决流动教师在工资待遇和因流动而付出的自身发展及物质方面的成本的后顾之忧，出台一系列相关优惠政策，鼓励优秀教师或教育专家到农村学校工作生活。通过城乡教师的交流，来实现优质教师一定范围内的资源共享，促进城乡教育资源的均衡配置。

5. 加强对农村教师的在职培训

从当前农村师资实际出发，加强对农村教师的在职培训，增强农村师资的自我"造血功能"，不能不说是解决农村教师素质偏低现状的另一有力措施。通过在职培训使他们能够结合工作而不断学习与提高，培育发展农村学校学习型组织，形成积极向上的学校组织文化，促成学校各方面工作的创新，使教师在一个宽松而又富于发展潜力的环境中，完成对自身无论是生命价值的感悟，还是教育理念、教育技能的质的飞跃。从客观上为农村学校提供高素质的教师。

第四节 教师的绩效工资及其激励机制

一、绩效及绩效工资的含义

（一）绩效

"绩效"一词是英语"performance"的汉译，国内外教育界目前还没有统一的界定。《朗文当代高级英语辞典》中有如下几种解释：演奏、演出、表演；执行、履行、表现；指人完成工作的好坏或机器性能的好坏。Bemardin（1994）等人认为，绩效是在特定时间内，由特定的工作职能或活动产生的产出记录，工作绩效相当于关键和必要工作职能绩效的总和。到现在为止，这种观点已被大多数研究者反对，学术界普遍赞同另一种观点，即 Campben、McCloy（1993）提出的观点，认为绩效是员工能够自己控制的且与组织目标相关的行为。在这个定义中，包含了有关绩效的一些观点：①绩效是多维的，没有单一的绩效测量标准，在大多数背景下，与组织目标有关的工作行为有多种类型；②绩效是行为，并不必然是行为的结果；③这种行为必须是员工能够控制的。《现代汉语词典》对绩效的解释是成绩、成效。而绩效本是管理学中的概念，经常与组织联系起来。武欣编著的《绩效管理实务手册》把绩效定义为，人们在一定时间和条件下完成某一任务时所取得的工作业绩、效果和效益。对组织而言，绩效就是任务在数量、质量及效率等方面的完成情况。

目前对于"绩效"的理解基本上可以分为三大类：一是将绩效看作行为与过程；二是将绩效视为结果；三是以上二者的中和，认为绩效不仅包含行为的过程，同时还强调行为的结果。笔者倾向于上述第三种观点，我国学者梁林梅关于绩效的定义较为准确全面，即绩效是指与组织总体目标及价值追求相一致的行为倾向和业绩成就。[1]

（二）绩效工资

绩效工资（Performance Related Pay，简称 PRP），又称绩效加薪、奖励工资或与评估挂钩的工资（Appraisal Related Pay），是以职工被聘上岗的工作岗位为主，根据岗位的具体工作内容、承担的责任、劳动强度以及工

---

[1]梁林梅.教育技术学视野中的绩效技术研究[D].广州:华南师范大学,2004.

作环境的好坏来确定岗级，以劳动者的实际劳动成果为依据来支付劳动报酬。从广义上理解，绩效工资是指依据个人或组织工作绩效，在对个人或组织工作绩效评估的基础上而确定的弹性薪酬。从狭义上理解，绩效工资将教职工的薪酬与绩效直接挂钩，根据教职工个人的行为表现和业绩的变化来确定其薪酬的高低。

绩效工资反映的是教职工的工作业绩大小、工作质量高低和实际贡献，体现了薪酬的激励和调节功能。

绩效工资的主要优点在于：

第一，教职工工资与其可量化的业绩挂钩，具有较强的公平性。通过实行绩效工资制进一步改善工资结构，将教职工收入直接与岗位责任、工作绩效相挂钩，充分体现多劳多得、优劳优酬、奖优罚懒的分配原则。

第二，工资报酬向业绩优秀的员工倾斜，能激发其他员工的工作积极性。绩效工资作为物质激励的主要形式之一，能够充分调动教职工的工作积极性和主动性。同时，可使人力资源成本最低、最合理、最科学，最终保证人力资源的充分利用。

第三，实行绩效工资制，反映出同一岗位教职工的业绩差异，合理拉开薪酬差距，充分传递一种以能力和业绩为导向的校园薪酬文化工资与努力水平成正比，有助于吸引和留住成就导向型的优秀员工。

二、教师绩效工资制度的特点

第一，工资制度制定主体多元化，学校取得了对于本校教职工工资的部分决定权。学校可以在国家规定的津贴总额内，具体确定津贴项目、津贴档次及内部分配方式，并制定适合本校特点的工资标准。

第二，教师工资与岗位绩效直接挂钩，效率激励功能成为教师工资制度的主导价值取向。

第三，教师的工作标准制订更加详细具体。绩效工资制度的效果有赖于绩效考核，而绩效考核则有赖于一个科学详细的量化标准。教师必须知道他们需要达到多少数量、质量的工作标准，以及达到后有多大的工资增长。同时，教师还必须看到达到绩效标准与获得工资增长的必然联系。所以，学校首先必须制定出详尽的教师绩效标准，以作为绩效考核的依据。

第四，业绩的量化考核加强。通常绩效工资制度必须同时满足以下几个条件：绩效必须能精确地衡量（测量）；绩效标准必须公平合理；增加工资必须是员工看重的结果；必须清楚地说明工作绩效与绩效工资之间的关系；必须存在改进绩效的机会，才能使绩效工资真正起到对员工的激励作用。准确、公平的绩效评估是绩效工资有效发挥作用的关键，所以学校为了有效实施绩效工资，不得不对教师的工作职责的完成程度与效果，加大量化标准的制定与考核，才能保证教师的工资与业绩的一致性，真正发挥绩效工资的激励作用。

三、教师绩效工资的作用与原则

（一）绩效工资的作用

经国务院同意，自 2009 年 1 月 1 日起，首先在义务教育学校实施绩效工资分配政策，这是坚持教育优先发展战略的又一重大举措，是加强教师队伍建设具有里程碑意义的一件大事，充分体现了党中央、国务院对教育事业的高度重视，对广大教师的亲切关怀，对于依法保障教师收入水平、激发广大教师积极投身教书育人事业、吸引和鼓励优秀人才长期从教终身从教具有重大意义。

做好教师绩效考核工作是义务教育学校实施绩效工资制度的必然要求。绩效考核结果，是绩效工资分配的主要依据。义务教育学校实施绩效工资分配改革，必须建立符合教育教学规律和教师职业特点的教师绩效考核制度，为绩效工资分配更好地体现教师的实绩和贡献、更好地发挥激励功能提供制度保障。

做好教师绩效考核工作是加强教师队伍建设的重要基础。科学有效地实施教师绩效考核，是全面贯彻党的教育方针、深入实施素质教育的重要举措，是提高教师队伍整体素质、促进教师队伍科学发展的关键环节，是完善教师激励约束机制、努力构建充满生机与活力的教师人事制度的重要任务，对于加强教师队伍建设，充分调动广大教师的积极性、主动性和创造性，具有极其重要的导向作用。[①]

（二）绩效工资的原则

实施绩效考核工作应遵循以下基本原则：

1. 尊重规律，以人为本

尊重教育规律，尊重教师的主体地位，充分体现教师教书育人工作的专业性、实践性、长期性特点。

---

①教育部关于做好义务教育学校教师绩效考核工作的指导意见［2008］15 号［EB/OL］. http://info. jyb. cn/jyzck/200902/t20090205_238116. html,2009-02-05.

2. 以德为先，注重实绩

完善绩效考核内容，把师德放在首位，注重教师履行岗位职责的实际表现和贡献。

3. 激励先进，促进发展

鼓励教师全身心投入教书育人工作，引导教师不断提高自身素质和教育教学能力。

4. 客观公正，简便易行

坚持实事求是、民主公开，科学合理、程序规范，讲求实效、力戒繁琐。①

四、教师的绩效工资现状

2009年初，人力资源社会保障部、财政部、教育部联合下发了《关于义务教育学校实施绩效工资的指导意见》（以下简称《意见》），指出，"从2009年1月1日起，在全国义务教育学校实施绩效工资，确保义务教育教师平均工资水平不低于当地公务员平均工资水平，同时对义务教育学校离退休人员发放生活补贴。"这样，义务教育教师的工资水平无疑将得到提高。

《意见》指出，实施绩效工资的对象，是按国家规定执行事业单位岗位绩效工资制度的义务教育学校正式员工。绩效工资分为基础性和奖励性两部分：基础性部分占绩效工资总量的70%，与经济发展水平、物价水平、岗位职责等相联系；奖励性部分直接与工作量和实际贡献挂钩，具体项目包括班主任津贴、超课时津贴、教育教学成果奖励等。《意见》中将绩效工资进一步划分为基础性和奖励性两个部分，将科学处理公平与效益关系问题蕴含其中。基础性部分应该是属于保障性的，一般与教师的工作年限、职称、专业等相关联；奖励性部分是属于激励性的，一般和教师工作的量、质、能密切关联。

《意见》要求，"义务教育学校实施绩效工资分配改革，建立符合教育教学规律和教师职业特点的教师绩效考核制度，为绩效工资分配更好地体现教师的实绩和贡献、更好地发挥激励功能提供制度保障。"由此可见，教师绩效工资分配的主要依据是绩效考核结果。

①教育部关于做好义务教育学校教师绩效考核工作的指导意见[2008]15号[EB/OL].http://info.jyb.cn/jyzck/200902/t20090205_238116.html,2009-02-05.

　　义务教育学校实施绩效工资制度，是国家贯彻落实义务教育法的具体措施，是深化事业单位收入分配制度改革的重要内容，充分体现了党和政府对教师的关怀，对于改善教师待遇，提高教师地位，吸引优秀人才从事教育工作，稳定教师队伍，促进教育教学水平提高，推动教育事业发展，具有重要的意义。

五、关于教师绩效工资几个问题的思考

　　国家对事业单位实施绩效工资改革，首先从 2009 年 1 月 1 日起在义务教育学校实施。对教师实行绩效工资，是教师工资制度改革的一大进步，坚持"不劳不得、多劳多得、优绩优酬"的原则，有利于激发教师的劳动积极性，也在一定程度上提高了教师的工资待遇。但教师的绩效工资在实施的过程中，仍有几个问题值得我们深思。

（一）衡量教师绩效工资的标准能否全面准确地评价教师的教育能力

　　教师是非常特殊的职业，教师面对的是人，在实施教育的时候，教师的成果具有滞后性和延伸性。教育的效能在很多情况下是隐形的，当即并不能马上凸显效果。正是"十年树木，百年树人"，有的教育效果要在几年甚至几十年后才显现出来。

　　（1）如果绩效工资的评价标准针对教师的教学来考评教师的工作绩效，一般就以课时量来划分，即完成标准课时量、高于标准课时量、低于标准课时量，画三条线和绩效工资挂钩，多则多得，少则少发。再加上一个学年度听了多少节课，承担了几次优质课、示范课、观摩课任务等等。有的学校还加上各科周考、月考、期中考、期末考的成绩。班主任教师再加上班级管理在学校值周工作中被评为几次红旗班。这些标准也许是在一定程度上反映了教师的某些能力和工作态度，但是否能真正反映一个教师的教学能力，认定教师的实际工作量，真正促进教师的工作热情和工作质量呢？比如，有的教师注重培养学生的良好学习习惯，可能就不很注重学生的学习成绩，每年他班上的期末考试成绩都不是同年段最高的，但学生和家长都觉得他教得好，而且他的学生在之后的初中高中都成为了优等生和尖子生；有的教师注重培养学生的自学能力、管理能力，事情安排得很有效率，但是别人都看他很清闲；而也有些教师每天工作累得快虚脱了，但其班级的纪律成绩差，学生毕业后犯罪率高。如何准确地评测教师的劳动绩效？这是一个很关键的问题。教师面对的是人，塑造的是人的内心世界，架构的知识体系、树立的价值观人生观会影响学生的一生，甚至会由

学生影响到他们的下一代。每个学生的性格各异，必须要因人而异，因材施教。即使同样是做教师的工作，付出同样的劳动量，可是教育质量的差别还是很大的。

（2）如果以学校的升学率、班级的平均成绩或者以所教学科在当地的排名作为评价标准，其结果必然是进一步倡导唯升学率、学生分数至上和官本位，新一轮的应试教育高潮又将掀起。正确衡量教师的绩效标准一直是一个难点问题，需要进一步探讨。

（二）绩效工资对激发岗位竞争意识的利弊权衡

绩效工资注重工作量和实际贡献等因素，可以激发教师的工作积极性，提高他们的岗位竞争意识。这样，无形中进一步提高了教学的整体水平。这是中小学义务教育乃至整个事业单位进行绩效工资改革的基本出发点。但是从企业进行绩效工资的经验来看，绩效工资在其极大地激发员工的竞争意识和调动工作积极性的优点下，也有一定的消极作用。万事万物都是矛盾的，具有双面性，绩效工资鼓励员工之间的竞争，破坏员工之间的信任和团队精神。员工之间会封锁信息，保守经验，甚至可能会争夺客户。绩效工资鼓励员工追求高绩效。如果员工的绩效同组织（部门、公司）的利益不一致，就可能发生个人绩效提高，组织的绩效反而降低的情况。联系到教师的绩效工资，单个教师可能会为了获得较好的绩效考核的结果，而相互猜疑，封锁消息，破坏教职工之间的信任。不同部门，不同教研室，不同年级有时由于利益不同，会相互争夺，破坏员工、部门之间的团结。严重的话，甚至可能会导致整个单位绩效的下降。这是绩效工资本身的特点所导致的，绩效工资的鼓励竞争有利也有弊，关键是如何权衡，减少它的负面影响。

（三）绩效工资的激励作用是否能够激发全体教师的工作积极性

绩效工资分为两部分，即基础性绩效工资和奖励性绩效工资，前者占70%，后者占30%。对履行了岗位职责、完成了学校规定的教育教学工作任务的教师，全额发放基础性绩效工资；对有突出表现或作出突出贡献的教师，视不同情况发放奖励性绩效工资。有一些教师就讨论：只要兢兢业业地、本分地完成了学校规定的教学任务，基础性的绩效工资就拿到手了。而对于30%的奖励性绩效工资是要有突出贡献的，要拿到这30%的工资不太容易。有的教师就偷懒，不想辛苦地去挣30%的奖励工资，只要拿到全部的基础工资就可以了，干脆放弃奖励工资，对于这部分教职工，绩效工资就失去了它的作用。因此，在这个方面，要全面考虑绩效工资的激励范围和程度，既要让教师满足日常的生活需要，也要让教师居安思危，充分发挥聪明才智，激发创造创新能力，培养好下一代的接班人。

六、教师工资待遇的激励机制

我国中小学教师目前的薪酬体体系源自 2006 年的第四次工资制度改革，它对于解决工资分配领域存在的突出问题，理顺收入分配关系，加强教师队伍建设及教师相关配套改革如人事制度、财务制度、职称评定等改革具有重要意义。

但在全国广大的农村，特别是西部农村，教师工资收入状况依然不容乐观，存在着工资水平偏低，地区差异加大，教师积极性不能有效激发等现状，工资制度激励功能的欠缺是重要的原因。

（一）当前我国农村教师工资制度的特点

农村教师工资制度改革，作为 2006 年事业单位工资制度改革的一个重要组成部分，在收入分配制度改革的总体目标和前提下，相应具有以下四个方面的特征：

1. 与深化教育相关体制改革相适应

收入分配制度改革，是整体改革的重要组成部分，与农村教育人事制度改革、财务制度改革、养老保险制度改革等密切相关。

2. 突出岗位绩效工资的激励作用

教师岗位绩效工资，包括岗位工资、薪级工资、绩效工资和津贴补贴四部分，其中岗位工资和薪级工资为基本工资。岗位工资主要体现工作人员所聘岗位的职责和要求，是基本工资的主体部分，实行"一岗一薪，岗变薪变"，使教师能根据本人岗位执行相应的工资，做到"对号入座"；薪级工资主要体现教师的工作表现和资历，实行"一级一薪，定期升级"，每年考核合格，可升一个薪级工资；绩效工资是收入分配中活的部分，主要体现教师工作业绩和实际贡献，使绩效工资与工作人员表现、业绩相联系，合理拉开差距，调动大家的积极性；津贴补贴是补偿职工在特殊工作环境下的劳动消耗，或特定条件下工作生活的额外支出，分为艰苦边远地区和特岗津贴补贴。

3. 完善工资正常调整机制

建立基本工资标准和津贴补贴标准的动态调整机制，使事业单位工作人员收入水平与国民经济社会发展相协调。

4. 建立分级管理体制，健全收入分配宏观调控机制

为适应社会主义市场经济体制和分级管理财政体制的要求，这次改革要进一步明确中央、地方和部门的管理权限，分级管理，分级调控，完善收入分配调控政策。

综上所述，我国中小学教师薪酬体系应该是绩效薪酬体系和宽带薪酬体系的结合。从工资制度形式来看，属于典型的宽带薪酬体系。即使职务不变，随着教师自身教学经验与技能的提高，薪酬也能增长，有利于引导教师安心于教育教学和科研；同时，又具有绩效薪酬体系的特征，利于发挥其激励作用。另外，实行全国统一的工资制度，实现了城乡区域之间工资一定程度上的"同工同酬"，有利于激发农村地区教师的工作热情，例如岗位工资、薪级工资标准的统一设置。

（二）中小学教师工资体系激励功能的缺失

现行工资制度，虽然在规范收入分配秩序、适应教育相关配套改革方面具有潜在的制度优势，但也逐渐暴露出诸多缺陷与不足，主要表现在薪酬体系激励功能的缺失。

1. 农村不发达地区教师绩效工资偏低，其激励功能尚不能充分发挥

双因素理论认为，与对工作满意或不满意有关的有两个因素，即保健因素与激励因素。保健因素，包括政策、人际关系、物质工作条件、工资、福利等。当这些因素恶化到人们认为可以接受的水平以下时，就会产生对工作的不满意。但是当人们认为这些因素很好时，它只是消除了不满意，并不会导致积极的态度，这就形成了某种既不是满意、又不是不满意的中性状态。那些能带来积极态度、满意和激励作用的因素就叫做"激励因素"，包括成就、赏识、挑战性的工作、增加的工作责任以及成长和发展的机会等等。如果具备了这些因素，就能对人们产生更大的激励。

公平理论激励的一个基本观点是：当一个人做出了成绩并取得了报酬以后，他不仅关心自己所得报酬的绝对量，而且关心自己所得报酬的相对量。因此，他要进行种种比较来确定自己所获报酬是否合理，比较的结果将直接影响今后工作的积极性。

根据上述两种理论，我国目前的教师工资制度不能对教师构成较强的激励效果。一方面，岗位工资薪级工资属于固定部分，它所起的激励作用也就仅仅是保健作用，不能构成对教师有效的激励。另一方面，农村教师绩效工资偏低，地区差距越来越大。教师对其收入水平做横向与纵向的比较，不公平感觉油然而生。这造成了优质教师大量外流，农村教育长期低水平徘徊的痛心局面。绩效工资政策不能得到有效的落实，是当前某些农村学校教师得过且过、不思进取、吃大锅饭、"熬年头"、"等工资"等现象的重要原因。

2. 教师津贴补贴标准偏低，不能产生有效的激励作用

世界各国一般都实行教师工资加各种津贴及附加待遇补偿制度。津贴和附加待遇包括：职务津贴、超工作量津贴、假日工作补贴、地区补贴休假、住房补贴、社会保障、医疗和抚养家庭成员补贴以及给予荣誉称号、奖金、奖章等。英国的教师津贴分为两类，一类是鼓励教师参加进修的，参加并完成进修课程学习的教师可比其他同等条件的教师享受更高的进修津贴；另一类是鼓励教师去条件艰苦的学校以及鼓励师范生学习教学中急需但又少有人选修的"冷门"学科。又如，为振兴偏僻地方教育，稳定教师队伍，日本专门制定《偏僻地方教育振兴法》，在偏僻地区进行等级分类的基础上，确立对教师的偏僻地方津贴。

根据2006年工资收入分配制度，我国的津贴补贴分为艰苦边远地区和特岗津贴补贴，基本上沿用2003年工资制度改革以来的津贴补贴标准。国家的初步考虑是，在一些有条件的地方和单位先行试点，在总结经验的基础上，再逐步推开。因此，2006年工资制度改革并未就津贴补贴制度做新的阐释，津贴补贴的内在合理性及其激励功能，没有在新的工资分配制度改革得到体现和关注。

若是不能保证教师在艰苦恶劣的自然和人文环境中工作的补偿性津贴补贴，或者完全不能体现其补偿性，则将无法从根本上解决艰苦边远地区的教育困境，诸如优秀教师的外流，艰苦边远地区教师的老龄化、代课教师的不断出现、教育教学质量低下等等问题。

3. 我国目前工资制度改革中侧重"资历"的原则一定程度上影响了中青年教师的积极性

根据《事业单位专业技术人员工资标准表》，任职年限和套改年限在决定工资水平上有很大的权重。经过套改以后，老教师的工资得到较为明显的提高，然而，中青年教师的工资水平在工资改革之前的水平上没有明显的提高，甚至还有套改以后工资水平略有下降的情况。这对于正值年富力强、专业水平正趋成熟、教育教学能力正旺的中青年教师来说，工资改革缺乏应有的激励机制。

根据薪酬基本理论，组织为了得到喜欢稳定环境的员工，可以采用比较陡峭的"S"形时间薪酬序列。因为这种薪酬序列意味着在组织中工作

的前期薪酬水平较低，但随着在组织中就业时间越长，员工得到的收益越大。

由此可知，农村教师的工资制度改革，正体现出这样一种对于教师的期待，用预期的较高收入水平吸引教师安心从教。这对于稳定教师队伍，具有其积极长远的意义，但对于中青年教师来说，容易形成"捱时间，熬日子"、得过且过的消极心态。中青年教师作为学校的骨干层次力量，对学校的教学质量保障起着至关重要的作用。他们的教学激情若不能被有效地激发出来，将对学校的教育教学工作产生极大的消极影响，造成巨大的人力资源的浪费。

（三）针对我国农村教师工资激励制度问题的对策

1. 落实绩效工资的相关政策意义重大

切实执行《教师法》第25条规定的教师工资不低于当地公务员平均工作水平的规定。通过提高绩效工资及教师的津贴补贴等的水平来实现教师的工资水平不低于甚至略高于公务员的工资水平。按照现行工资制度设计，岗位工资和薪级工资代替原来的固定工资和活工资，而绩效工资代替原来的各种津（补）贴和奖金，因为分配办法尚未出台，还没有执行兑现，所以在收入分配上仍然存在"吃大锅饭"、"干多干少一个样、干好干坏一个样"的现象，工资制度改革预期的激励作用还没有得以实现，教师的积极性和创造性还没有充分发挥出来。因此，推行绩效工资制度具有重大意义。首先，有利于进一步推进事业单位人事制度改革，加大内部管理力度，促进完善岗位设置、岗位聘任制、工资基金管理等制度。其次，有利于强化事业单位的服务意识和内部成本核算，提高社会效益、经济效益和人民群众的满意度。再次，有利于扼制年度考核走过场的现象，倡导讲服务质量、重实际贡献的新风尚，建立公正、科学、规范的竞争机制和激励机制。最后，有利于充分调动职工的工作积极性和主动性，更好地发挥工资的杠杆作用，革除事业单位吃"大锅饭"的痼疾，充分体现多劳多得、奖优罚劣、奖勤罚懒的分配原则。

2. 加强对教师绩效工资的县级管理

绩效工资不光体现与业绩相联系，合理拉开差距，调动大家的积极性，同时将绩效工资总量与单位完成社会公益目标任务及考核情况相联系，促进事业单位不断提高公益服务的能力和水平，避免片面追求经济效益，忽视社会效益。

根据上述改革目标，加强对绩效工资的县级管理，是积极的应对之策。地方政府应制定科学的绩效工资县级分配制度。县教育行政部门应该制定对所辖学校科学严格的教育教学测评制度，制定科学的考评体系，执行可操作的考评细则，对所辖学校进行多维度的定性和定量的综合评价。在此基础上，对全县所辖学校的绩效工资进行初次分配，以体现绩效工资与社会效益挂钩的原则。同时，激励学校之间的合理竞争，加强以学校为单位的教师内部的团结与协作意识，鼓励教师在大利益一致的前提下积极主动地开展校本教研活动，鼓励教师加强自身专业学习，培育校内学习性组织的形成与发展，精诚团结协作一致，提高教育教学质量，创造学校独特的竞争力，提高学校社会声誉。

3. 充分发挥绩效工资校内再分配的激励作用

在鼓励教师之间团结协作的基础上，鼓励校内教师在教育教学实践上展开竞争，合理拉开差距。特别是作为学校骨干力量的中青年教师，更应该给他们创造一个激流勇进的成长环境，发挥他们的聪明才智，实现他们自身的价值，并在他们的薪酬收入上得到明显的体现。只有这样，他们的工作激情才能迸发出来。否则，"捱日子混时间等工资"的现象就变得合情合理，因为反正"干好干坏都一个样"，只要熬着，岗位和薪级工资也是稳中有升。合理差距的绩效工资的引入，将形成老中青教师待遇合理分配的局面，即老教师工资套改后工资不低、中年教师作为教学骨干待遇不菲、青年教师觉得只要努力待遇有盼头这样一个富于蓬勃朝气的教师组织。

4. 通过立法提高边远地区教师津贴补贴，吸引优质师资

津贴补贴是补偿职工在特殊工作环境下的劳动消耗，或特定条件下工作生活的额外支出。我国大量的农村教师常年在自然环境恶劣、物质文化匮乏的边远山区林区牧区等地区工作，他们为教育事业贡献了自己的青春，耗尽了毕生的精力，无怨无悔，却不能获得额外的补偿，这是极度令人痛心的事实。所以，教师下海的现象频频发生，教师的隐形流失严重。这些现象又使得不少教师无心教学，科研精力分散，工作失效。从市场经济的角度来看，薪酬水平的高低是吸引人才的重要杠杆，高收入部门总是吸引人们就业的热门部门。农村优秀教师被层层选拔到城镇学校或流失的现象，与教师的收入密切相关，在农村教师总体收入较低的情况下，任何形式的师资补充都难以长期见效。

因此，为鼓励教师去条件艰苦的学校以及鼓励师范生毕业后选择去边远地区任教，可以借鉴日本的做法。日本为振兴偏僻地方教育，稳定教师

队伍，专门制定《偏僻地方教育振兴法》，在对偏僻地区进行等级分类的基础上，确立对教师的偏僻地方津贴。

我国也应该就偏僻地区的教育津贴补贴立法，对我国边远地区进行分类，确定不同标准的地方津贴，确保偏僻地区教师津贴补贴的高标准、高保障，从而吸引教师去边远地区任教。

第五章　中小学岗位设置和工作绩效评价

第一节　职位分类及其内涵

一、职位分类的产生和发展

（一）岗位、职位和职务

岗位，有时也称职位，在特定的组织中，在一定的时间内，由一名职工承担若干项任务并具有一定的职务、责任和权限时就构成一个岗位。

职位，与岗位的含义基本相同，专指一定组织中承担一定职责的职工工作的位置。

职务，指对职工所应承担事务的规定。

职务与职位的区别在于，职务强调的是所承担的任务内容，而不是任务的地点。职务与机构没有直接的关系，确切地说，一个职务可为多个部门所有，而一个部门也可以有多个职务。职位与机构有直接的关系，即一个职位只能为某个具体的部门所拥有。岗位与人对应，通常只能由一个人担任，职位可以由一个或多个岗位组成。职位是组织重要的构成部分，泛指一个阶层（类），面更宽泛，而岗位则具体得多。在很多时候，岗位和职位是混用的。

（二）职位分类的产生和发展

岗位分类是在岗位分析、评价的基础上，采用一定的科学方法，按岗位的工资性质、特征、繁简难易程度、工作责任大小和人员必需具备的资格条件，对企业全部（规定的范围内）岗位所进行的多层次的划分。

职位分类是现代人事管理的基础，是为适应政府在现代社会中有效行使其职能而产生并逐步得到普遍运用的一种科学的人事管理制度。在现行社会中，人事制度是构成政治制度的重要组成部分，是国家实现政治目标、经济目标的重要保证。政府机构要做到合理而高效率地运行，就离不开科学的人事管理体制。而人事制度中的关键则是实行职位分类。

原始的职位分类的措施，即对官吏按照其职守进行分类管理的办法，是在官僚制度产生之时就出现了的。最早最原始的分类办法就是把人员分作文武两班进行管理。但是在封建社会，它一直停留在原始粗略的状态，所以没有人对它作科学研究。

现代的职位分类，是在政府职能扩大，工作人员增加，职务分工复杂后的产物。在今天，职位分类和择优录用是现代人事管理的两只轮子，缺一不可。因此，职位分类既是人事管理的起点，又是人事管理的基础。

适应资本主义发展，职位分类最早出现在美国。19 世纪末 20 世纪初，美国成为资本主义强国。日益扩大的经济活动，日趋丰富的社会生活，日新月异的科学技术，日渐复杂的社会职业都必然导致政府工作亟剧增加，政府职能迅速扩大。1883 年，美国联邦政府颁布了《彭德尔顿法案》，初步建立了系统的文官制度，确立了择优录用、文官常任等原则。但它只是为了从政治上兴利除弊，消除政党分赃制给社会和政局造成的弊端，而没有注重现代人事管理本身的科学性与系统性。到 20 世纪初，美国联邦政府的文官达到三四十万之多，他们获得职位的方式不同，在管理方式不同的各个部门从事着相同或不同的工作，但其待遇、奖罚制度却不相同，晋升的途径也不相同，并按照不同的工资系统领取工资。这样就不可避免地产生很多矛盾和冲突，也促使人们认识到建立科学而系统的人事管理制度的重要性。

20 世纪初，心理科学已获得长足的发展，它的理论和研究成果大量地应用到实际生活中去。心理学的一些研究方法开始能够定量地测量、评价一个人的能力和品质。这种量化研究无疑开拓了人们的思路，为职位分类的产生提供了一些知识方面的前提条件，并产生了深远的影响。

职位分类的直接渊源，是工商企业界的工作分析制度。19 世纪末，"管理科学之父"泰勒为了提高劳动生产率，进行了对工作中时间与动作关系的研究，即对工人在劳动过程中完成某项动作所需的标准时间进行研究，简称时动研究。他的友人基尔勃莱夫妇则侧重研究了工人的操作动作，然后根据研究结果，制定出一套较为统一的管理方法。这种工作分析制度的内容和范围被概括为七个 W，即 who（谁）、what（什么）、when（何时）、

where（何地）、how（怎样）、why（为何）、for whom（为谁）。工作分析制度随着科学的发展又成为更为完善、更为系统的人事管理制度——工作评价制度。工作评价制度对于组织中各个职位的重要性、复杂性和价值，及每一职位在整个组织中的地位、作用及其相互关系，有了统一的科学确定方法。此后，工作评价制度从车间扩大到办公室，从私营工商业扩大到政府部门，成为政府部门实行职位分类的先导。

第一个接受职位分类的政府部门是美国芝加哥市。1908 年，芝加哥市文官委员会着手起草了职位分类计划，1912 年正式开始实行。职位分类制度的实行，给芝加哥市的行政部门带来引人注目的高效率，由此在全美国掀起一股效仿芝加哥市的浪潮。奥克兰、洛杉矶等市，相继实行了职位分类制度。不少州政府，如伊利诺斯、科罗拉多等州，也在这一时期采用了职位分类制度。于是，职位分类便在美国的地方政府中普遍实行。

美国地方政府实行职位分类制触动了联邦政府。1920 年，美国国会"薪绘分类调整委员会"向国会提交了职位分类的理论和实践的报告。1923 年，美国国会通过了第一个职位分类法案。该法案规定，成立联邦人事分类委员会，在联邦政府各部门及华盛顿特区政府各机构内办理职位分类。1949 年，美国国会又通过新摊职位分类法，对原有的分类结构予以调整，美国的职位分类制得到了不断的发展和完善。

职位分类制在美国的出现和其所显示的独特作用，引起西方各国的重视。1919 年，加拿大政府率先开始实行职位分类；法国在 1946 年颁布公务员法的同时开始办理职位分类；日本国会在 1947 年通过的《国家公务人员法》中规定日本实行职位分类。

这里需要说明的是，英国实行的是另一种类型的分类制度——品位分类。品位分类与职位分类的主要区别是：品位分类以"人"为中心，以文官个人所具有的资格条件为分类的主要根据，实行等级随人走的制度，职位分类以"事"为中心，以职位的任务、工作、责任为分类的主要根据，实行等级随职位而定的制度。现在人们普遍认为，职位分类适用于工作比较常规、责任比较固定的中低级文官；品位分类比较适用于担负领导责任的高级文官。例如，1978 年美国文官制度改革法规定，高级文官的工资从文官职务工资体制中分离出来。这样，高级文官不至因为调往等级不高但性质重要的职位而降低工资待遇，打破了高级文人调动的局面。

二、职位分类的诸概念

职位分类，又叫职务分类或职位分级。所谓"职位"（Position），是指由行政法规（或有关的组织法及其细则）明文规定的承担一定责任的工作岗位、官位或官职，如总理、主任、秘书、组长、文书等。所谓"职位分类"，是指依据工作的性质、难易程度、责任大小和对文职人员的要求，将政府中经过考试择优录用的文职人员的职位进行科学的分类。其中包括：根据工作性质，将职位由粗分到细分，划分为若干职门、职组和职系；根据责任轻重、工作难易、受教育程度及技术高低等因素，将同一职系的职位划分为职级和职等，并对每一职级作出准确的定义和说明，制定出职位说明书，并以此作为录用、考绩、升迁、薪给、培训等各项人事管理活动的基础和标准。下面将有关的概念——加以说明。

根据工作性质的不同，可以将政府中的职位由粗到细进行纵向划分，由此产生职门、职组、职系三种职位集科。

职门（Service）——是对工作性质大致相同的公务职位加以归纳，这是职位分类中最粗略的轮廓。1949年，美国新颁布的职位分类法将公务职位由原来的七大职门减并为两大职门，一类是一般职位分类表，简称 GS（General Schedule）；另一类是技艺、保护、保管职位分类表，简称 CPC（Crafts，Protective and Custodial Schedule）。

职组（Group）——职门里面划分为若干职组。这是将工作性质大致相近的职位汇集起来。1965年，美国的 GS 部门共分 22 个职组，如社会学、心理学和福利职组；人事管理与劳动关系职组；一般管理及文书事务职组；生物学职组；会计与财务职组；医疗、医院、牙科与公共卫生职组；兽医学职组；物理学职组等。

职系（Series）——职组里面再划分职系。职系是在职组的范围内就职务种类相似而工作复杂程度、责任轻重各不相同的职位进行汇集，一个职系就是指一种专门职业。职系是职位分类制度中一个极其重要的概念，它根据工作性质对职位作最后一次纵向划分，从而揭示出各职位的工作性质的情况。也就是说，一种职业为一种职系，许多职系经成一个职组，许多职组又组成一个职门。

职级（Position Class 或 Class）——对同一职系内各个不同职位就其工作繁简难易、责任轻重、所需资格等因素进行等级区分，这些等级就是"职级"。不同职级所包含的职位数量不同，少则一个，多至上千。确定职级是职位分类中的关键环节，它不但可以进一步揭示出各个工作职位的特点，而且还明确规定出一系列职级所要求的标准。这是对政府职位进行的初步横向划分。

职等（Grade）——将工作性质不同，但困难程度、职责轻重、工作所需资格条件充分相同的所有职位归纳成相互可以对比的职位等级，即是职等。所有高低职级的职位都可以归入适当的职等，同一职等内不同职级其职位在任用、地位和报酬上相同。依照职级可以确定每个职位的薪金，从而使同工同酬成为可能。职等是职位分类制度中另一个重要概念，是职位分类中纷争最多的极为繁难的一个环节，是对政府所有职位进行全面的横向划分。有了职等，才能进行职位比较，才能确定整个政府公务职位的等级结构和工资结构。通常，将不同职系间职位的级别，按工作难度和责任大小的顺序排列，即将不同职系中难度最大、责任最重的职级放在最高职等，余此类推。职级与职等的关系，从下列比较中可看出。比如：在植物学组中，最低的即第一职级归为第七职等，而在消防队员组中，其第六职级即最高级才归为第七职。也就是说，虽然这两个职位的工作性质不同，职级级别不同，但它们的其它构成因素相同，都属于同一职等，获得同样的报酬。由此可见，职系是录用、考核、晋升、培训文职人员时，从专业性质上进行考虑的依据，职级是从掌握专业的进程和能力上进行考虑的依据；而职等则是薪金、待遇、奖惩和对各种职系实行综合平衡的依据。

三、职位分类的功能

从职位分类的产生及发展上，我们可以看到，职位分类是适应现代大工业生产、经济繁荣发展、政府职能扩大的要求而出现的，是旧的人事管理体制因不适应新的形势而进行改革的产物。因此，将繁杂的职位进行科学的分类正是走向现代人事管理的必由之路。

职位分类具有这样一些功能：

（1）可以理顺人事管理的各个环节，制定统一的规格和标准，为公职人员的录用、晋升、培训等提供合理的依据，使人事管理工作科学化、正规化。

（2）可以筛选合适的工作人员，实行职位分类，可以根据职位说明书，针对职位所需人才，筛选出适合该职位工作的人选，做到事得其人、人尽其才。

（3）可以形成公平合理的工资制度。这是实行职位分类的最重要的原因之一。职位分类的总原则是，"同工同酬"以及"根据责任轻重、工作难易、所需能力大小"确定基本工资的比例。由此制定的公平合理的工资关系，能够激发和鼓励公职人员的积极性，而不公平的工资关系则会影响他们的干劲，其结果将造成行政机构在经济上和工作效率上的严重损失。

（4）可以实行有效的考核制度。实行职位分类，可以用职位说明书所要求的工作数量、质量及所需智能为尺度，进行考核，使考核度量化和规格化。

（5）可以为培训提供方便。实行职位分类，按照职位说明书所规定的工作内容和工作要求，既可以实行有针对性的业务培训，又可以制定长期的业务培训计划。

（6）可以合理使用人才。实行职位分类，明确文职人员的待遇、升迁路线，可以鼓励人们钻研业务，避免"用非所学"、"用非所长"。同时，无真才实学者难以凭关系升迁，而优秀人才也不会埋没。

（7）可以精简机构和定编定制。实行职位分类，可以根据工作所需的人员确定合理的人员编制。同时，由于每一个职位的工作数量和所负责任明确，避免了人浮于事的现象。

（8）可以避免工作重叠。实行职位分类，监督人员可以对文职人员的工作情况进行检查，及时发现问题，解决问题。特别是，如工作重叠、层次多余、管理混乱、授权不足、责任不明等通常发生的弊病，都可以及时得到处理。

总之，职位分类作为现代人事管理的一种制度具备了多种功能，从而成为现代人事行政的基础和起点。只有在这个基础上，科学的人事制度才能出现，才能就文职人员的考试、录用、考核、培训、晋升、奖罚和退休等事项，建立起一套科学的体系，才能够达到事得其人、人称其职、人尽其才的目的。

四、职位分类的步骤

职位分类的基本精神，是以"事"为中心，因事设人，以劳定级，按事给薪，多劳多得，同工同酬。因此，在进行职位分类时，不是按照担任职位的人的中观条件来进行分类，而是按照工作岗位的客观标准来进行分类的。通常强调以下几条标准：①工作种类；②职务内容；③责任大小；④工作难易程度；⑤工作所要求的资格条件，即受教育程度和技术高低。

职位分类是一项复杂、细致而又耗时的工作，要科学地分类，就必须有一套科学的分类标准，就必须较客观地测量出每一个职位的工作量及其价值。办理职位分类，通常要经过三个主要步骤：职位调查；职位归类；制定职位说明书。

（一）职位调查

调查职位现状，是办理职位分类的第一步。它是对政府规约内的所有职位的工作内容、工作分量、工作时间、工作方法及权力与责任等问题进行调查摸底。调查的方法有多种，主要有填表法、访问法、观察法、座谈法及综合法等。由于填表法节省时间，综合法了解全面，现在通常将这两种方法结合起来使用，力求使掌握的资料全面、准确。

（二）职位归类

职位归类，又叫职位归级或职位归等，这是一项共同区异的工作。首先，按工作业务性质的异同划分出职系；其次，按各职系内具体职位的工作繁简、责任轻重、受教育程度和技术高低划分为若干职级；最后，将不同职系中条件相同的职位归为同一职等，即将所有的职位归级、归等，并确定薪金、待遇等事项。

（三）制定职位说明书

职位说明书，又叫职级规范或职级说明书。这是把职位归类后，对每一个职位所作的标准的和尽量定量化的书面说明文件。各国职位说明书的格式与繁简不尽相同，一般包括这样几项内容：职位名称、定义、编号；担任该职位所需的资格；工作内容的叙述和举例；工作能力的要求；待遇情况和所处等级等。

制定职位说明书，是在职位调查和分析的基础上进行的。只进行职位调查，而不制定出职位说明书，当事人就不会清楚地了解自己工作的内容、性质和地位，职位分类的工作就没有完成。因此，制定职位说明书是办理职位分类的关键。职位说明书的最大作用在于使人对职位情况一目了然，能够对职位进行纵横比较和分析，有利于吸取经验和教训，进一步改进工作。在制定职位说明书时需要注意这样几个问题：首先，职位名称必须具有形容性和描述性，从名称上大致可以看出工作内容和特性；其次，职位的级类必须互相协调一致；最后，工作举例必须具体和确实。

职位说明书常常作为公务员任命书的附件发到当事人手中，抑或与任命书印制在一起，以供任职者参考。

职位分类是西方国家所普遍采用的一种制度，但各国在具体运用时存在着某些差别，并且不一定把政府所有的公务员都包括进去。例如，即使在推行职位分类制度最早而且最积极的美国，也仍然允许各部对其所属的个别职务单独处理，美国的外交、邮务、教育、医务及警察消防人员的分级与待遇，也由法律另作规定。但是，单独处理也好，以法律另作规定也好，都必须以本国职位分类的精神作依据。

第二节 岗位责任制

一、岗位责任制长期建立不起来的原因

解放以来，我国始终没有建立起完整、科学的人事制度，原因是多方面的。首先是现行的人事制度存在着一个明显的缺陷，那就是用单一的模式和方法管理工作性质不同的工作人员，即对各种不同专业性质和工作性质的人员，都简单地用管理行政人员的办法管理。这种管理模式缺乏针对性，不符合不同工作的不同规律，不利于提高工作人员的素质，不能充分发挥各种人员的积极性、主动性和创造性。

在我国通行的"干部"一词，是一个不明确的概念，它给人事工作制造了很多麻烦。我国的干部制度缺少科学性。干部基本上实行品位分类法或级跟人走的制度，级别决定干部的使用、调动和晋升，级别还决定干部的政治待遇和经济待遇。确定级别的依据，主要不是干部的学识和能力，而是身份和资历。这样，就出现很多不合理的现象，如某些干部的能力与其所担任的职位不相适应，甚至不能胜任工作，从而给工作带来损失；某些人事部门为人设位，因人设事，造成职责不清、分工不明。同时，政治学和行政学在三十多年中没有作为一门独立的学科加以发展，也是问题得不到克服的一个重要原因。因为长期以来对政府机关中的职位始终缺乏全面的分析和科学的分类，即对职位分类没有进行理论上的研究和探索，所以对由此造成的问题也一直没有找到正确的解决途径。现在，建立职位分类制度将成为我国人事制度改革的突破口，它将十分有助于克服职责不清与人浮于事的痼疾。

二、岗位责任制的背景和内容

在我国进行全面改革中，岗位责任制是许多基层组织和工厂企业单位积极摸索出的一种新的管理方法。

什么叫岗位责任制？目前还缺乏明文的规定和统一的理解。一般说来，"岗位责任制"是指以行政法规为依据，明文规定每一职位（岗位）所承担的权力与责任及其考核、奖罚办法的一种制度。它明确规定每一个职位的工作性质、职责范围，并定期考核工作人员的思想品德、政策水平、组织能力、业务知识、工作效率等，对工作怠懈、玩忽职守、滥用权力的工作人员进行一定的处罚和处分。

岗位责任制，包括领导干部责任制和一般工作人员责任制。领导干部责任制由本人起草，上下结合加以制定。各级负责人主管本部门的工作，实行下级对上级负责，副职对正职负责的体制。在集中统一领导和分工负责的原则下，重要问题集体讨论决定，本职范围的工作个人自行处理。一般工作人员的岗位责任，大都采用职责计分的方法进行考评，即将其工作职责分为几大类，并按一定的比例定分，最后根据所得积分给予奖励或处罚。

实行岗位责任制，无疑给政府机关和工厂企业带来了新的活力。它既是基层单位吸取以往的经验教训总结出来的，又带有一定的探索性质，并多少接受了西方文官制度的影响。但这种办法并不能彻底解决问题，这是因为在实行岗位责任制时，必须首先将职位进行分析（分类），然后确定其职责范围等。然而，由于我国还未进行职位分类，缺乏职位规范，因而这只是初级的、小范围内的职位分类，它能为今后的全面的人事改革提供经验，但不能代替将来在全国范围内实行科学的职位分类。将来如果实行正规的职位分类制度，岗位责任制也就包含在其中了。

三、岗位责任制的改进办法

首先，应结合我国实际情况，学习国外科学的先进的人事管理方法。职位分类是西方国家普遍运用的、行之有效的人事管理制度，它解决了许多人事管理中常见的弊端。因此，我们首先应该充分认识到职位分类在人事管理中的作用，在此基础上进行积极的宣传，使广大人民群众，特别是政府工作人员了解它，熟悉它，最后接受它。任何改革脱离了群众的支持都是不能成功的。

其次，应对我国政府中的职位作一个全面的调查。要做到科学地制定机构设置和人员编制，做到定编、定员，避免机构越精简越多，或者今天精简明天增加的现象。为此就要实行职位分类，为进行日常的人事工作，如任用、考核、晋升、培训等提供科学的依据。

最后，应对各种职位的工作性质、难易程度、责任大小和对干部的要求，做出恰当的分析和科学的分类。在此基础上，划分干部的级别，即在对"事"分类的基础上对"人"进行分类。对于国家机关工作人员、党的工作人员、企业工作人员、事业单位工作人员，实行不同的工作标准、考核项目、工资待遇和奖励方式，不搞"一刀切"，使合理公正的人事制度激励工作人员积极进取、奋发向上。在推行职位分类时，要从实际出发，避免形式主义，避免生搬硬套，这样才能使职位分类真正地发挥作用。可以选择一些条件较好的部门和地区试行新的分类方法，在这些部门和地区新录用或新提拔的干部中实行，同时照顾尽可能多的原有干部的利益，使新的分类方式与旧的分类方式在某种程度上并存一段时期，让旧的分类方式自然地逐步退出历史舞台，并在适当的时候制定一套适合我国国情的职位分类法规，为建立科学系统的人事管理制度奠定基础。

职位分类是以"事"为中心的人事管理制度，而我国现行的人事制度则基本上是以"人"为中心的，因此，把30多年来的以"人"为对象的人事分类方式，改变为在对"事"分类的基础上的对"人"进行的分类，将是我国干部人事制度的一项重大改革，将对我国政治制度、经济制度产生重大而深远的影响。

四、农村义务教育特岗计划

"特岗计划"，全称为"农村义务教育阶段学校教师特设岗位计划"。这是中央实施的一项对西部地区农村义务教育的特殊政策，通过公开招聘高校毕业生到西部地区"两基"攻坚县县以下农村学校任教，引导和鼓励高校毕业生从事农村义务教育工作，创新农村学校教师的补充机制，逐步解决农村学校师资总量不足和结构不合理等问题，提高农村教师队伍的整体素质，促进城乡教育均衡发展。其中，"两基"指基本普及九年义务教育，基本扫除青壮年文盲。

在"特岗计划"中，少数民族自治县和享受民族地区待遇县必须是教师总体缺编、结构性矛盾突出、财力比较困难，但工作基础好、积极性高的县（市）。按规定纳入"特岗计划"实施范围的县（市、区），要根据当地教师队伍整体超缺编情况和学科结构等因素，确定设岗学校和岗位需求计划，科学合理设置"特岗计划"教师岗位，做到以初中为主，按需合理配置，防止盲目设岗和随意设岗。

"特岗计划"的聘期为3年。"特岗计划"实施范围：山西、内蒙古、安徽、江西、河南、湖北、湖南、广西、海南、重庆、四川、贵州、云南、陕西、甘肃、宁夏、新疆、青海省、河北、吉林、黑龙江以及新疆生产建设兵团。"特岗计划"的岗位设置相对集中，一般1个县（市）安排100个左右，1所学校安排3~5人。原则上安排在县以下农村初中，适当兼顾乡镇中心学校。人口较少的边境县、少数民族自治县和少数民族县可安排在农村生源占60%左右的县城学校。

"特岗计划"教师在聘任期间，执行国家统一的事业单位工资制度和标准，津贴、补贴由各地根据当地同等条件公办教师年收入水平综合确定。"特岗计划"教师年收入水平原则上不低于当地同等条件公办教师年收入水平。

中央财政设立专项资金，用于特设岗位教师的工资性支出，并按人均年1.5万元的标准，与地方财政据实结算。特设岗位教师在聘任期间，执行国家统一的工资制度和标准，其他津贴补贴由各地根据当地同等条件公办教师年收入水平和中央补助水平综合确定。凡特设岗位教师工资性年收入水平高于1.5万元的，高出部分由地方政府承担。省级财政负责统筹落实资金，用于解决特岗教师的地方性补贴、必要的交通补助、体检费和按规定纳入当地社会保障体系，享受相应的社会保障待遇（政府不安排商业保险）应缴纳的相关费用，以及特岗教师岗前集中培训和招聘的相关工作等费用。

"特岗计划"教师聘用后的日常管理与考核，主要由设岗学校和设岗县教育行政部门负责。每年度结束，各设岗学校要对本校特设岗位教师的政治思想表现和工作情况进行综合考核，评定考核等次，并报县教育行政部门审核后存入其工作档案。①

---

①"特岗计划"相关内容参见百度百科：http://baike.baidu.com/view/2293173.htm.

第三节　中小学教师工作绩效评价

什么是绩效？从管理学的角度看，绩效是组织期望的结果，是组织为实现其目标而展现在不同层面上的有效输出，它包括个人绩效和组织绩效两个方面。组织绩效实现应在个人绩效实现的基础上，但是个人绩效的实现并不一定保证组织是有绩效的。如果组织的绩效按一定的逻辑关系被层层分解到每一个工作岗位以及每一个人的时候，只要每一个人达成了组织的要求，组织的绩效就实现了。

学校对教师的任用、培养是否得当，任用、培养的方式方法应该在哪方面改进，应如何改进，有许多方法和途径去解决。对教师的绩效评价也可以起到关键的作用，但这不是学校教师绩效评价的主要作用和目的。

一、学校教师效绩评价的含义

学校教师的绩效，是指教师的教育教学工作表现及其结果。教师绩效水平的好坏直接影响学校的办学好坏。教师绩效评价是将教师工作业绩与绩效标准相对照，采用科学的方法，评价教师个人的工作目标完成情况、工作职责的履行情况和发展情况，也就是说，对教师工作业绩的优缺点进行全面评价，并将评价的结果反馈给学校和教师的过程。

二、学校教师效绩评价的特点

（一）学校教师评价需要多个过程

首先，组织介入；其次，观察，判断，反馈；再次，检查，监督；最后，反省，改进，提高。

（二）学校教师评价能帮助提高教师个人绩效水平

学校教师评价，是现代学校管理的一个重要内容，是调动在职教师的积极性和创造性的重要手段。

（三）学校教师评价需要学校全体成员都参加

学校教师评价既是组织行为，也是教师的个人行为，它要求学校的全体成员都参加。

（四）学校教师评价应该是连续的、不间断的

学校教师评价是一种管理行为，渗透到学校工作的每一个方面，它是一个"计划——实施——评估——改进"的不断循环过程。

（五）学校教师绩效评价必须依据科学标准来进行观察和判断

学校教师工作非常特殊，对其进行绩效评价比较困难，许多学校未能对教师绩效进行有效的评价，原因就在于缺乏相对科学合理的评定标准，再是学校教师工作很难进行科学地量化。

三、学校教师效绩评价的作用

梅特卡夫认为，有效的教师评价制度使得学校多方受益。不仅实施教师评价制度的组织受益，而且组织中的每一个人都受益，既有益于学生、教师，又有益于教辅人员、行政人员和学校领导，最终有益于他们所属的那个学校。它将重新激发热情，提高课堂教学的效果，改善师生之间、教师之间、教师与领导之间的关系，开诚布公，发现问题，取得共识。具体来讲，学校教师绩效评价对教师和学校两方面的作用如下。

（一）对教师个人的作用

学校绩效评价对教师的教学教育工作有着重要的作用，绩效评价可使教师达到下列要求：①明确自己的工作目标、职责和要求；②自己的工作成就、业绩能获得学校的认可和赞赏；③自己的工作需要能取得学校的理解和帮助；④自己容易找出工作的不足，自觉地找出自我发展要求，并了解学校在有关问题上可能提供的帮助和支持；⑤在教师绩效评价的过程中参与学校管理和决策，在心理上获得参与的满足感。总之，教师通过绩效评价能够更有信心，发扬成绩，弥补不足，把今后的工作做得更好。

（二）对学校的作用

（1）教师工作评价能提高学校管理效率，改进学校工作。学校的管理者通过绩效评价能够了解教师完成工作的情况包括成绩、差距和困难；沟通了学校管理者与教师之间的联系，改善了上下级关系；表达学校管理者对教师的工作要求和期望；了解教师对管理者、学校教育工作和管理工作的看法和建议；与教师共同探讨教师个人发展和学校未来工作目标；增强教师对学校的责任感和归属感，鼓励教师参与决策；使学校管理者进一步意识到，学校的氛围和政策直接关系到教师的工作表现、成绩和效率。通过了解教师的需求，能制定出更加合理的进修计划和人员分配方案。

（2）教师工作评价为学校教师资源计划的重新制定和调整提供参考依据。绩效评价能发现学校教师资源管理中的不足和出现的一些新情况，这样就能使学校及时调整教师资源政策和措施，为学校的后续发展提供教师资源保障。

（3）绩效评价为教师薪酬设计提供了客观的依据。教师现有的薪酬分配制度是否合理，是否有适度的激励功能，是否与教师的工作绩效真正地挂了钩，等等。通过绩效评价可以了解到这些情况，同时可获得教师们的建议，为教师薪酬制度的设计提供客观依据。

（4）绩效评价是学校进行人事决策的依据。绩效评价为教师的岗位聘任、升迁和转岗提供了客观的依据，管理者可以对教师资源进一步优化，提高人力资源的效用。

（5）绩效评价提供学校教师的发展和培训方向。绩效评价可以发现教师的学科知识、教学能力和技能的不足，由此教师明确自己需要改进和提高的地方。学校管理者也可以了解其培训需求。学校教师绩效评价为教师的专业提供发展方向，有利于教师的自我学习和提高。

四、学校教师效绩评价的基本原则

学校在对教师的工作业绩进行评价时，一般应该遵循下列原则：

（一）公开原则

公开原则需要把握的几个方面：一是公开评价目标、标准和方法，学校在绩效评价之初就要把这些信息公开，让每一位评价对象知晓；二是公开评价的过程，在绩效评价的每一环节上都应让教师参与和监督，防止暗箱操作；三是公开评价结果，在绩效评价结束之后把评价的结果通报给每一位被评者，使其了解自己和其他人的业绩信息。

公开原则的好处在于：其一，消除了被评价者对绩效评价工作的疑虑，提高了绩效评价可信度；其二，有利于被评价者看清问题和差距，找到努力的目标和方向，激发其进一步改进工作、提高素质；其三，增强了教师的公平感，提高教师的认同度。

（二）客观、公正的原则

要坚持定量与定性相结合的方法，建立科学合理的绩效指标评价体系。多采用可以量化的客观尺度，尽量减少个人主观影响，用事实说话。这样做的优点主要有：第一，相对公平，以同样的、较为客观的评价标准来衡量每个被评价对象，这样就较为真实地反映其工作情况；第二，减少矛盾，维护学校内部团结。客观、公正地评价每位教师，会使人人心服口服，从而认真改进工作，而不是相互内讧。

（三）全方位评价的原则

要做到科学评价教师绩效是十分困难的，一方面，不同的教师在不同时间、不同场合，往往有不同的表现；另一方面，学校教育教学工作非常特殊，很难做出量化评价。为此，学校在进行绩效评价时，应建立起多层次、全方位的评价体系。这一评价体系应包括上级考核、下级评议、学生评价、教师自评、教师互评和家长评定等几个方面。

（四）经常化、制度化的原则

由于学校的教育教学工作具有连续性，教师的工作也具有长效性，因此，学校绩效评价工作也必须作为一项长期性、制度性的工作来抓，这样才能最大限度地发挥出绩效评价的各项功能。此外，经常性、制度性的评价工作有利于调动教师的工作积极性，有利于激发教师改进工作、提高质量的强烈愿望，促使教师不断学习、改进工作方法从而提高教育教学质量。

五、学校教师效绩评价的步骤

绩效评价是学校教师资源开发与管理的必不可少的一项日常性工作，包括确定绩效评价目标、建立绩效评价指标和标准、确定绩效评价人、确定实施步骤、评价结果处理和反馈等五个环节。

（一）确定绩效评价的目标

确定评价的目标，是学校教师绩效评价的开始。绩效评价的目标是多方面的，首先应该确定绩效评价的目标是什么。一般来说，学校教师评价的主要目标有：①检查学校战略目标和具体任务的完成情况，从而对学校的战略规划和管理策略进行调整和完善；②对学校的办学效果进行评估诊断，提高学校的办学效率；③对学校教师资源进行决策，如教师的聘任、升迁、薪酬等决策；④对教师的专业能力进行评价，指导教师的培训；⑤对学生的发展情况进行评价，改善教育教学工作。

（二）建立评价的指标和标准

绩效评价的内容一般有两种：一是常规评价，就是对教师的能力、专业知识、教育教学技能、工作态度和业绩等进行综合性评价，这种评价一般是每年一到两次，在学期末或学年末进行；二是特殊性评价，是针对教师的某一方面进行评价，如评价教师的教学技能、专业知识等，可以根据需要随时进行。

无论是采取哪种评价，首先要确定评价的内容和标准，这些都可以通过学校教师工作分析来完成。内容和标准一定要合理、明确，并且具有可操作性。

（三）确定绩效评价人

无论谁是工作评价人，他必须有评价的经验和能力，这是最基本的要求。以下几种人可以评价教师的业绩：①直接领导；②教师自己；③教师的同事；④所教的学生；⑤学生的家长。

（四）确定实施步骤

绩效评价需要花费一定的时间和精力，因此应该事先安排好评价的次数和时间。对于综合性的绩效评价，一般应该少而精，要科学合理，客观公平；对于一些特殊评价，则可以随时进行，一般应简单便于操作。

（五）结果处理和反馈

对评价过程所搜集的信息，进行统计处理，对学校领导要提供全体教师的绩效情况。对被评价者个人，主要告诉本人的绩效评价结果。

六、学校教师效绩评价方法

绩效评价的方法很多，学校在进行教师绩效评价时应根据学校的特点和教师的情况，选择适用的评价技术或结合本校的特点进行设计。下面我们介绍一些在绩效评价中常用的方法。

（一）交叉排序法

该种方法是根据心理学中人们比较容易发现极端的情况，而不容易发现中间的情况的观点设计的。于是，人们利用这一原理提出了交叉排序法。在实行交叉排序法时，评价者在所有需要评价的教师中首先选最好的教师，然后选出最差的教师，将他们分别列为第一名和最末一名。然后在剩下的教师中再选出最好的教师作为整个序列中的第二名，选择出最差的教师作为整个序列中的倒数第二名。依次类推，直到将所有教师排完，就可以获得所有教师的排序。

（二）等级鉴定法

等级鉴定法，是一种历史悠久的、最广泛的教师工作考核方法。应用此方法时，首先要确定绩效的考核标准，然后每个评价项目后面列出如优、良、及格、不及格等程度标准供评价者选择。这种方法花费的成本低，容易操作，教师绩效的评价结果可以用数字的总和表示，一目了然，便于教师之间的横向比较。

（三）工作成果评价法

工作成果评价法的理论依据是目标管理理论，也被称为目标管理评价法。实施这种评价方法的过程，类似于管理者与教师签订一个合同，双方规定在某一个具体的时间内达到某一个特定的目标。届时，教师的绩效水平就根据这一目标的实现情况来评定。

实施工作成果评价法的关键，是学校总目标及每一位教师的工作目标。目标管理法的目的，不是衡量教师的工作行为，而是衡量每位教师为完成学校总目标所做贡献的大小。因此，这一目标必须是可以衡量和可以观测的。

学校在应用目标管理时，制定的目标要符合 SMART 原则：第一，S（specific results），规定一个具体的目标，给教师一个明确的目标；第二，M（measurable），目标可以用数量、质量等可测量标准来衡量；第三，A（accpted），设定的目标应该是学校的管理者和教师双方可以接受的，这意味着目标水平不能过高，也不能过低，对于教师而言，这一目标既具有挑战性，又是经过努力能够达到的；第四，R（relevant），设定的目标应该是与学校的发展和教师个人专业发展相适应的；第五，T（time），目标中包含一个合理的时间范围，在预定的时间内应出现应有的结果。

在目标管理实施过程中，应该经常进行检查，直至达到目标。在每一阶段教师们聚集在一起对工作成果进行评价，制定下一阶段的工作目标。目标管理是一套完整的计划控制系统，也是一套完整的管理哲学体系。理论上讲，只有每位教师成功，才有管理人员的成功、各部门的成功和整个学校的成功，因此目标管理法鼓励每一位教师成功。但是目标管理要求个人、部门和学校的目标协调一致。经验表明，这一方法有助于改进工作，而且还能使学校的管理者根据变化的内外部环境及时对教师进行引导。

第四节　中小学教师岗位设置

岗位是合理的师资队伍结构的基本元素，科学合理地设置岗位，实行岗位责任制，有利于提高教师的教学效率，激发教师工作积极性，有利于促进知识创新，优化学校资源。

一、岗位设置

2006 年 7 月和 8 月，人事部先后印发《事业单位岗位设置管理试行办法》和《〈事业单位岗位设置管理试行办法〉实施意见》，对事业单位岗位管理制度提出了明确要求。对于事业单位包括中小学校，转换用人机制，实现由身份管理向岗位管理的转变。

岗位设置是根据单位实际需要，按照岗位性质、责任大小、要求高低等设置岗位，制定所聘岗位的职责和要求，筛选合适的工作人员，建立科学的体系，使所设置岗位的工作数量和所负责任明确的一种用人制度。

实施岗位设置的理论基础，是基于第一节所阐述的职位分类，职位分类进一步促进了社会分工，大大提高了效率，增加了社会效益。而岗位设置调动了各类人员的积极性和创造性。

首先，岗位设置管理是事业人事管理的基础。岗位设置是人事管理的第一步，通过岗位设置，制定岗位说明书、公开招聘、聘用、考核、工资管理等工作有章可循。比如，在人员聘用方面，根据职位说明书，来挑选合适人员，更好实现"人"和"事"的匹配。在薪酬方面，使报酬与岗位的高低、工作的难简、责任的大小、绩效的高低等挂钩，使人事管理更加科学。

其次，实行岗位设置管理，能够明确职工的职业发展规划，对不同岗位类别、等级的岗位设置，使单位内部的结构更加合理，分工更加明确，效率更高。同时，也使职工对未来有更加明确的发展目标，更努力地做好本职工作，专研业务。

岗位设置的最大特点就是激发了广大职工的工作积极性，如果是新设岗位，多人竞聘，体现了择优录取，有利于选拔优秀人才。如果是原有岗位，岗位可以流动，职工为了到更好的岗位，或者为了保住原有岗位，会认真积极工作，体现了激励机制。岗位设置也有不足，比如：一个岗位的任职时间是4年，意味着后来人员竞争这个岗位要到4年后才可以，花费了后来人员4年的时间成本。①

二、身份管理向岗位管理的转化

按照全员聘任的趋势，"身份管理"即将被淡化。随之根据学科、专业、层次、课程等实际需要，明确规定职责，待遇的"岗位管理"将会是中小学教师管理的主流。

岗位设置管理是对传统的身份管理的巨大挑战。身份管理，是在计划经济时期，国家对教师实行的统一管理，包括对教师的选拔、任用、调动和考核。而真正对教师资源进行使用的学校，却没有以上权利。身份管理的最大弊端，是教师对国家的人身依附和不平等性，忽视了学校对教师任用的自主权，学校没有选择人才的余地，教师的任用与使用分离，因工作有保障而产生不思进取的消极情绪，教师也缺少对教学和自己前途的独立自主性。

行政化的身份管理虽然在一定程度上强化了国家对教师的管理，但是

---

①刘霞.事业单位人事制度改革的又一重要步骤[J].中国人才,2006(21).

它却很大限度地限制了教师主观能动性的发挥，消弭了教师对教学的积极性、主观能动性和创造性。使学校远离了正当的竞争机制和管理机制。另一方面，国家紧紧抓着对教师的任用，统一确定人员的编制，学校缺少起码的用人自主权和经营自主权。

这种用人制度已经不适合当今经济的发展了，聘用制的实施要求在人事管理上要按需定岗、竞聘上岗、以岗定酬，进行合同管理，并要形成岗位能上能下，能进能出。

《教师法》提出，我国将逐步实施教师聘任制。实行教师聘任制，就是学校与教师双方在平等的基础上签订聘用合同，明确学校内部各教育主体的权利和义务、各教育主体的地位和作用等，形成双向选择、各具相应权责的契约法律关系。聘任是学校与被任用教师基于双方地位平等原则，在双方意愿一致基础上的民事法律关系。聘任是双向选择，实行聘任制的学校可以根据自己的需要选择适当人才，根据教师的表现进行奖励或惩罚，并可以解聘不称职教师。而被聘任的教师也可以根据自己的意愿决定是否接受学校的聘任，及合同期满后是否续签合同。聘任制有利于建立平等择优，激发教师的责任感和进取心。

2006 年 7 月，国家人事部制定了《事业单位岗位设置管理试行办法》，规定事业单位岗位分为管理岗位、专业技术岗位和工勤技能岗位三种类别。按照规定，管理岗位指担负领导职责或管理任务的工作岗位，这一岗位的设置要适应增强单位运转效能、提高工作效率、提升管理水平的需要；专业技术岗位指从事专业技术工作，具有相应专业技术水平和能力要求的工作岗位；工勤技能岗位指承担技能操作和维护、后勤保障、服务等职责的工作岗位。特设岗位作为事业单位中的非常设岗位，主要是为了满足事业单位聘用急需的高层次人才等特殊需要。特设岗位是管理岗位、专业技术岗位和工勤技能岗位的一种，不是单独的一类岗位。实行岗位设置管理制度，是事业单位人事管理制度的重大改革。

认真对岗位分好类别，针对特定岗位进行招聘，选拔合适教师。每种岗位都明确规定了它的职责和任务，设岗是实行真正聘任制的需要，没有设岗就谈不上真正的聘任制。学校领导等管理层要认真抓好这个十分重要的基础性工作，另外广大教师要增加岗位意识，开拓进取，竞争上岗，增强上岗的责任感。

许多学校已经开始实行岗位管理试行，岗位管理的优越性使中小学的效率提高，提升教学质量和教学水平，优化资源配置。

三、中小学岗位设置的政策制定

（一）指导思想和基本原则

1. 政策制定的指导思想

以邓小平理论和"三个代表"重要思想为指导，以现行法律法规为基础，全面落实以人为本的科学发展观，充分体现教育公平，有利于教师专业化成长，构建具有中国特色的教师管理服务体系，为全面推进教育现代化，建设一支素质优良、结构合理、管理有序、充满活力的现代教师队伍提供制度保障。

2. 政策制定的基本原则

——按需设岗 坚持从人才培养和社会服务的需要出发，兼顾各类人员的结构状况，合理确定岗位总量、岗位类别以及各类别岗位所需要的人数，确定每一类别的最高等级。

——精简高效 岗位设置的目的，也是为了达到资源的优化配置，因此所设的岗位要本着优化结构、提高质量和效益的原则出发，不设冗余低效的多余岗位。

——分类指导 针对不同学科、不同科目发展层次、不同学校的教学水平，实行分类指导，充分调动各类人员的积极性。

——均衡发展 岗位设置的最终目的，就是为了达到资源配置的均衡。

——科学管理 以岗位设置为基础，深化聘用制度，加强规范管理，根据教师特点、具体问题进行科学管理。

——激发活力 岗位设置的最大优点，就是充分调动教师的劳动积极性，岗位可以流动，也有等级之分，教师可以充分发挥知识工作者的智慧，进行教学创新。

（二）岗位等级和岗位分级

1. 岗位名称

参照国办发〔2001〕74号文件《关于制定中小学教职工编制标准的意见》，中小学岗位名称可分为教师岗位、管理岗位、教辅岗位、工勤岗位。

2. 岗位等级

为使教师职务制度和岗位聘任制度互相衔接，建议将现行中小学教师职务合并为一个序列，实行同一的职务名称——"基础教育××教师"（与"高等教育××教师"相对应），分别为高级教师、副高级教师（高级职务)、中级教师(中级职务)和初级教师(初级职务)。实行合并后,初等教育教师一般控制在副高以内,正高职务从严控制。

3. 岗位分级

(1)教师岗位

中等教育教师岗位(分为13级):高级岗位——特级1级、正高3级、副高3级;中级岗位——中级3级;初级岗位——初级3级。

初等教育教师岗位(分为10级):高级岗位——特级1级、正高3级、副高3级;中级岗位——中级3级;初级岗位——初级3级。

(2)管理岗位

比照公务员的职务层次,岗位设置分6个职位级别:1级职员(相当于正处级)、2级职员(相当于副处级)、3级职员(相当于正科级)、4级职员(相当于副科级)、5级职员(相当于科员)、6级职员(相当于办事员)。或者比照相应教师的岗位分级。

(3)教辅岗位

比照教师岗位,但最高岗位为相应教师的副高级档次。对需要具备相应专业技能支持或职业资格要求的技能岗位,严格按照技术、技能水平和工作需要进行设置。

(4)工勤岗位

对暂时没有条件实行社会化服务和管理的工勤技能岗位,根据其岗位性质实行分类控制。共分为6级:技术工分为1级、2级、3级、4级、5级;普通工为第6级。

(三)中小学岗位总量、结构和等级控制

1. 岗位总量

亚太经济合作组织成员国的平均值为1:18.3。1995年我国高中、初中、小学的师生比分别为1:12、1:16、1:20.4。建议人事部门在核定中小学编制员额时,按照高中、初中、小学的师生比不低于1:12、1:16、1:20的比例。此建议的理由如下:素质教育与课程改革使教师的教育教学工作的任务加重了,要求也更高了。特别是为了培养学生的创新精神和创造能力,小班化教学是必由之路。

2. 中小学岗位结构比例

国办发〔2001〕74号文件规定:"确实需要配备职员、教学辅助人员和工勤人员的,其占教职工的比例,高中一般不超过16%,初中一般不超过15%,小学一般不超过9%。"中小学以专任教师为主,其在高中、初中、小学的结构比例分别为84%、85%和91%。所提的建议是专任教师的岗位比例应不低于 70%，其他岗位不超过 30%（其中，管理岗位 10%、教辅 10%、工勤 10%）。

3. 岗位等级控制

（1）分工负责

编制部门宜采用宏观控制方式：①总量控制；②结构比例控制；③内设机构和领导职数控制；④加强监督检查。教育部门应发挥主导作用，采取在校学生数、标准班额、班级数、每班教师定员等指标，区别学生层次和地域分布，计算并分配中小学校编制数额，报同级机构编制部门备案。中小学有适当动态调整的权限。一是因地制宜，适当考虑增编因素；二是尊重教育规律，满足基本需求；三是定期调整。

（2）结构比例

中等教育包括普通高中和中等职校，高级岗位应占 30% ~ 40%，中级岗位应占 40% ~ 50%；初等教育包括小学和初中，高级岗位应占 20% ~ 30%，中级岗位应占 50% ~ 60%；内部梯次即高、中、初三类岗位的比例，中学高级为 0.8：1.2：2，其他均为 1：2：2。

（四）岗位基本条件和审批程序

教师职务根据教师资格、学历、专业技术职务、师德、实绩这些因素来评定的。

特设岗位：教师必须在高级岗位上工作至少 5 年以上；教育教学成绩特别突出，形成了鲜明的个性风格；指导培养青年教师卓有成效，教育教学研究成果丰富，造诣深厚。特设岗位必须严格从教师岗位中产生，学校管理岗位人员、教辅人员、工勤人员不允许申报。

各级教师岗位都必须具备的共同条件。初级岗位教师的任职条件是：新进毕业生试用期满，能熟悉并运用一般的教书育人方法，掌握初步的教育教学技能，胜任本学科教育教学工作；中级岗位教师一般要求具备中级教师职务，能熟练运用教书育人方法，具备完备的本学科知识结构，是学校学科骨干教师；高级岗位教师一般要求具备高级教师职务，具有教书育人能力与技巧，初步形成了风格，能够指导、培养青年教师，为学校学科带头人或把关教师。以上岗位，对于特殊人才，在教师职务和学历要求上可以适当放宽。

各级教师岗位审批程序总的原则是：人事部门负责宏观指导，教育行政部门负责组织实施，学校自主进行岗位聘任。

（1）县级以上教育行政部门提出本行政区域中小学各类岗位的结构比例和中级以上岗位分级实际控制数，报同级人事部门审定。财政部门按照学校编制数和岗位结构比例拨付人员经费。

（2）教育行政部门根据人事部门事业单位岗位设置管理的宏观政策和指导意见，结合中小学实际研究制订中小学岗位设置管理的实施意见并组织实施。

（3）县级以上教育行政部门在报经人事部门审定的各级岗位控制数内核定所辖中小学校各级岗位控制数。

（4）学校制订岗位设置实施方案，报主管部门批准后实施并按照有关规定自主进行校内岗位聘任，负责对教职员工岗位评价、考核等日常管理工作；县级以上教育行政部门对校内岗位聘任可适当调剂并组织公开招聘工作，以促进教师资源配置的均衡合理，鼓励优秀教师交流轮换到乡村学校任教。

（5）中小学特设岗位，由省级以上教育行政部门提出，报同级人事部门同意后，由教育行政部门组织实施。

（五）聘用管理与过渡

（1）聘用管理遵循的原则：①依法，分级，分工；②形成岗位管理新机制；③有利于社会稳定；④就近，就高；⑤老人老办法，新人新办法；⑥真正起到激励作用。

（2）应聘在管理岗位的人员一般实行职员制。但考虑学校管理不同于行政管理，学校领导必须熟悉教育教学规律，校长职业化尚未形成，目前绝大部分学校领导是由教学岗位走上管理岗位等情况，现阶段完全排除"双肩挑"不符合客观实际。为此，对于那些兼有教学任务的校领导和学校内设机构主要负责人，可根据本人意愿保留原教师岗位并享受原教师岗位工资，但在任期内不能进入高一级教师岗位。（以教学为主即实际教学工作量达到同学科专任教师工作量2/3以上，兼做管理工作的除外。）

（3）以县为单位，乡村教师各级岗位比例应不低于全县同类学校平均水平，并实行计划单列，不得将高、中级岗位挪到城镇使用，以鼓励教师向农村流动。

（4）岗位聘任实行动态管理，原则上每三年一聘，签订单位聘用合同，实行合同管理。

（5）建立岗位考核制度，由学校对聘用人员分别进行年度考核和聘用期满的任期综合考核。考核情况进入本人档案，并作为岗位异动的依据。

第六章　中小学教师资源配置及其社会保障机制

第一节　教师劳动的价值观

一、教师劳动的性质和特点

（一）教师劳动的性质

教育是精神生产劳动，是师生合作的劳动，而教师作为教育活动的主要实施者，从事公益性事业的专业技术人员，其劳动性质有别于其它的生产劳动。可以从马克思主义关于劳动的理论和现代教育理论关于教师职业性质两个视角进行分析。

1. 教师劳动是间接的生产性劳动

马克思的生产劳动理论中说到：任何人类劳动都是在一定生产关系下进行的；资本主义劳动，根据是否创造物质财富划分为资本主义生产劳动和资本主义非生产劳动。根据这一理论，在社会主义条件下，人类劳动划分为社会主义劳动和非社会主义劳动，然而根据劳动与结果之间的关系，把社会主义劳动划分为生产劳动和非生产劳动。我们认为，教师的劳动是社会主义非生产劳动，是一种以脑力劳动为主的复杂精神劳动。教师通过自己的劳动为经济和社会发展培养劳动后备力量和各种专门人才，间接地促进社会劳动生产率的发展。教师的劳动是经济和社会发展的重要条件，从这个意义上说，教师劳动是间接的生产性劳动。

2. 教师劳动是专业劳动

教师职业是一种专业性的职业，教师是肩负着培养年轻一代的神圣使命、承担人类科学文化传承任务的专业人员。把教师劳动界定为专业劳动，对于我们正确全面地理解教师劳动的特点，性质，以加强教师的专业教育，推进教师职业专业化进程有十分重要的意义。

（二）教师劳动的特点

教师劳动相对以脑力劳动为主的劳动来说，它属于具有较多复杂性的精神生产劳动。主要具有以下几个显著特点：

1. 教师劳动的迟效性与长效性

这一特点包含两层含义：一是教师劳动见效缓慢；二是教师劳动的效用持久。物质生产劳动见效较快，可以通过产品很快地看到劳动的效果，而教师劳动不是能够在短期内见效的，因为教师劳动是对人身心施加影响的特殊劳动，其劳动成果往往需要数年乃至数十年才能显现出来。所谓"十年树木，百年树人"，正表明了教师劳动迟效性的特点。

另一方面，受教育者的劳动能力会随其实践经验的积累，思想认识会更加深刻。他们把从教师学到的思想信念、科学文化知识及其劳动技能内化为自身的力量，并受益终身，因此教师劳动具有长效性特点。

2. 教师劳动的独立性与自主性

学校教育是有计划、有目的、有组织、有系统地培养和影响学生的过程。教师在这一劳动过程中，主要是向学生传授知识，发展学生的能力，塑造学生的品格。总之，教师劳动的目的是为了培养和造就有理想、有道德、有文化、有纪律的社会主义公民。这就决定了教师劳动必然具有独立性和自主性的特点。

教师劳动的对象是学生，教师必须进行独立的艰苦劳动，才有可能对学生进行思想品德、科学知识和劳动技能等方面的教育，使得学生得到全面发展。教师劳动的成果具有集体性，但就其劳动形式来说，是以个体劳动为主，具有独立性和自主性的特点。

3. 教师劳动的复杂性与创造性

教师劳动的复杂性与创造性形成了教师劳动复杂的特点，可以从多层面多角度来理解：从教师劳动的性质看，教师劳动是一种脑力劳动，教师的职责是既要教书，又要育人；从教师劳动的对象看，教师的劳动对象不是一般的劳动对象，而是活生生的人，是主动地生动活泼地发展的学生；从教师自身素质要求看，教师的劳动是复杂而艰巨的，教师必须具有多方面的科学文化知识，要经常不断地刻苦努力学习，给自己充电，钻研教材、掌握教学规律和教学艺术等等；从教师所担任的教育任务看，教师既要教书又要育人，既要传授知识又要发展学生的智力，既要关心学生的学习和思想又要关心他们的身体健康，既要使每个学生在集体中得到全面发展又要使每个学生的个性与才能得到充分发展；从教师劳动的工作量上看，教师的劳动不仅表现在脑力劳动上，而且兼有一定强度的体力劳动，既劳神又费力；从教育过程和教学过程来看，教育是一种艺术，教育过程和教学过程是一个复杂的矛盾过程，也是教师精雕细刻创造性的劳动过程，它们需要教师具有较高的教育能力和艺术。教师必须从实际情况出发，因人、因事、因时、因地创造性地进行教育教学工作。

二、教师劳动的价值观

（一）教师劳动价值的体系

一般意义上，"价值"是指客体的作用同主体需要之间的关系，也就是客体对主体存在的意义。教师劳动的价值，就是教师劳动的作用同主体需要之间的关系，当教师劳动的作用能够满足主体需要时，就产生教师劳动的价值。教师劳动要满足的主体是国家、社会、个人。

现阶段，国家对教师的需要是什么呢？就是需要广大的人民教师尽早摆脱"应试教育"的影响，大力提高中华民族的思想品德和科学文化素质，提高知识创新和技术创新能力，为加快实现经济增长方式和经济体制的根本转变，实现"三步走的宏伟目标，培养同现代化要求相适应的数以亿计高素质的劳动者和数以千万计的专门人才。"

社会对教师劳动的需要，可划分为社区、家庭、学校的需要。社区对教师劳动的需要，就是需要教师用社会的主旋律——占统治地位的思想观念、行为准则、思维方式教育一代新人，使他们成为有理想、有道德、有文化、有纪律的四有公民，净化社会环境，营造安定团结、蓬勃向上的社会氛围。家庭是社会的细胞，家长对教师劳动的需要是：子女监护、受教育、升学、就业、成才。教师能否满足家长的这些需要，以及满足的态度、方法、水平如何，直接关系到家庭对学校、对教师的信任程度，关系到家庭的安定团结，甚至影响到家长对事业的追求。学校是教师劳动的直接场所，学校要求教师面向全体学生，全面发展，改进教学方法，提高教学质量。教师劳动的质量关系到所在学校的声誉、地位、生涯、财源，关系到学校的生存与发展。

个体对教师劳动的需要，可划分为受教育者个体和教育者个体。对于受教育者个体，教师的作用在于用自己富有创造性的教育教学工作，启迪学生的心灵，使他们获得知识、能力，既满足他们自身求知求学的需要，也满足他们将来可持续发展的需要。教师劳动对于教育者自身来说，是一种自我激励、自我提高、自我实现的过程；是教师获取新信息、研究教学与时代共前进的过程；是丰富知识、增长才干、磨炼意志、锻炼世界观和价值观、陶冶情操的过程；是离开正轨教育之后再学习、再提高的过程。有什么职业能体会到"桃李满天下的喜悦"呢？教师劳动除了精神满足外，也得到物质上的价值实现，同时对亲朋好友的子女教育也起到一定的作用。

（二）教师劳动价值的意义

教师是人类社会精神文明的忠诚体现者。教师把人类社会所积累的社会精神财富，包括生产劳动经验、科学文化知识以及一定的思想观点和行为规范传播给年轻一代，使他们能够接替年长一代的工作，从而延续社会的存在与发展。随着人类对自然、社会以及自身认识的不断扩大和深化，人类社会积累的精神财富也随之不断丰富和深刻。作为以传递、传播人类社会文明为己任的教师，其地位日益显著，作用愈发重要。如果没有教师，人类社会精神财富的传递和传播将会大大延缓，社会的发展与进步将会大大推迟。捷克教育家夸美纽斯曾把教师职业比作太阳底下最高尚的职业，并自豪地说："对于国家的贡献哪里还有比教导青年和教育青年更好、更伟大？"俄国教育家乌申斯基也说，教师"是克服人类无知识和恶习的大机构中的一个活跃而积极的成员，是过去历史上所有高尚而伟大的人物跟新一代之间的中介人，是那些争取真理和幸福的人的神圣遗训的保存者，是过去和未来之间的活的环节，他的事业，从表面看虽然平凡却是历史上最伟大的事业之一。教师以自身的劳动承担着推动社会进步的历史责任。"

（三）教师劳动价值的根本

我们可以从 5 个方面对教师的劳动价值的根本之所在进行分析：①教育的全过程，就是教、学的双向活动；学生的学习是在教师的指导下，有目的、有计划、有组织和有秩序的一种有机的活动；②即使有最完善的教材、最先进的教学设备，最终是由教师来操作和使用的，如果教师不能很好地掌握这些教材，或者不善于把教材的内容传授给学生，不能较好地利用所有的教学设备，教师的劳动就不是一种有效劳动；③教育心理学研究表明，学生学习除智力因素作用外，还有非智力因素，如动机兴趣、毅力和意志等等，不仅智力需要教师来开发，而且学习兴趣要靠教师来激发，受到挫折需要教师来帮助，缺乏毅力需要教师来 5 培养等；④如果教师不能把全身心的爱倾注于学生，投入于教学工作，先进的教学方法与现代的教育手段，就不会在教学中起到应有的作用；⑤教师如果缺乏高深的思想道德情操、良好的教风、端正的品行，就很难起到师表的作用。随着社会的发展，人类的进步，国家、社会和个人对教师劳动的需要愈来愈强烈。我们说，教育是培养人的活动，人是生产力中最活跃的因素，是主宰世界的主人。因此，培养人是教育的本质，而教育人的任务离开了教师劳动，就会落空，依此决定了教师的劳动是最根本、最核心和最有价值的。

第二节　教师职业压力与职业倦怠

一、职业倦怠的涵义界定

随着社会的发展和竞争的加剧，我国教师所承受的压力也越来越大。国外有关教师职业倦怠的研究已经取得了诸多成果。"职业倦怠"一词，最初是由美国临床心理学家费登伯格（Freudenberfer）于1974年首次提出，在之后的20多年里，有关职业倦怠的研究迅速发展。关于职业倦怠的界定，较有影响的理论有以费登伯格为代表的临床观点，他认为职业倦怠是工作程度过高并无视个体需要所引起的疲惫不堪的状态；有以马勒诗（Maslach）等人为代表的社会心理学观点，他们认为职业倦怠是由三个维度构成的一种心理状态，即情绪衰竭、人格解体和成就感降低；以奎内思为代表的组织观点，认为倦怠通常是由于专业人员感到他们的付出与他们的回报不相匹配而产生的；以耶鲁大学的萨拉森（Sarason）为代表的社会历史观点，认为倦怠不仅是个人的特征，也是社会面貌在个体心理特征上的一种反应。但在众多文献中，于1981年由马勒诗等人提出的观点得到了最为广泛的应用，即"在以人为服务对象的职业领域中，个体的一种情感耗竭、去人性化和低个人成就感的症状"。通过检索文献，总结国内外的相关研究，大多数对教师职业倦怠涵义的界定是：教师的职业倦怠是指教师因不能有效应对工作的压力而产生的极端心理反应，是教师伴随于长期高水平的压力体验而产生的情感、态度噩耗行为的衰竭状态，其典型症状是工作满意度低、工作热情和兴趣的丧失以及情感的疏离和冷淡。[①] 教师体验到职业倦怠以后不仅会给自己的生活带来影响，同时也会影响教学，影响学生的学习，进而会制约教育事业和社会的发展。

二、中小学教师职业倦怠现状的实证分析

（一）初中教师职业倦怠总体水平

在职业倦怠的三个维度中，初中教师的情绪衰竭程度偏高，它预示着在初中教师中已经存在职业倦怠问题。初中教师情绪衰竭维度越高，说明

---

①金忠明，林炊利.走出教师职业倦怠的误区[M].上海：华东师范大学出版社，2006：94.

初中教师的工作压力越大，以致使他们感到身心疲惫，从而丧失了工作热情，因此对工作的投入也减少。非人性化指个人对他人的评价，其得分越高，说明在与他人交往的过程中，个体对他人采取了一种消极、否定、冷漠的态度。本研究结果显示出初中教师非人性化现象不严重，说明初中教师在与人交往的过程中未采取消极否定的态度。低成就感指个体对自己工作的意义与价值的消极评价，得分越高，说明个体对自己工作的意义与价值的评价越消极。本研究结果显示个人低成就感较严重，说明初中教师中职业倦怠问题已存在。因此，从总体上说，较高的情绪衰竭，较低的成就感和相对较低的非人性化说明初中教师的职业倦怠问题较严重，应引起教师及相关部门的重视，同时教师自身及相关部门也应采取相应的措施进行积极地干预。

1. 不同性别的初中教师职业倦怠比较

初中教师在性别差异上的职业倦怠结果表明，虽然在情绪衰竭、非人性化、低成就感三个维度上，初中教师在性别上未存在显著性差异，但是在三个维度上初中男教师的情绪衰竭程度、非人性化程度、低成就感程度都高于女教师，因此，初中男教师比女教师更容易产生职业倦怠情绪。这可能是因为男教师不仅有工作压力还要承担养家的压力，以及中国社会长期的"男权"思想的影响，认为男性要出人头地，光宗耀祖，因此在多重压力的持续影响下导致了男教师更易产生倦怠情绪。

2. 不同学历的初中教师职业倦怠比较

在初中教师中，不同学历的教师虽然在情绪衰竭维度、非人性化维度、低成就感维度上没有显著性差异，但是在情绪衰竭、非人性化和低成就感的平均得分上，本科学历的教师均高于专科学历的教师，说明本科学历的教师较专科学历的教师职业倦怠现象更严重。这与国外的研究"认为教育水平高的个体比教育水平低的个体易发生倦怠"相一致。这可能是本科学历的教师在当教师之初对自身与学生都抱有很高的要求和期望，但是工作一段时间后，在我国当前一味地只追求学生升学率的教育体制下，使本科学历的教师容易觉得自己的才华得不到展示，认为自己的学历胜任初中教学工作绰绰有余，以致他们不思进取，同时单调枯燥的教学生活容易消磨教师的热情，从而导致他们的倦怠情绪更严重。而专科学历的教师对工作的热情和期望相对而言较低，对学生的要求及自我要求相对而言也要低一些，容易产生满足感，因此，专科学历的教师不易出现情绪衰竭和非人性化，相反还容易获得高成就感。

3. 是否为班主任的初中教师职业倦怠比较

在是否为班主任的初中教师中，虽然是班主任的初中教师与不是班主任的初中教师在情绪衰竭、非人性化、低成就感三个维度上，没有显著性差异，但是当班主任的教师在情绪衰竭、非人性化、低成就感三个维度上的得分均高于未当班主任的教师。这说明当班主任的教师比未当班主任的教师职业倦怠程度更高。这可能是因为当班主任的教师不仅要做好自己的本职教学工作，还得负责班级管理工作，还有更多琐碎的班级事务、学生的安全工作以及学生家长的沟通工作等需要班主任去完成，从而使班主任教师的工作任务加重，压力增大，而未当班主任的工作任务相对而言少一些，轻松一些，所以导致了当班主任的初中教师比未当班主任的初中教师更易产生倦怠情绪。

4. 不同工作年限的初中教师职业倦怠比较

不同工作年限的初中教师在职业倦怠程度上的结果表明，工作年限长短在初中教师情绪衰竭维度上有显著性差异，即年限越长越容易产生情绪衰竭，而在非人性化维度和低成就感维度上，工作年限的长短没有显著性差异。这可能是因为重复同样的工作越久，越觉得单调，使之丧失了最初的热情，感觉疲劳，再加上工作竞争越来越激烈，随着年龄的增大，在记忆力、学习能力、接受新事物的能力以及适应能力方面等都不如年轻教师，从而感觉自己在激烈的竞争中处于劣势地位，进而压力增大，从而产生了情绪衰竭。

（二）小学教师职业倦怠总体水平

1. 职业倦怠的性别差异分析

在情感耗竭和人格解体维度上，女教师的得分高于男教师，且差异显著。而在成就感降低维度的得分上男教师略高于女教师，说明男教师感觉到的成就感低于女教师。导致这一结果的原因可能是：第一，女性的情感较丰富，在思考方式和处理问题上比男性更加感性一些，对学生投入的感情也更多一些，所以不论是在教学中，还是在与同事打交道中，女教师的情绪更容易受到外界的影响，心情也容易出现波动，尤其是在投入很多精力但是所获得的成就却较小时，更容易产生挫败感，从而感觉身心疲惫。第二，男教师的个人成就感低于女教师。导致这一现象的原因可能是由于男性所承担的家庭责任要比女性大，而小学教师的工资不是很高，所以男教师的经济压力大于女教师。另外，社会期望对男性比较高，很多男教师对于小学教师这一职业并不满意。

2. 职业倦怠的教龄差异分析

相关调查显示，有 5 年工作经验以上的教师在情感耗竭上的得分高于 5 年以下的教师，有 5 年以上教龄的教师在人格解体维度上的平均得分显著高于 5 年以下的教师，这说明教龄也是影响教师职业倦怠的一个很重要的因素。这是因为工作的时间越长，越容易产生职业倦怠。刚开始参加工作的教师对工作会充满热情，积极地投入到工作中，而时间长了以后会降低工作热情，从而表现出冷漠、对学生漠不关心和麻木不仁的态度。

3. 职业倦怠的学校差异比较

不同学校的教师职业倦怠程度存在差异，不同的学校管理制度不同，而且有的小学是重点小学，有的学校是非重点小学，重点学校的教师可能承受着更大的压力。而且，学校与家长对学生的期望较高，因而对教师的要求与期望也较高，所以教师的压力很大，投入的精力也较多。另外，重点小学的教师个人成就感可能会低一些，因为重点学校对教师和学生的要求可能都要高一些，所以教师的教育难度大一些，从而使教师的个人成就感降低；还有就是重点学校的教师与教师之间的竞争也较激烈，而且常常根据学生的成绩来评价一个教师的好与坏，所以教师的压力更大。

（三）有关教师职业压力与职业倦怠的政策建议

随着社会的发展，人们之间的竞争越来越激烈，压力也越来越大，中小学教师已经出现职业倦怠问题。在我国，虽然随着社会的发展，越来越多的学者开始关注职业倦怠问题，对其研究力度也加大，但这远远是不够的，国家和社会必须认识到此问题的严重性，采取一些积极的干预措施来预防和缓解教师职业倦怠的程度。另一方面，教师自身也应认识到职业倦怠问题的严重性，采取积极地态度来面对，进行有意识的预防和缓解。

1. 教师个人的努力

作为教师本人，应该清醒地认识职业倦怠存在的严峻现实，并意识到职业倦怠并不是只在一生中发生一次的现象"它可能一次又一次地潜进我们的生命中"。如果我们学会识别自身职业倦怠的症状，并在危害产生之前捕捉到它，那么我们就能很快地恢复平衡，而不需要一个较长的恢复期。因此，教师应以乐观的态度去看待职业倦怠，正确认识倦怠的各种症状，以便及早解决问题。同时，我们也要认识到倦怠来源于自己所受到的压力，因此，要努力提高自身耐压能力，改进应付应激的策略，积极调整心态，增强自我效能感，学会称赞自己，给自己定一个适当的工作目标，避免因目标不切合实际而导致无谓的挫败感。

（1）提升自己对本职业的认可度，积极投身于教育变革

教师行业表面上看是一个重复、单调的职业，特别是中学教师，年复一年地讲授着同一门课，同样的内容使教师很容易失去最初从事此职业的兴趣和热情，但是他们却拥有很高的社会认可度，因此作为园丁的教师在从事此职业前应首先要明确自己的责任，分析自己的性格以及此行业的利弊，从而使自己在选择此职业前有一个充分的心理准备，首先从心里认可它。再次，世上没有任何东西是一成不变的，教育也如此，随着社会日新月异的变化，传统的教育方式已不适应社会的发展，课程改革已成必然，因此教师应做好充分的心理准备，以积极的心态投身于教育的各种变革中。

（2）不断充实自己，提升自己的职业技能

俗话说：活到老，学到老。知识是无止境的，而教师做为知识的传递者，更应具备此素质，博览群书，扩大自己的知识面，不断充实自己，才能使自己在激烈的行业竞争中能够立于不败之地，同时学会享受读书的乐趣，以此来冲淡工作中的烦恼。随着课程改革的深入，教师已从传统的灌输者转变为参与者和引导者，此时需要教师不断提升自己的职业技能，提高调动学生积极性和诱导学生求知欲的能力，同时还应注重培养学生独立思考能力、创新能力和科学思维能力，采取灵活的教学方式，与学生进行有效的互动，建立起良好的师生关系。

（3）建立自己的社会支持系统，合理宣泄自己的情绪

我们生活在社会这个大家庭里，人已不再只是一个独立的个体，而是作为一个社会人而存在，当我们面临困难与无助时，我们需要朋友、家人的关心与支持，因此建立起自己的一个良好的社会支持系统和人际关系是非常重要的。它可以让我们在遇到压力时，可以找到适当的人进行倾诉、宣泄，从而使我们的不良情绪得到释放。同时，应正确认识和驾驭压力，变压力为动力，使自己成为压力的主导者而不是从属者。

（4）劳逸结合，善待自己

当今社会，竞争越来越激烈，越来越多的人成为了工作的"奴隶"，拼命地工作，从而导致自己的身体和心理处于亚健康状态，生活质量得不到保证，因此，我们应学会劳逸结合，善待自己，该工作的时候工作，该学习的时候学习，合理安排自己时间。培养广泛的兴趣爱好，充实自己的课余生活；积极参加各种体育锻炼，强健体魄；合理安排自己的饮食，使自己能有一个健康的身体；利用假期多出去走走，给自己的心情放一个假，扩大自己的眼界和交际面。

2. 从学校与社会方面提供帮助

（1）对教师树立合理的期望值

从古至今，我国对教师的道德操守和职业技能都有很多的要求，认为教师是无所不能的传教者，对教师的评价是"没有教不好的学生，只有教不好的教师"，学生、家长、社会都对教师有着过高的要求，使教师承受着巨大的精神压力，因此很容易让教师感到不堪重负，从而产生倦怠感。但是教师也是人，一个普普通通的社会人，也有着他的缺点与不足，对他们这样的要求是很不公平的，俗话说，"师傅领进门，修行靠个人"，更何况学生的学业不是只靠教师这个外力就能成功的，更重要的是还得靠学生自身的努力以及家庭、学校、社会这个环境的共同作用。因此，对于教师，我们不应以"圣人"的标准来要求，而应以教师的专业标准来要求。

（2）给予教师心理支持，帮助教师疏通其消极情绪

生活中常常有这样的事情发生，有的人可能遇到了一些小困难或压力时就产生消极情绪，做出一些偏激行为，但是有的人无论多大的困难与挫折都能微笑面对，这是因为我们每个人都存在着个体差异，那些积极面对的人懂得自我排解，乐观面对生活，而那些消极面对的人却不能，他们只看到事情的消极面。因此，教师作为一个压力群体，一个容易产生倦怠的职业，学校就应采取相应的措施，帮助教师疏通其消极情绪，给予教师心理支持，如向教师介绍心理健康知识，讲解一些进行自我放松的技巧，建立心理咨询机构对教师进行个别疏导等。

（3）实行以人为本的管理方式，满足教师需要，促进教师发展

马斯洛认为，人有各种各样的需要，低层次的需要得到满足后才能进行高一层次需要的追求，因此，学校管理者也应注重教师的需要满足，因为这些需要是教师的工作动力，只有他们得到满足才能保证学校的教育教学工作得到更大的提高。以人为本，为教师提供良好的教学工作条件和继续深造的机会，激发他们的内在潜能，充分调动教师的工作积极性，从而保证学校的教学质量。

（4）形成和谐的学校工作环境，建立多种考核评价体系

我们每个人的成长都离不开自己所处的社会大环境，教师也一样，作为教师工作的学校环境对教师的职业动机也会产生很大的影响，因此，学校应努力为教师创造良好的工作氛围，培养教师的合作精神；形成良好的人际关系，鼓励教师之间、教师与学生之间的合作；采取多种形式的教师考核评价体系，如领导评价、同事评价、学生评价及业绩评价等相结合，而不能一味地以学生的升学率作为唯一考核项目。

第三节　教师劳动与社会保障政策的实证分析

我国在第七个五年计划中开始使用"社会保障"一词。根据我国的国情和文化传统，社会保障是指国家和社会依法通过对国民收入进行分配，形成社会消费基金，对社会成员在生、老、病、死、伤、残、丧失劳动力或因自然灾害面临生活困难时给予物质帮助，以此来保障每个公民的基本生活需要和维持劳动力再生产而建立的一种制度。主要包括社会保险、社会福利、社会救助、社会服务等内容。

21世纪人类将进入一个以科技为导向的知识经济时代，在这个新时代，知识、人才、科技将是衡量一个国家竞争力的重要因素。知识经济的到来，使人才的竞争日趋激烈，从而使得教育的作用比历史上任何一个时期都显得更加重要。人才的培养，教育的发展，关键在于教师。从这个角度讲，人才的培养与教师待遇保障之间有无法割裂的密切联系。本文试从分析教师待遇保障政策的发展状况入手，来阐释中小学教师社会保障的现状与问题，并对如何保证教师待遇的巩固和提高提出一些建设性意见，以期引起人们对这一问题的重视和思考。

一、教师的社会保障政策

（一）新政策保障教师待遇

教师，曾经被"艰苦"、"奉献"等词藻修饰，令许多人望而却步，如今却正在成为令人向往的职业。吸引力的增强，来源于教师地位的逐步提高、教师待遇的日益改善。在党中央、国务院的高度重视下，尊师重教的良好氛围正在全社会形成，三尺讲台上下，教师在教书育人的过程中体会成长，收获进步，每个人都在各自的岗位上实现着成就与希望。2007年秋，教育部所属6所师范院校迎来首批10 933名免费师范生，教育部师范司司长管培俊在此前召开的新闻发布会上欣喜地宣布，六校免费师范生提档线平均高出省重点线约30分，"这说明大批优秀学生有意投身教师职业"。

原教育部部长周济曾表示，提高教师质量是下一步的工作重点。他说，建立农村义务教育保障机制，免除学杂费其实是小钱，要拿出80%的经费投入到提高教师工资和待遇上。而在新的《义务教育法》中，"保证教师工资不低于当地公务员工资水平"也成为其中的亮点之一。全国各地提高教师工资、改善教师待遇的积极努力令人振奋。

（二）教师保障政策还需进一步完善

首先，为适应市场经济发展的需求．必须尽快确定社会保障制度的改革基本框架，建立教师真正的社会化养老、疾病和失业保险等社会保障机制。

其次，理顺管理体制，规范管理方法和程序。我国社会保障的管理体制混乱，已严重影响了社会保障事业的顺利发展。现在，我们的社会保障系统划分成几块，分属的许多部门实行封闭式的条条管理。这样，一下子很难建立一个统一的教师社会保障管理机制。由于教育事业的公益性、教师职业的特殊性，教师的社会保障体系应与国家公务员相似或相同。

最后，为了实现社会保障制度改革的经济和社会发展的目标，必须坚持市场自由原则和社会平衡原则的结合，建立和完善社会福利和社会保险制度。我们要在立足现有保障体系内容的基础上，采取总体设计、分步实施的办法，推进我国的教师社会保障制度的改革。

二、教师的社会保障制度

（一）养老保险

从 1984 年起，全国各地先后实行了养老保险费用社会统筹。1991 年 6 月，国务院在总结各地改革经验和借鉴国外养老保险制度改革经验教训的基础上，发布了《关于企业职工养老保险制度改革的决定》，提出了建立基本养老保险、企业补充养老保险和个人储蓄性养老保险相结合的养老保险体系，实行国家、企业、个人三方共同负担。上海、广东、宁波相继对建立个人帐户进行了积极探索，积累了一定经验。1995 年，国务院下发了《关于深化企业职工养老保险制度改革的通知》，明确了保障水平要与我国社会生产力发展水平及各方面的承受能力相适应，社会互济与自我保障相结合，公平与效率相结合，行政管理与保险基金管理分开的原则。

1997 年 7 月，国务院发布了《关于建立统一的企业职工基本养老保险制度的决定》，主要内容有：①统一缴费比例。企业缴费不得超过职工工资总额的 20%，个人缴费 1997 年不低于本人工资的 4%，以后逐步提高到 8%。②统一个人帐户的比例。按本人缴费工资的 11% 建立基本养老保险个人帐户，个人缴费部分全部记入，其余部分从企业缴费中划入。③统一计发办法。基本养老金由基础养老金和个人帐户养老金两部分组成，基础养老金按职工平均月工资的 20% 计发，个人帐户养老金按其帐户储存额（包括利息）的 1/120 计发。同时，国家财政通过转换支付的方式，对地方的基金支付缺口给予了补贴，1998 年补贴数达 10 亿元，2000 年超过

300 亿元。1999 年 1 月，国务院颁布了《社会保险费征缴暂行条例》，规定基本养老保险的征缴范围为国有企业、城镇集体企业、外商投资企业、城镇私营企业和其他城镇企业及其职工，实行企业化管理的事业单位及其职工。截至 1999 年底，参保职工人数已达 10 448 万人，离退休人员 3170 人万人。

2000 年，国务院发布了《关于完善城镇社会保障体系的试点方案》。规定领取基本养老金的条件为：①达到法定退休年龄，并已办理退休手续；②所在单位和个人依法参加养老保险并履行了养老保险缴费义务；③个人缴费至少满 15 年（过渡期内缴费年限包括视同缴费年限）；④基本养老金由基础养老金和个人帐户养老金组成。个人缴费不满 15 年的，不发给基础养老金，个人帐户全部储存额一次支付给本人。个人帐户养老金由个人帐户基金支付，个人帐户基金用完后，由社会统筹基金支付。目前，中小学教师试行养老保险的仅有广东、辽宁等几个试点地区，其他仍是按发放退休工资的方式。

（二）失业保险

1993 年 4 月，国务院颁布了《国有企业职工待业保险规定》，对原有的失业保险制度作了部分调整。1998 年以来，按照财政预算安排 1/3、企业负担 1/3、社会筹集（主要从失业保险基金中调剂）1/3 的"三三制"原则，筹集资金用于国有企业再就业服务中心，保障下岗职工的基本生活和代缴社会保险费。1999 年 1 月，国务院颁布了《失业保险条例》，将失业保险的覆盖范围从国有企业及其职工、企业化管理的事业单位及其职工扩大到城镇所有企业事业单位及其职工。规定城镇企业事业单位按照本单位工资总额的 2%、职工按照本人工资的 1% 缴纳失业保险费。在失业保险基金入不敷出时，财政给予必要补贴。

失业保险金的标准，按照高于当地城市居民最低生活保障标准、低于当地最低工资标准的原则，由省级人民政府确定。失业人员领取失业保险金的具体规定为：累计缴费时间满 1 年不足 5 年的，领取失业保险金的期限最长为 12 个月；累计缴费时间满 5 年不足 10 年的，领取失业保险金的期限最长为 18 个月；累计缴费时间 10 年以上的，领取失业保险金的期限最长为 24 个月。截至 2000 年底，参加失业保险的人数达 10 408 万人，全国失业保险基金收入 160 亿元，但仍有部分农村教师没有参加失业保险。

（三）医疗保险

1992 年，广东省深圳市在全国率先开展了医疗保险改革，从而拉开了对我国职工医疗保障制度进行根本性改革的序幕。1994 年，制定了《关于职工医疗制度改革的试点意见》，并在江苏省镇江市、江西省九江市"两江"进行了试点。1996 年，国务院办公厅转发了国家体改委等四部委《关于职工医疗保障制度改革扩大试点的意见》，在 38 个城市进行了扩大试点，上海等地探索了先从住院医疗保险起步，再逐步建立个人医疗帐户的办法。1998 年 12 月，国务院发布了《国务院关于建立城镇职工基本医疗保险制度的决定》，要求在全国范围内建立覆盖全体城镇职工的基本医疗保险制度。其改革的基本原则是：基本水平、广泛覆盖、双方负担、统帐结合。改变了过去由财政、学校或企业包揽以及资金来源单一的做法，医疗保险费由用人单位和职工个人双方共同缴纳。

目前，全国城镇职工基本医疗费用的筹资控制标准为：用人单位缴费率控制在工资总额的 6% 左右，职工个人缴费比例一般为本人工资的 2%。同时，建立统筹基金与个人帐户相结合的管理模式。用人单位缴纳的基本医疗保险费分为两部分：一部分用于建立统筹基金，另一部分单位缴费的 30% 左右划入职工个人帐户。统筹基金主要用于支付大额和住院医疗费用，个人帐户主要支付小额和门诊医疗费用。按照"以收定支、收支平衡"的原则，起付标准原则上控制在当地职工年平均工资的 10% 左右，最高支付限额原则上控制在当地职工年平均工资的 4 倍左右。统筹基金起付标准以下的医疗费用由个人帐户支付，不足部分由个人自付。

国家公务员和教师等事业单位人员参加基金医疗保险，执行统一的基本医疗保险政策和待遇标准，在此基础上享受医疗补助。机关事业单位和企业同步改革，变过去公费、劳保"双轨"医疗制度为"单轨"的基本医疗保险制度。到 2001 年 9 月底，全国已有 91% 的地级以上统筹地区启动了医疗保险制度改革，覆盖人数达 5824 万人。除基本医疗保险之外，根据不同职业的特点还建立了多层次医疗保障，即职工大额医疗费用补助、公务员医疗补助、企业补充医疗保险、商业医疗保险及社会医疗救助等。

（四）工伤保险

1993 年，党的十四届三中全会《关于建立社会主义市场经济体制若干问题的规定》提出，要普遍建立企业工伤保险制度。1996 年劳动部发布《企业职工工伤保险试行办法》，到 2000 年年底，全国已有 28 个省份（含新疆设兵团）开展了工伤保险制度改革，参保职工达 4350 万人，享受工伤保险待遇 19 万人。工伤保险基金累计结余 57.85 亿元。工伤保险费按照职工工资总额的一定比例由企业缴纳，职工个人不缴费。1999 年全国平均费率为 0.85%，伤残等级为四等六级，即特等，一等，二等甲级、二等乙级，三等甲级、三等乙级。因公负伤、致残的医疗费，以及治疗因公伤残所必须的费用，都属于医疗经费开支范围。治疗休息期间工资照发，住院治疗期间伙食费补助国家财政报销2/3，个人负担1/30。

（五）生育保险

在我国，实行生育保险制度不仅是保护妇女合法权益、促进男女平等就业的需要，也是贯彻落实计划生育基本国策的重要措施。生育保险待遇包括产假、生育津贴、医疗服务三个部分。1994年，劳动部颁布了《企业职工生育保险试行办法》。规定生育津贴支付标准为按照本企业上年度职工月平均工资计发，以3个月产假期限为依据。目前，全国平均费率水平为职工工资总额的0.71%，全国还有一半左右的城市没有实行企业职工生育费用社会统筹，绝大多数地区的机关、事业单位没有开展生育保险制度改革。

（六）城市居民生活最低保障

上海市于1993年率先实施城市居民最低生活保障制度，拉开了城市社会救济制度改革的序幕。1997年9月，国务院印发《关于在全国建立城市居民最低生活保障制度的通知》。1999年9月，国务院发布《城市居民最低生活保障条例》（以下简称《条例》）。与其他社会保障制度相比，城市居民最低生活保障制度面向和覆盖全体城市居民，即凡属城镇居民，只要家庭人均收入低于最低生活保障线的，即可纳入最低生活保障网，为其生活和生存筑起最后一道防线。《条例》规定："城市居民最低生活保障所需资金，由地方人民政府列入财政预算，纳入社会救济专项资金支出项目；专项管理，专款专用。"2000年，全国几个主要城市的保障标准是：深圳319元、厦门315元、广州300元、上海280元、北京280元、天津241元；大多数城市最低生活保障标准均在200元以下，标准最低的为143元。

（七）住房公积金制度

住房公积金制度是中国政府为解决职工家庭住房问题的政策性融资渠道。住房公积金由国家机关、事业单位、各种类型企业、社会团体和民办非企业单位及其职工按职务工资的一定比例逐月缴存个人住房贷款，具有义务性、互助性和保障性特点。1994年，住房公积金制度在城镇全面推行。1999年，国家颁布《住房公积金管理条例》，并于2002年重新发布，使住房公积金制度逐步纳入法制化和规范化轨道。

目前，已基本建立起住房公积金管理委员会决策、住房公积金管理中心运作、银行专户存储、财政监督的管理体制。中小学教师都享受了住房公积金政策。住房公积金享受列入企业成本、免交个人所得税等税收政策，存贷款利率实行低进低出原则，体现政策优惠。截至2003年底，全国建立住房公积金职工人数达 6045 万人，累计归集公积金 5563 亿元，职工因购建住房和退休等支取 1743 亿元，累计发放个人住房贷款 2342 亿元，支持 327 万户职工家庭购建住房，为改善居民家庭住房条件发挥了重要作用。

（八）社会福利制度

中国社会福利制度，是指政府出资为那些生活困难的老人、孤儿和残疾人等特殊困难群体提供生活保障而建立的制度。为保障特殊困难群体的生活权益，国家颁布了《中华人民共和国老年人权益保障法》、《中华人民共和国残疾人保障法》和《农村五保供养工作条例》等法律法规。截至2001 年底，全国有政府集体、民办的社会福利机构 3.9 万个，收养了 89.3万人，社会福利企业 3.8 万家。此外，中国还通过发行社会福利彩票募集资金支持社会福利事业，仅 2001 年，就募集资金 42 亿元。

（九）灾害救助制度

中国是一个自然灾害频繁的国家，大的水灾、旱灾、风灾、冰雹灾等自然灾害不断，严重影响了人民生活。为做好灾民的救助工作，各级政府建立了针对突发性自然灾害的社会救助制度，每年都在财政预算中安排救灾支出，用于安置和救济灾民。1996 年至 2001 年，全国各级财政救灾支出达到 212.6 亿元，向 3.9 亿人次的灾民提供粮食、衣被等救助。

（十）社会互助制度

邻里互助是中华民族的优良传统。2000 年颁布的《中华人民共和国社会公益捐赠法》，对社会捐赠活动的经常化、制度化进行了立法规范和鼓励。2001 年民政部门接收的社会捐赠（含捐赠物资折款）金额为 15.9 亿元。国家还积极倡导机关、企事业单位、社会团体有组织地帮助和扶持贫困户脱贫致富。基层政府通过兴办社区服务业，为贫困对象提供照顾和服务。自 1994 年起全国各级工会组织每年开展对困难职工家庭的"送温暖"活动。几年来，共筹集慰问款 104.4 亿元，走访慰问了 3975 万户次困难职工、劳动模范、离退休职工和伤病残职工家庭。

三、中小学教师社会保障的个案分析

中小学教师在我国整个教师队伍中占有绝对比例，据统计，2004 年，全国小学专任教师有 56.28 万人，全国普通中学的教职工总数有 56.23 万人，专任教师有 46.67 万人。因此，对于这一庞大的教师群体，社会保障政策必然要起到一定的保护作用，下面是依据《A 市试点（市、区）乡镇事业单位基本养老保障实施意见》对 A 市中小学教师社会保障现状作出分析。

A 市党政机关、社会团体、事业单位及其工作人员和各类企业及职工统一纳入"社会保障安全网"。A 市中小学教师全部实行包括养老、医疗、工伤、失业和生育在内的"五保合一"政策。其中，最重要的是养老和医疗保险。

（一）养老金的筹集与发放办法

在保险资金的筹集上，实行国家、单位和个人共同负担。缴费基数为上年度四项工资（基础工资、地方津贴、教龄工资、中小学教师 10% 津贴，下同）之和。缴费比例为教师负担个人 7%，单位负担 17%（实际上由财政负担），其中，11% 记入个人账户，其余部分进入社会统筹基金。

养老金的发放分为以下情况：

（1）A 市机关事业单位基本养老保险暂行办法实施前离退休教师，按照 A 市现行机关事业单位离退休费标准计发养老金，并享受本办法实施后的养老金待遇调整政策。

（2）A 市机关事业单位基本养老保险暂行办法实施前参加工作、实施后退休、缴费（含视同缴费年限）累计满 10 年的，或本办法实施后参加工作、缴费满 15 年的，养老金按以下计算公式计发：月养老金＝基础养老金＋个人帐户储存额中的个人缴纳部分/120。其中，基础养老金是指按 A 市现行退休费计发政策计算的退休费。

（3）A 市机关事业单位基本养老保险暂行办法实施前参加工作，实施后退休，缴费（含视同缴费年限）不满 10 年的，退休时按缴费年限每满一年，发给相当于上年度 2 个月全市社平工资的养老金，连同个人账户储存额中个人缴纳部分本息一次付清。

（4）A 市机关事业单位基本养老保险暂行办法实施后参加工作的，缴费年限不满 15 年的，退休时个人账户储存额一次性支付给本人。

（二）有关医疗保险筹集与发放

A 市目前的做法是，按照统一的基数，教师个人缴纳 2%，单位缴纳 6%（由财政负担）。基本医疗保险费的分配实行职工个人缴纳部分全部记入个人账户；单位缴纳的基本医疗保险费部分记入个人账户。其比例为：

（1）35 周岁及其以下的人均按 20% 记入个人账户；

（2）36 岁至达到退休年龄的人均按 30% 记入个人账户；

（3）离退休人员按 40% 记入个人账户。

（三）失业、生育和工伤保险

A 市中小学教师的失业、生育和工伤保险采用全国通行标准。

（四）A 市中小学教师社会保险改革的成功经验

（1）把党政机关、事业单位和学校纳入同一个社保体系，使全市教师（包括离退休教师）顺利参加社会保险。

（2）在启动资金的筹集上，运用现收现付机制，利用当年应发放给离退休职工（包括离退休教师）的养老金（退休金）以及当年参保人员（包括在职教师）缴纳的社会保险费全面启动了 A 市的社会保险系统。

（五）A 市中小学教师社会保险改革不足之处及潜在风险

（1）政策性不强。A 市养老金发放的计算办法主要是考虑到，办法实施后离退休教师的养老金可能会低于现行的退休金标准，为保障改革顺利推进而实行了特殊的、简单直观的计算办法（如上）。这与国家养老保险政策及鄂政办发［2004］121 号文件所规定的办法有较大差异，从而使政策的实施存在巨大的风险，国家或省相关政策的变化，教师的权益将会受到损害，教师的利益难以得到有效保障。

（2）没有作实个人帐户和统筹帐户的具体措施，实质上执行现收现付政策。目前，在职人员大于离退休人员，尚且能维持社会保障系统的运转。随着人口老龄化的加快，离退休人员将快速增加，在没有统筹基金积累的情况下，整个社保系统的运行将存在巨大的风险。

（3）社会保障体系空账运转，阻碍了教师跨统筹区域的流动。教师社会保险帐户（尤其是个人帐户）没有按照国家统一政策补齐作实，教师无法向其他地区转移，从而阻碍了教师的分流，也就不能实现教师人事制度改革所要求的教师社会化流动的目的。

（六）对于教师社会保障制度的基本结论

1. 创立教师社会保障体系势在必行

这不仅有利于从体制上保障中小学教师的利益，而且是推进中小学教师人事制度改革（顺利分流）的"助推器"和"减震器"；把公办、民办、企业办学校、各类企事业单位党政机关的职工纳入统一的社会保障制度，为中小学教师聘任和流动提供社会保障的平台，做到"四统一"，即统一缴费比例、统一社保资金的征集部门、统一个人社会保险帐户、统一社保资金的管理。另一方面，试理顺管理机构，将分散在劳动、卫生、民政、经贸委等部门的社会保障行政管理职能统一起来，成立社会保障管理委员会，专门负责协调与社会保障有关部门的工作，研究和制定社会保障的规划和有关规定，对社保基金保值增值进行决策。社会保障委员会下设三个机构：①成立养老、医疗、失业、工伤、生育和住房公积金统一的社保局，主要负责中小学教师等投保人在社会保障之后的资格认证、注册、档案一记录、发放标准的审查认定等；②成立社会保障、社会福利、优抚安置三者统一的社会救助中心，将民政部门的相关职能分离出来，主要负责传统的社会救助事业，资金来源必须为财政支出；③成立社会保障资金管理中心，主要职责是受社会保障委员会委托负责社会保障资金的管理工作。

2. 创立教师社会保障体系，不是增加地方财政负担，而是减轻地方财政负担

即使是在创建初期，宜城市中小学教师社会保障改革可资借鉴。通过建立中小学教师社会保障基金，打好教师社会保障制度运作的基础，这是国家立法强制征缴的用于教师社会保险待遇开支的专项资金，这应纳入整个城镇职工社会保障基金中统筹管理，统筹运行。但作为其中的特殊基金项目，除应按照安全、公开、公平、效率的原则规范管理外，其筹措、支付、监管等也有相对区别的范围和途径。现阶段，中小学教师社会保障基金，应涵盖养老、失业、医疗、住房、工伤、生育等方面。养老、失业、医疗、住房等保险由政府、学校、个人三方筹措；鉴于工伤、生育保险的风险因素随机性较大，应由政府和学校承担。国家兜底承担的部分可在中央转移支付中切块安排（民办学校教师可参照企业员工执行）；尽快开征社会保障税，使社会保障有稳定收入来源；可发行教师社会保障福利彩票筹集资金；当教师社会保障基金积累到相当规模时，除预留部分外，其余可采用"打时间差"的方式，购买国家债券，其本部分转入教师社保基金，确保基余的保值和增值。

3. 启动教师社会保障体系（即在改革初期）可以运用现收现付办法（即个人账户与统筹账户空帐运行）

（1）一种是在教师聘任制实行前已离退休的中小学教师，泛称"老人"。"老人"的社会保障基金由于是历史原因遗留下来的，应实行"老人老办法"，按现行来源和发放渠道，由财政全额承担，按期发放或报销给教师个人。

（2）另一种是在教师聘任制实行时尚未退休，属聘用对象的中小学教师，泛称"中人"。由于诸多的历史原因造成"中人"的社会保障基金"转轨成本"无从着落，以至于社会统筹和个人账户上没有积累，可考虑下述解决方法：①在教师聘任制实行前所欠部分应由财政全额兜底承担，实行"挂账空转、逐年划拨、退休结清"的方式解决，即实行教师聘任制前个人账户欠缴部分按以往每年教师工资和物价指数为基础，参照当前交费比例计算个人"空账"的账面金额，但不是一步到位补足"空账"，而

是"挂账"，由财政逐年划拨补充，待退休时"挂空账"部分全额补充到位，既可缓解财政压力，又可保障教师应有权益；社会统筹部分应视当地财力情况逐年补充；对医保、工伤等保障项目应确保"需用即有"。②聘任制后的部分按国家、学校、个人应缴的比例分担。

（3）还有一种是在教师聘任制后进入中小学教师队伍的，泛称"新人"（与企业员工以 1998 年 1 月 1 日为分界线不同）。"新人"则按国家、学校、个人应缴比例分担，所筹资金也全部进入基金管理中心，实行社会化发放，促进教师在不同行业、不同隶属关系、不同地域间有序流动。

4. 教师社会保障体系持续安全运转的关键

拓展资金来源渠道，明确各级财政在创建中小学教师社会保障体系中的职责，制定严格科学的时间表（建议在 5 ~ 10 年内），逐步作实个人帐户和统筹帐户。当中小学教师的合法社会保障权益受到侵犯时，应当有简单快捷的法律途径获得救济，包括行政途径和司法途径，避免权力的滥用和腐化。社会保障所涉及的内容通常与教师生活休戚相关，如养老、医疗等，并且在发生纠纷时，教师个人往往是属于弱势群体的地位。如果按照现行的民事诉讼程序来解决，一是程序复杂，二是时间跨度较长，三是诉讼费用不低。应当由劳动保障、工会和教育工会等部门建立教师权益保障调解委员会，以公正、高效、简洁的方式，为教师提供政策和法律援助。待条件成熟，可成立专门的社会法庭，使教师的合法权益受到普遍尊重和援助。

5. 在教师的各项待遇中，退休退职待遇是一个重要的方面

为使教师的合法权益得到保障，不仅要使教师在任职期间得到较高的收入，而且还要在教师退休或者退职后享受一定的生活保障，以体现国家对教师职业的优惠待遇。教师法明确规定，教师退休或者退职后，享受国家规定的退休或者退职待遇。县级以上地方人民政府可以适当提高长期从事教育教学工作的中小学退休教师的退休金比例。《教师法》的这一规定，突出了教师在退休或者退职后享受国家规定的相应待遇问题，使之成为一项明确的法律制度，今后不论国家关于退休退职待遇的规定有何变化，教师都依法享有同样的待遇。教师法对提高中小学教师退休金比例的规定，主要目的是鼓励中小学教师长期从事教育事业。至于提高退休金的具体比例，教师法没作统一规定，而是授权地方人民政府根据当地的实际情况来作出规定。目前，全国已有 10 多个省、自治区、直辖市制定了满 30 年教龄的中小学教师退休金拿 100% 的政策，以体现对长期从事教育教学工作的教师的优待。

第四节　贫困地区义务教育教师的社会保障

贫困地区，是指社会成员生活水平低下、发展机会匮乏以及能力发展不足的地区，主要指年收入在千元以下，以老、少、边、穷为主的农村地区。因此，这一类的地区是非常需要社会保障制度大力保护的。社会保障制度是根据国家法律规定筹集保险基金，对劳动者在年老、患病、生育、残疾、死亡和失业的时候，由于暂时或永久丧失劳动能力，暂时或永久不能工作，给予物质帮助的一种安全稳定的制度。不难发现，社会保障制度最核心的内容是在劳动者遇到生、老、病、死等困境时能提供物质帮助，而可靠的资金和物质来源是社会保障制度运行的基础和必要条件。教师社会保障则是以教师为保障对象和主体的一种制度安排。09 年两会召开以来，我国对教师的社会保障制度进行了改革。教师的社会保障逐步从"国家保障"和"福利型保障"向"社会保障"和"风险型保障"转变。有关教师社会保障问题的研究与实践，基本上是以城镇教师尤其是大城市教师为主，学者们通常是在关注教育公平、缩小城乡教育差距、义务教育财政支持等问题的基础上来统筹考虑教师保障问题，但贫困地区教师的社会保障问题往往被忽视了。有少数学者关注了这些教师权利保障和待遇问题，但他们更多地是从教育领域的公平与效率角度来研究，未上升到系统的社会保障制度层面。贫困地区教师社会保障问题不仅关系到这种教师队伍的稳定和教师素质的提高，关系到贫困地区义务教育的发展和全社会的稳定，也是缩小城乡贫富差距、全面建设小康社会的需要。这些教师的社会保障应该引起全社会的关注。本节侧重从社会保障制度运行的物质基础角度剖析当前贫困地区教师社会保障体制的基本思路。

一、贫困地区中小学教师社会保障的现状分析

从我国现实来看，贫困地区的社会保障始终处于国家社会保障体系的边缘，这些教师的社会保障则处于整个教师社会保障体系的边缘。贫困地区教师被摒弃于国家社会保障体系之外的根本原因在于，这些教师社会保障所需的资金无法得到保证，社会保障运行缺乏必要的物质基础。下面通过对这些教师基本待遇、贫困地区教育基本经费等方面的分析来揭示教师社会保障基本缺失的现实。

（一）贫困地区教师基本待遇低，社会保障资金缺位

贫困地区教师的基本待遇包括基本工资、补助工资、其他工资、职工福利费、社会保障费、奖贷助学金，基本上等于教师能获得的所有收入。随着改革开放和经济的稳定发展，教师的收入水平普遍得到了提高。但由统计结果来看，这些教师与城市教师在收入水平上存在较大差距。1998—2002 年间贫困地区教师收入有了明显改善，绝对数增长了 6039.04 元，但增长速度明显慢于城市教师收入的增长。到 2002 年，贫困地区教师和城市教师收入的差距甚至拉大了，前者仅相当于后者收入水平的 35.26%，贫困地区教师的收入也低于全国收入平均水平。社会保障费是基本待遇的重要组成部分，基本待遇低意味着社会保障费很低或者没有。

从实际情况看，因地方财政紧张，我国前些年贫困地区教师工资拖欠现象较为严重。20 世纪 90 年代初期，我国许多地区曾发生过大面积拖欠教师工资的现象，这一问题在 90 年代中期得到一定程度的缓解。但 90 年代末，许多贫困地区又一次陷于大面积拖欠教师工资的境地。据教育部统计，到 2002 年底，全国贫困地区中小学教师工资拖欠累计达到了 150 个亿，2003 年又新增 20 个亿，其中河南省高达 28.5 亿元。教师工资拖欠问题至今依然没有得到根本解决，有学者最新调查显示，仍有 28% 的贫困地区中小学教师工资未能按时足额发放。这种工资拖欠的直接结果，使贫困地区教师社会保障资金严重缺位，工资是这些教师基本待遇中最主要的部分，在工资拖欠的情况下，社会保障费形同虚设。贫困地区教师依靠微薄收入根本无法解除对自己生、老、病、死等问题的担忧。

（二）贫困地区教师社会保障形式和筹资渠道单一，社会化程度低

长期以来，我国教师社会保障主要采取政府或学校统包形式，尤其是在贫困地区，教师管理体制基本上是封闭式的，贫困地区教师的社会保障 95% 依赖于所在学校和地方政府。一些地区的教师即使享受了基本的养老保险，但却享受不到课时津贴、公费医疗和住房补贴，甚至政策性调资也不到位或者没有。这种由学校统包的、社会化程度低的保障形式一方面加重了学校的财政负担，另一方面严重阻碍了教师队伍的流动和优化。因为教师一旦离开教师队伍，社会保障即随其身份的改变而丧失，即便其几年后重新从事教师职业，社会保障也得重新开始。

在我国贫困地区教师队伍中，公办教师、民办教师和代课教师都是重要的组成部分。其中，中小学代课教师数额依然庞大。根据教育部统计，2005 年我国仍有多达 44.8 万中小学代课教师，其中 30 万在农村虽然近年来在各省市和地方政府的努力之下，民办教师问题在许多地区已基本解

决，但由于贫困地区教师流失严重，教师岗位吸引力下降，加之民办学校新体制的出现，新的"民办教师"社会保障问题又将是一个新问题。同时，这种主要采取政府或学校统包的教师社会保障形式，筹资渠道单一，增加了学校和地方财政的负担。加之各地区出台的政策、措施不一，制度不规范，不可避免地使本来有限的社会保障资金浪费严重，人为地增加了贫困地区教师社会保障工作的难度。这种由政府和学校承担社会保障责任的保障形式，也容易导致贫困地区教师自我社会保障意识淡薄。

（三）贫困地区学生生源萎缩，贫困地区教师面临失业压力

从全国范围来看，2003—2005 年我国小学生在校生人数 3 年锐减近 1300 万，小学减少了 9 万所。在教育部所公布的"2005 年全国教育事业发展统计公报"中，2005 年全国小学在校生人数有 10 864.07 万人，比上一年减少 381.04 万人，全国小学比上年减少了 2.8 万所而这一现象在贫困地区尤为严重，原因有以下三方面：第一，贫困地区人口的自然出生率明显下降，学龄儿童的总数缩减；第二，一些贫困地区家庭父母进城做生意或打工，把孩子送入了条件相对较好的城市学校；第三，当前大学生就业难问题的滋生，使得贫困地区的居民不愿过多地进行教育投资，每年大量贫困地区学龄儿童被父母带进城里经商或打工。可见，贫困地区中、小学生生源的急剧萎缩已不再是单纯的学费问题。当前，中、小学生生源急剧萎缩，使越来越多的义务教育教师面临失业的压力。一旦贫困地区教师失去教师岗位，现有的教师社会保障制度根本起不到真正的"保障"作用，同时，这也给尚未完善的贫困地区教师社会保障制度施加了更多的压力。这些教师面临更多的失业不确定性，心理压力很大，严重影响了他们的工作积极性。

（四）贫困地区教育基本经费得不到保障，危及教师社会保障的基础

长期以来，我国贫困地区的中小学教育经费因各种原因得不到保障，加之贫困地区中、小学生源的急剧萎缩，对完善教师社会保障体系极为不利。教育经费得不到保障与我国义务教育发展财政投入的基本格局有关：①全国财政性教育投入占 GDP 的比率过低。这一比率的世界平均水平为 5% 左右，发展中国家的平均水平也在 4% 左右，我国 1980 年到 2000 年的 20 年间这一比率都低于 3%，2001–2003 年超过了 3%，2004 年又下降为 2.79%。②义务教育财政经费分配的地区与城乡差距显著。根据教育部的统计数据，贫困地区生均教育经费一直低于各地区平均水平。2004 年，全国普通小学生均预算内教育经费的平均水平为 1159.33 元，而贫困地区平均为 1035.27 元；全国初中生均预算内教育经费的平均水平为 1296.36 元，而贫困地区平均为 1101. 32 元。预算内生均公用经费也一直存在较大的城乡差距，2001 年贫困地区小学生均预算内公用经费为城市平均水平的 29%，贫困地区初中生均预算内公用经费为城市平均水平的 31%。同时，全国还有 10% 的县贫困地区教育公用经费为零。从各地区来看，2004 年上海普通小学生均预算内教育事业费和公用经费分别为 6680. 22 元和 1664. 65 元，而河南省仅为 654. 41 元和 42. 58 元，分别相差 10. 21 倍和 39. 1 倍；上海初中生均预算内教育事业费和公用经费分别为 6831. 40 元和 1939. 96 元，而河南省为 763. 92 元和 73. 75 元，分别相差 8. 94 倍和 26. 3 倍，差距十分明显。③总的教育经费中，贫困地区教育经费所占比重偏低。高等教育资比例不降反升，而用于贫困地区初中和小学的教育经费得不到保障，不利于我国贫困地区教育事业的发展，也不利于贫困地区教师福利待遇的提高，使学校和地方政府根本无力关注贫困地区教师的社会保障问题，完善贫困地区义务教育教师社会保障体系缺乏坚实的经济基础。随着我国各个领域市场化改革的深入，现存的社会保障状况使贫困地区教师既无法解除对生、老、病、死的担忧，也无法应对住房改革、就业岗位不稳定等市场化改革带来的冲击。因此，提高贫困地区教师待遇、完善贫困义务教育教师社会保障体系已是促进我国贫困地区教育发展急需解决的问题。

二、促进贫困地区中小学教师社会保障体系完善的基本思路

（一）贫困地区中小学教师社会保险的基本状况

1. 贫困地区中小学教师的社会养老保险

我国目前农村的社会保障正处于刚刚起步阶段，不仅标准低，而且范围小，覆盖面窄，保障项目少，资金不足，还仅仅停留在扶贫与社会救济上，还不是真正意义上的社会保障。在城乡二元结构区划与管理模式中，贫困地区教师是弱势群体，各种生活压力主要由家庭来承担，由于各种养老金制度的变革，使得一些原有的社会保障项目受到削弱，而新的制度却还未建立起来，这种社会发展事业滞后于社会经济增长的状况，无疑对整个贫困地区的发展和稳定带来一定的影响。随着社会主义市场经济的深入，贫困地区的教师自我保障能力明显减弱，许多贫困地区义务教育教师没有风险的承受能力，在遇到各种风险时，即陷入了绝境。这与日益强化与完善的城市居民社会保障形成了巨大的反差，贫困地区庞大的社会教师困难群体也期盼享有城市居民所得到的社会保障待遇。

2. 土地生产资料的功能削弱

大部分贫困地区教师家庭已经摆脱土地的束缚，参与到现实的社会保障中。近年来，这些教师家庭的承包地被大量征用，代价是极少的土地补偿费，所以完全依靠土地来养老的选择也是不可行的。

(二) 贫困地区教师医疗保险

目前，我国贫困地区的医疗保险，主要有合作医疗、医疗保险、统筹解决住院费及预防保健合同等多种形式，其中合作医疗是最普遍的形式。贫困地区合作医疗制度，是一种由政府支持、群众与地区经济组织共同筹资，在医疗上实行互助互济的有医疗保险性质的健康保障制度。从2006年起，中央和地方财政不断增加投入，但贫困地区的医疗卫生状况并没有多大改善，主要原因表现在：

(1) 经验不足。合作医疗被当作不合理负担取消后，对于大多数贫困地区来说，合作医疗已经淡出了人们的记忆。由于这一制度的长期中止，现在重新实施，无论是地方政府还是教师群众自己，都缺乏实施新型合作医疗制度的经验。

(2) 资金筹集十分艰难。中央财政的资金到位是没有问题的，地方财政的资金能否到位或是到位后能否持久还是一个问号，同时个人缴纳的部分是以贫困地区人均纯收入为基数计算的，这里就存在一个报表数与实际数的差距，如果报表数水分少，与实际接近，人民群众还能接受，否则将引起人民群众的抵制和反对。

(3) 观念难转变。对于大多数教师群众来说，一年拿10元钱并不困难，但一旦你去向他收取这10元的合作医疗基金时，就变得十分困难。原因在于过去的贫困地区合作医疗反反复复，许多教师对此持怀疑态度，一阵风似地搞一两年，最后还是不了了之。

(4) 合作医疗管理操作难。合作医疗额外（非必要）成本过高，享受合作医疗的都是定点限额报销，村中心卫生室、镇卫生院、县医院都规定有不同的报销比例，年门诊费、住院费也规定有不同的报销额度，年累计报销也有最高限额，不得突破。

(三) 农村教师社会保障总体投入不足

农村中小学校资金来源渠道狭窄，支出负担沉重。城市的学校从最开始有自己的校办工厂，到后来的择校费，都成为解决福利问题的主要渠道。相比之下，随着制止教育乱收费和减轻农民负担政策的实行，农村中小学校除财政拨款外没有其他的经费来源。农村中小学校资金来源渠道狭窄的同时，支出却呈现出很强的刚性。由于农村教师年龄结构不合理，随着农村教师群体整体年龄的增大，"养老段人员"增加，养老金支出医疗保险费用负担刚性增加，严重影响了农村中小学校对教师保障的投入水平。农村教师群体的年龄结构，表现为青年教师比例下降，中年教师比例加大，"养老段人员"增加。养老金支付的水平超过现有社会保险费的收入总量，也超过财政的可承受能力，同时年龄结构的不合理也导致医疗保险费用支出加大，这无疑给国家财政造成巨大负担。另外一方面，农村教师收入低，自我保障意识较差。中小学教师城乡之间、地区之间"同工不同酬"，收入差距明显。过低的收入严重制约了农村教师参与社会保障的能力。有调查显示，2002 年农村教师的收入水平仅相当于城市教师的 35.26％。以山东省为例，西部最低的某县小学教师月均工资只有 482 元，而同等学历、级别、教龄的东部某县农村小学教师平均工资为 1771 元，高低相差 1289 元，达到 3.67 倍；西部最低的县农村初中教师工资月均 482 元，而东部最高为 1653 元，高低相差 1171 元，达到 3.43 倍。同时，由于长期以来教师的社会保障含有较大的供给制成分，教师个人基本上不负担任何费用，由国家和学校承担了社会保障的责任，造成了教师缺乏自我保障意识。以医疗保障为例，由于自身保障意识差，较多地依赖国家和单位的"供给"，学校亦难以承受过重的公费医疗开支，只能依靠地方教育部门的财政补贴维持，但是分税制实施后，中央与地方政府的事权与财权划分不明确，导致许多地方政府的财政陷入困境，无力承担这部分费用，或者只能承受较低比例的补贴，从而使社会保障资金的筹集额度和比例受到影响。

（四）完善贫困地区中小学教师社会保障体系的基本思路

根据马斯洛的需要层次论，人类的需要分为五个层次，即生理需要、安全需要、社交需要、尊重需要与自我实现需要。这一理论表明，人的第一需要就是生理需要，而仅次于生理需要的就是安全需要。安全需要包括心理上与物质上的安全保障，如不受盗窃和威协、预防危险事故、职业有保障、有社会保险和退休基金等。从上述的现状分析可知，由于贫困地区教育经费短缺、教师待遇低下，教师的社会保障基本形同虚设，这使他们既对自身的生、老、病、死等问题存在严重的后顾之忧，也对未来的职业和生活预期缺乏信心，使他们的安全需要无法得到满足。无疑，生理需要和安全需要都建立在有保障的物质基础上，完善贫困地区教师工资支付制度，为教师提供稳定的社会保障，教师们才能获得其他更高层次的需要，才能更好地促进自我发展和自我价值的实现，这对整个贫困地区教师队伍素质的提高和发展农村教育具有重要意义。为此，本节从促进贫困地区教师社会保障体系正常运行的前提和物质基础等方面，提出完善贫困地区教师社会保障体系的基本思路和相关对策。①

1. 加快推进贫困地区教师社会保障的社会化进程

所谓社会保障的社会化，涉及到两个方面的含义：一是覆盖全体社会成员；二是社会保障制度必须是法定的、完善的，管理机构必须是统一思想且具有权威的独立机构。社会保障是系统工程，涉及到的内容非常广泛，但在我国贫困地区，还处于市场经济的初级阶段，只能有选择地、按轻重缓急逐项设置。通常来说，年老、疾病、工伤、失业、生育、住房、死亡是最基本的七项内容，而这其中，年老、疾病、失业是其中的最大事件，也是全体社会成员最普遍遇到的，与社会发展关系最为密切，因而重点要解决这三项内容。虽然贫困地区教师中与这三项内容相关的社会保障已初步建立，但因为没有与教育体制和社会经济体制改革的需要相配套，仍然还比较薄弱，尤其是失业保险基本上没有。当前，部分贫困地区教师的公费医疗已纳入社会保障范围之内，实现国家补助下的社会统筹，分别由国家、学校和个人共同承担，在此基础上，应将全体农村教师逐步纳入到社会化的医疗保险体系中。同时，推进农村教育管理体制改革，使教师队伍的管理体制从封闭型向开放型转变，使教师由"单位人"变为"社会人"，也是贫困地区教师社会保障体系完善的基本切入点。

2. 建立和完善贫困地区教师工资保障机制

待遇低、工资拖欠不仅影响了贫困地区教师的工作责任心和进取意识，而且使这些教师的社会保障资金严重缺位。因此，建立和完善贫困地区教师工资保障机制是完善贫困地区教师社会保障体系的基本前提。如果教师的工资无法得到保证，社会保障也就真正地形同虚设。为此，政府应严格实行贫困地区教职工工资由财政统一发放制度并确保教职工工资按时足额发放。在落实市（州）长、县长负责制的情况下，通过法规规定中央和省下达的工资转移支付资金在年初由省将资金指标下达到县、市（州），不得留用，全部补助到县，优先用于教师工资发放，杜绝出现教师工资无法得到保障的状况。

3. 完善基本养老保险与失业保险制度

当前，随着教育体制的改革和聘用制的广泛推行，教师职业不再是"铁饭碗"，教师由单位人向社会人转变，时刻面临失业的危险或工作单位的变动，教师养老保险和失业保险就显得更为重要。对于贫困地区教师而

①张淑荣,刘洁.我国农村社会保障制度存在的问题与对策研究[J].农业经济,2007(1).

言，完善基本养老保险制度是促进贫困地区教师社会保障体系完善的重要环节。为此，需要重视以下几点：①划清历史责任与现实责任，对历史责任采取其他措施加以化解，以免危及新制度的安全；②在此基础上降低缴费率，将统筹层次迅速提升到以省级为主体；③整个养老保险制度的重点宜放在构建制度平台上，国家可以考虑贫困地区教师的特殊性，对贫困地区教师的基本养老保险给予一定的财政支持。我们要按国际通行的做法，扩大养老保险覆盖面，努力提高养老金收缴费，完善养老保险制度，加强养老金的管理。同时，我们也要积极建立和完善失业保险制度，努力做好贫困地区下岗教职工基本生活保障和再就业工作，对需要照顾的离退休教师、灾难性疾病和残疾等生活能力弱者，努力提供保障性福利及上门服务，这些资金来源应主要由国家负担，也可以通过社会团体开展捐款等形式来献爱心、送温暖，形成多方位的社会保障体系。

4. 明确各级政府在贫困地区义务教育投入中的责任

确保贫困地区教育经费落实只有贫困地区教育上了层次上了水平，贫困地区教师的社会保障才有真正的保障。而贫困地区教育的发展，需要政府财政的大力支持。为此，中央政府要加大财政转移支付力度，支持贫困地区教育的发展。各省和市（州）政府要逐县核定并加大对财政困难县的转移支付力度，通过增加转移支付，帮助财政困难县增强义务教育经费的保障能力。县级政府要切实担负起对本地教育发展规划、经济安排使用等方面进行统筹管理的责任，努力调整支出结构，增加对义务教育的投入，将贫困地区义务教育经费纳入财政预算，并将预算和执行情况依法向同级人民代表大会或常务委员会报告并接受其监督和检查。乡镇政府要积极筹措资金，改善农村中、小学办学条件。同时，贫困地区中、小学也要积极吸纳社会资源，保证中、小学的办学经费。教育经费得到了保障，贫困地区中、小学教育才会有很好的发展，义务教育教师才有施展才华的舞台，这是构建贫困地区教师社会保障制度的基础。

5. 规范管理方法和程序，理顺管理体制

我国社会保障的管理体制混乱，已严重影响了社会保障事业的顺利发展。现在，我们的社会保障系统划分成几块，分属许多部门，实行封闭式的条条管理。基于教育事业的公益性和教师职业的特殊性，可以考虑先建立一个协调机构，逐步理顺关系，提高协调程度，在此基础上再建立统一的教师社会保障管理机构，将贫困地区教师与发达地区教师的社会保障纳入统一规划。社会保障的特点之一，就是社会程度越高，基金周转余地越大，保险功能也就越强。因此，社会保障制度的改革，机构的调整和建立，都必须是一个由上而下的过程，国家必须对此有通盘考虑和完整思路。在立足现有保障体系的基础上，国家应整体规划，分步实施，推进我国的教师社会保障制度的改革。根据一定的法律和规定，统一社会保障政策，实行法制化管理，重点搞好教师养老保险制度、失业保险制度和医疗保险制度的改革，使社会保障逐步扩大到各级各类学校的全体教师，尤其是作为弱势群体的贫困地区教师应成为社会保障的重要对象，将教师的社会保障建立在全社会的保障体系基础上，确定稳固合理的资金来源，形成社会保障基金筹集、运营的良性循环机制，最终建立起一套完善的、与社会主义市场经济相适应的教师社会保障制度。[①]

应当清醒地看到，保障教师待遇是稳定教师队伍、提高师资质量的重要因素。特别是对于贫困地区，由于贫困地区教师工资缺乏保障，不良的生存环境和落后的教育教学条件，几乎成为优秀教师外流、新任合格教师无法补充的一个难解的"死结"。这不仅直接导致不少贫困地区仍在大量任用月工资不足百元的代课教师，给当地义务教育教育质量的滑坡埋下隐患，而且，更重要的是致使教师队伍陷入"待遇低——竞争程度低——专业素质低——待遇更低"的恶性循环，使贫困地区师资陷入有需求而无能力支付的"有效需求不足"的困境。必须明确的是，要尽快改善教师的待遇，只能主要依靠中央和地方政府切实加大财政投入力度，把教育摆在优先发展的战略地位，优先安排财力，以改善教师的待遇，提高教师职业在社会上的竞争力。正如2009年全国人大代表庞丽娟提议，中央政府应设立贫困地区义务教育教师特殊津贴。教师工资问题不仅是教育问题，而且也是社会问题。因此，这个问题不可能在教育自身的范围内得到解决，新修订的义务教育法应当规定中央政府在制定国家经济和社会发展计划时，明确而具体地陈述义务教育投入及分担比例等实质性问题，从而为解决教师工资问题提供法制层面上的根本保障，让贫困地区义务教育得到最充分的发展。

三、农村教师住房保障问题

发展农村教育，有利于提高农村人口的素质，有利于缩小社会差别和实现社会公平，有助于积累国民经济增长的后劲。没有农村全面"普九"，没有农民素质的全面提高，就很难实现全面的农村小康生活。目前，农村学校面貌和办学条件有了明显的改观，但是乡村教师的住房仍存在比较突

---

①袁冬梅,刘子兰,刘建江.农村教师社会保障的缺失与完善[J].教育与经济,2007(2).

出的问题，已经严重影响农村教育的深入发展。乡村教师承担着提高农村人口素质的繁重的前沿任务，他们在农村默默奉献，为国家培养了大量的人才。但是，他们的住房问题却被长期忽视，乡村小学几乎没有教工宿舍，乡镇中学也只解决了部分学校领导和个别资历特别老的教师住房问题，绝大部分教工散居在自然村中。即使解决了住房的教师，其居住条件也令人担忧。由于长期以来，乡村教师的住房问题一直没有得到应有的重视，历史欠帐日积月累，使得这一矛盾更为突出，老教师难以稳定，新教师引进困难，成为目前农村教育发展的最大障碍之一。因此，如何逐步改善乡村教师的住房条件，使他们安居乐教，就成为一个亟待解决的问题。

（一）农村教师的现实住房状况堪忧

通过 2007 年江西省广昌、新建、吉安等县市的乡（镇）中小学的农村教师住房情况，可以看出当前农村教师住房保障问题的严重性：在广昌县，全县乡镇中学、中心小学 60%，村级小学 90% 无教职工宿舍。教师一年四季，严寒酷暑，坚持走教，既给教师造成了生活困难，又严重影响了教育教学质量，乡村中小学教职工人数 1611 人，带眷数 1495 户，带眷数职工家庭人口 4846 人，住房建筑面积 5.69 万平方米，成套住房 381 套，成套率只有 25.5%，缺房户 292 户，教职工家庭人均居住面积仅 5.88 平方米，95 户教职工家庭为住房困难户（人均居住面积小于 4 平方米）。还有部分教职工是住在建于 70 年代的简易房中，房屋经多年风雨浸蚀，屋面渗漏严重，墙体风化裂缝，严重威胁着教职工的生命财产安全，急需拆除改建消除隐患。而在新建县农村教师的住房情况也不容乐观，全县乡村教师 3762 人，占全县教师总数的 73.34%，而全县乡村教师住房总面积仅有 15.18 万平方米（平均每项户住房面积仅 40.35 平方米），其中危房面积就高达 8.99 万平方米，占住房总面积的 59.22%，且一类危房面积达 30% 左右；近年来，各校接受的大中专毕业生则成了"尴尬一族"，为了工作，要么每天跋山涉水几十公里（骑车或坐车），要么借（租）住在村民家中，生活的不便利（特别是女教师）可想而知。

吉安市的农村教师住房保障在青年教师方面情况更突出一些，全市有中小学 2338 所，农村中小学约占 90%，教师 38 509 人，农村教师约占 70%。在农村中小学教师中，住房配套设施比较齐全（通水通电、厨房卫生间齐全）的不足 5%；配套设施不太齐全（有电无水，有厨房无卫生间）的不足 15%；"一有三无"住房（有电无水无厨房无卫生间）的占 75% 左右；年轻教师无法分到单人住房，多是几人合住。师均住房面积仅 10 平方米左右；属砖混结构的住房约占 60%，砖木结构的住房约占 40%，风大瓦被掀，雨大淋湿床，潮阴不通风；70%的农村学校没有教师办公用户，教师的个人住房既是卧室又是办公室，自然拥挤不堪。

（二） 农村教师住房保障不力的现实背景

1. 重视不够

尽管目前我国已将教育优先发展作为科教兴国的重要方略，而且出台了不少大力发展农村教育的措施，但大量的经费投入只局限于教学用房及基本辅助设施，或贫困学生救助，并且明文规定严禁把经费挪作他用，不得擅自用于教师住房建设，否则将严格追究相关责任人的责任。由于将资金过度投入到教学硬件设施建设或贫困生救助中，教师住房难的问题成了没奶的孩子，因无专项资金，因而难以解决。

2. 投入不足

在西部贫困地区，农村中小学现有的教师住房绝大多数是20世纪70年代修的老房子，有的甚至还是20世纪50年代修建的。从1995年开始至现在，教师住房一直没有专项资金投入，90%是靠扶贫支教等方式，由工作组通过筹集资金而修建的。笔者算了一笔账，除了大量投入修建教学楼、学生宿舍等教学硬件及相关设施，从2000年开始到现在，教师住房建设财政投入资金几乎为零。

3. 筹资乏力

在西部贫困地区，除了维系教师工资，靠财政拨款修建宿舍是不可能的事。目前，修建宿舍的资金90%是靠社会捐赠、学校节余、教师集资等方式筹措，但这种方式不稳定，也无法保障。西部地区毛沟中学校长在职工大会上许诺，只要筹到数量可观的建设费用，该教师无条件在年终评优、晋级，并返还其中的30%作为奖励，但从来没有一名普通教师有如此大的能量完成这项任务。

4. 教师待遇偏低

西部贫困地区农村教师工资待遇偏低，除了财政拨付的工资之外，别无其他收入。据统计，2005年西部贫困县人均收入1666元，而教师平均工资仅为1100元，甚至不及当地农民的收入。特别是实施"一费制"后，学校连基本的办公经费都是捉襟见肘，除了维持生计，更谈不上提高农村教师的福利待遇和修建住房了。

5. 住房成本过高

农村教师由于收入偏低，加之当前钢材等建材价格的提升，房价和建房成本离教师总收入悬殊太大，许多农村教师买不起房更修不起房。按当地房价每平方米650元计算，一套房价在8～10万元之间。而按教师平均

工资核算，人均工资仅 1100 元，一位农村教师只有不吃不喝至少要攒 10
年才能买上一套房子。这对贫困地区农村教师而言无疑是一笔可望不可及
的天文数字。

（三）农村教师住房保障的现实建议

第一，落实解决广大农村教师住房难的问题，保障教师住房问题，是
事关农村教育的大事。农村教师安居乐业，农村教育事业才有发展基础。
尊师重教不能光写在文件上、喊在口头上，实实在在为农村教师解决住房
难的后顾之忧，才是真正把尊师重教落到了实处。整体实施"农村教师安
居工程"建设，加强政府调控和协调服务，使建房成本和房价得到有效控
制，使农村教师购得起、住得了。农村教师安居工程均实行统一规划设
计、统一建设管理，政府可以利用有效的政策资源，发挥行政协调服务作
用，控制建房全过程的每一项成本，确保农村教师购房利益最大化。农村
教师安居工程实际是"安心工程"。实施这项安居工程能够基本解决了广
大农村教师住房难问题，让希望购房的教师都购到"满意房"，既解决了
他们无房的后顾之忧，又通过政府调控降低其购房价格，让广大农村教师
因没有享受到福利分房的利益缺失得到了一定的补偿，缩小了城乡教师待
遇差距，实实在在地解决了农村教师养老居所问题，使其产生了"不管现
在哪里教书，退休后都会回到城里"的平和心态，不再迫切想调回城里工
作。但由于由于某些城区财力有限，无法切实解决这一问题，为了推进城
乡教育均衡发展，稳定农村教师队伍，建议市政府将农村教师住房问题纳
入议事日程，通过新建农村教师安居工程、安排集资建房等方式解决教师
住房问题，使教师能够安心教学。

第二，建立农村教师住房公积金制度也应及时跟进，交费和享受政策
不公平拉大贫富差距，同时更是影响了农村教师的教师保障问题。2006 年
国家审计署对全国 4 个直辖市和 41 个大中城市住房公积金审计结果中的两
组数据表明：10% 缴纳较多公积金的人，单位为个人每个月缴费最高达
1572 元／年，10% 缴纳较少公积金的人，每个月只有 54 元。而相应的，
当购房贷款时，收入越高，缴纳的公积金越多，贷款越容易，反之，带给
农村教师住房困扰就是公积金越少，贷款的难度就越大。因此，要在农村
中小学建立高效的农村教师住房公积金制度，如在政策层面的改革，住房
公积金的使用在政策上应向低收入群体倾斜，扩大住房公积金缴存范围，
以兼顾公平的原则修改住房公积金缴存比例和限额等；在管理体制层面的
改革，在制度上将住房公积金管理和经营分离，实行省以下垂直管理的体
制，加大管理权限和处罚力度等，在住房公积金投资体制层面的改革应该

研究在确保资金委托专业机构投资，使资安全的前提下的资金保值升值。

第三，对居住偏远无房的农村中小学教师采取补贴，在土地使用权等方面实行优先、优惠政策等，可以有效改善农村教师的住房状况，而且也可以采取统筹统管，集资建房，以及在城镇推出教师经济适用房，开辟教师新村等形式，为贫困地区农村中小学教师提供一个温馨和谐的创业环境。调整住房政策，把乡村教师住房问题特别处理。在乡、镇所在地划出专门地域修建教师公寓，鼓励乡村教师集资建房，并落实各项优先、优惠政策。如免收各种配套费，免收土地、建设等部门的各种行政、事业性收费和押金，对工程质量监督等服务性收费给予减收照顾，从而调动广大教师集资建房的积极性。同时，也要严格控制规模或范围，从严把关。对乡村教职工住房建设用地，采取无偿提供或低价划拨的方式予以解决。乡村教师职工宿舍建设各项支持和优惠政策仅对乡村学校所在地乡村教职工宿舍建设有效，严防"偷梁换柱"。充分考虑城市化发展趋势以及乡村人口举家外出、一些村小学就读学生不断减少这一现实，加大学校布局调整力度，对一些能够撤并的学校坚决撤并，并拍卖其全部资产，把所得资金全部用于合并学校的发展包括用于合并学校住房的改善。

第四，有关部门应尽快研究制定和完善义务教育教师权益的救助制度，拓宽适用其的法律救助渠道和方式，并进一步规范和明晰不同法律救助渠道的法定程序，保障教育公务员在维权过程中有法可依。在研究建立国家教育公务员的法律救助制度时，除了应健全和完善原有的教师申诉制度之外，还应着重研究制定并不断完善教师的行政复议制度、诉讼制度以及人事仲裁制度等相关法律救助机制，以给义务教育教师切实的法律救助保障。

第五，应明确各级人大、各级政府和监察督导部门各所应承担的教师权益与责任监督职能，建立起系列执法监督机制，监察和评估教师身份、权利的保障和责任义务的履行情况，定期对我国义务教育教师的身份、权利、责任和义务的落实状况进行报告，并提出相应的意见建议，报向国务院教育及相关主管部门和各级地方政府，以保障中央、各级地方政府和相关部门及时了解并有效调控和保障教育公务员责权利的落实。事实上，在现行制度框架下建立独立的教育公务员制度已经具备一定的体制基础。原因在于，现行有关教师的政策和法律制度，在参照公务员有关规定的基础上，实际上已形成了一套包括教师人事、工资和福利待遇等在内的具有公法特征的制度，这是一套系统的、带有典型的人事制度特征的管理制度，而且已有的一些规定与现行的公务员制度具有制度上的衔接性。

　　在总结中小学教师的社会保障的管理经验方面，我们应该理顺管理体制，规范管理方法和程序。我国社会保障的管理体制混乱，已严重影响了社会保障事业的顺利发展。现在我们的社会保障系统划分成几块，许多部门实行封闭式的条条管理这样，一下子很难建立一个统一的教师社会保障管理机构。由于教育事业的公益性、教师职业的特殊性，教师的社会保障体系应与国家公务员相似或相同。因此，可以考虑先建立一个协调机构，然后逐步理顺关系，提高协调程度。社会保障的特点之一，就是社会程度越高，基金周转余地越大，保险功能也就越强。因此，社会保障制度的改革机构的调整和建立，都必须是一个由上而下的过程，国家必须对此有通盘考虑和完整思路，为了实现社会保障制度改革的经济和社会发展的目标，必须坚持市场自由原则和社会平衡原则的结合，建立和完善社会福利和社会保险制度。我们要在立足现有保障体系内容的基础上，采取总体设计，分步实施的办法，推进我国的教师社会保障制度的改革根据定的法律和规定，统一社会保障政策，实行法制化管理，重点搞好教师养老保险制度、失业保险制度和医疗保险制度的改革，使社会保障逐步扩大到各级各类学校的全体教师，将教师的社会保障建立在全社会的保障体系基础上，确定稳固合理的资金来源，形成社会保障基金统筹的良性循环机制，最终建立起一套完善的、与社会主义市场经济相适应的中小学教师社会保障制度。

第七章　中小学教师资源配置的制度保障

我国中小学教师聘任制的施行，已经走过了三十多年的改革历程，今天的教师聘任制，无论是因为当时国情的需要而体现出这一制度的优越性，还是因为预期目的与现实的反差而造成的矛盾，其重要作用都是不可忽略的。

多年的实践经验表明，在社会主义市场经济体制下，将中小学教师聘任制推向纵深方向发展，国情与旧体制的静态结构特点决定的我国中小学教师人事管理体制改革，以往采取的由内部向外部渐进渗透性的方式是成功的。通过完善学校内部管理机制，逐步建立学校外部调节机制，在国家政策宏观调控下，实行分类指导，区域性推进的改革战略，建立起了与市场经济相适应的新型劳动人事制度。今后的研究重点在于，这一制度如何继续深化与细化。

首先，教师身份归属问题是实行聘任制的前提。最近几年，在公共产品理论分析框架下，义务教育归属为纯公共产品，作为社会公益事业，教师劳动的内容具有公益性质，所以学校的公法人性质决定学校与教师既不是纯粹的民事关系，也不是纯粹的行政关系，而是二者兼有之。这就决定了教师身份不同于一般的劳动雇员，也不等同于公务员，应被视为公务性专业人员。而这种身份如何上升为国家法律层次被认可确立，是应该首先解决的根本性问题。

其次，教师聘任合同与《合同法》的适用。起初将聘用合同引用到教师劳动制度是借鉴企业的用工制度，教师聘任制与公务员行政任用制、企业职工劳动合同制的区别应在今后的研究中着眼于这一制度是否有法理依据和可操作的法理程序。

最后，中国现存的"人才市场"与"劳动力市场"二元分割。对归属于人才市场的教师资源来说，在与适应于企业运行环境的劳动力市场碰撞的时候，要么直接应用劳动力市场的运行程序，要么许多学校在执行中造成无形的政策变异，总之没有形成健全的教师人才市场体系，在今后如何对教师人才市场定性和建立一个完善的体制框架，并能够形成具体的可执行的政策文件都需要我们继续深入研究。

第一节　教师聘任制的研究回顾

教师聘任制的施行已经走过很长的一段路程，纵观全程，大致可以将这一改革分为四个阶段：1978 年到 1992 年为第一阶段，其特点是把经济体制改革中的某些竞争机制引入到了学校内部管理，使长期以来被国家统得过死的管理体制开始被打破，但是改革只限于计划体制内，对局部利益关系的调整，改革启动了内部办学活力，但是比较有限。

从 1992 年开始到 2001 年国务院《关于基础教育改革与发展的决定》的出台，标志着进入第二阶段，其特点是各地以《中国教育改革和发展纲要》为指导，加快了改革步伐，开始试图打破传统的计划体制，在学校内部和外部重新调整各方面的利益关系，探索建立适应社会主义市场经济体制和符合教育规律的教师人事管理新体制。2001 年，全国范围内开始实行农村税费改革，在农村义务教育管理体制方面进行重大改革，明确提出要逐步建立"实行国务院领导，由地方政府负责、分级管理、以县为主的体制"的管理体制，把实行农村税费改革与促进义务教育发展结合起来。期间，2001 年 11 月，国务院办公厅转发了中央编办、教育部、财政部《关于制定中小学教职工编制标准的意见》，这是新中国成立以来颁布的第一个权威性的中小学编制标准。除北京、上海情况比较特殊，全国各省市根据编制标准文件和教育部的实施意见，制定出台了本省（区、市）编制标准的具体实施意见或办法，并据此开展了核定编制的工作。教师编制一经确定，其工资待遇等经费来源纳入财政预算，从根本上建立了按时足额发放教师工资的机制，也为实施人事制度改革奠定了坚实基础。

第三阶段：2003 年 9 月，国家人事部和教育部下发了《关于深化中小学人事制度改革的实施意见》。从 2004 年开始，便在全国范围内实施教师聘任制。2005 年 12 月 24 日，国务院发出了《国务院关于深化农村义务教育经费保障机制改革的通知》，其主要内容是"明确政府责任、中央地方共担、加大财政投入、提高保障水平、分担组织实施"的基本原则，逐步将农村义务教育全面纳入公共财政保障范围，建立中央和地方分项目、按比例分担的农村义务教育经费保障机制。

第四阶段：2006年9月1日，开始实施新颁布的《义务教育法》。同年，在西部地区12个省（区、市）首先全面推行农村义务教育经费保障机制改革，以国家法律的形式规定了教师工资福利和社会保险待遇，以及改善教师工作和生活条件，特别强调完善农村教师工资经费保障机制。

一、教师聘任制的政策分析

1994年1月1日起施行的《中华人民共和国教师法》中第三章第17条规定："学校和其他教育机构应逐步实行教师聘任制，教师的聘任应当遵循双方地位平等的原则，由学校和教师签订聘任合同，明确规定双方的权利、义务和责任。实施教师聘任制的步骤、办法由国务院教育行政部门规定。"据此，全国各中小学开始了学校内部管理体制的改革，开始了在国家教师任命制的基础上，由校长实施的教师岗位职务聘任制。这种聘任制经过一个时期以来的实践显现了重要作用：①打破了事实上存在的岗位职务终身制，优化了教师队伍，少数不适合教学工作人员受到了触动，多数在岗教师也提高了对自己的要求。②扩大了校长办学自主权，使校长有了一定的人事调配权，对学校内部事务的决策权受到了尊重。③初步建立了竞争机制，打破了"大锅饭"、"平均主义"，改革了人浮于事的局面，激发了教师的工作积极性，提高了教育质量。④为中小学教师聘任制进一步深化改革积累了大量的宝贵经验。

但是，随着市场经济的建立，教师聘任制暴露出其预期目的与现实的反差，表现在如下四个方面：

第一，希望通过聘任制的实行，有利于选贤任能，弱化人们之间过重的人身依附关系。但现实中，聘任制的实行从某种程度上加大了单位领导人的权力系数，强化了人们之间人身依附关系，进一步促进了"关系网"的合法发展。其后果是：一方面，造成人才管理上的各种"漏洞"，使不正之风在人才管理领域再度出现；另一方面，从涉及范围到强度，聘任制都给予单位领导更大的权力任人唯"贤"或任人唯"亲"，"以权谋私"的现象越来越严重，精通"关系学者"，将会得其所需，而有才不善走关系者将"被权迫动"，况且聘任制的用人标准在实际运作过程中，往往并无客观的明确标准。

第二，希望通过聘任制的实行，打破人才的"单位所有制"。事实上，产生人才"单位所有制"的根源在于我国人事管理体制结构的静态性。一是受档案管理所制约，在许多单位劳动者谋生与其档案是不可分的。当劳动者提出调离时，原单位有不提供档案的权力，而愿意接收单位如果不能得到档案，也无当寻用拟换职业的劳动者。如果原单位不愿解除用人关系，而劳动者非弃职不可时，原单位有权在劳动者的档案中填写不利于劳动者重新就业的内容，从而妨碍其弃此职而择它业。二是目前的户籍管理体制也极大地限制着劳动者职业选择的权力。人才流动都取决于户口能否迁移，目前的户口迁移体制从设计上来讲，有着特别强的限制劳动者迁移的功能，有许多规章制度阻碍劳动者在地区之间的流动，劳动者自主居住的权力很少，也成为劳动者择业空间方面的障碍。因此，现行的聘任制没有改革人事管理计划体制结构的静态性。"单位所有制"问题没有解决，反而加强了人事管理体制结构的静态程度。

第三，希望通过聘任制的实行，推动人才合理流动，以达到优化组合的目的。由于计划体制下形成的人事管理体制的静态结构所制约，当前学校面临一个比较普遍的问题是，想进的人进不来，想流的人流不动，即使"动"了也是通过非正常手段的"调动"。想退出教育行业的教师一旦遇到行政或其他方面的障碍，他在教育岗位上尽力减少教学过程中实际劳动的消耗；若遇到退出障碍时，他或许会寻找第二职业，谋取薪金以外的收入，使本来有限的教学精力付之第二职业。特别对富余人员的安置，仍是一大难题，主要表现在学校消化渠道过窄，甚至不具备自我消化的能力，有的学校因为部分剥离人员上访告状，不得不把这些"优化"出去的人再"组合"进来。

第四，教师聘任制与社会改革不同步。人才市场和社会保障机制尚不配套，待聘下岗位人员的交流政策和管理网络还不完善，富余人员再就业渠道不宽畅。我国现行的社会保障制度是适应计划经济体制要求建立起来的，带有供给制的色彩，覆盖面过窄，社会化程度低，保障功能差。就学校而言，目前仍未摆脱行政"附属"的关系，基本上与行政单位一样，由人事部门履行养老保险职能，由卫生部门履行医疗保险职能，所有这些保险制度实际上是通过有关人员所在单位来实现的，造成了事实上的单位保险，在这种传统的社会保障制度下，一个人一旦离开了所在"单位"，就会失去相应的社会保险待遇。因此，严重制约了劳动人事制度从封闭管理向开放型管理转变，阻碍了教师人事管理体制改革的全面深化。

实行聘任制取得成功的国家的经验表明，实行聘任制要具备以下基本条件：①有足够的教师后备资源；②有自由的劳动力市场，人员流通渠道畅通；③教师工资福利相对较高，教师职业具有一定吸引力。因此，要使我国中小学教师人事管理制度适应社会主义市场经济的发展，深化教师人事管理体制改革，真正落实聘任制，迎接21世纪教育对教师素质要求的挑战，需要我们积极大胆探索和谋求良策。

二、教师聘任制的学校内部运行机制

从学校内部管理运行机制看，深化以人事分配制度为重点的学校内部管理体制改革，其核心在于运用正确的政策导向、思想教育和物质激励手段，打破平均主义，实行多劳多得、优质优酬、优胜劣汰的市场原则，调动广大教师积极性，提高教师队伍素质，转换学校内部运行机制，提高办学水平和效益。因此，完善教师聘任制的学校内部运行机制须做好五个方面的工作：

（1）完善学校内部人事管理体制，必须以校长的领导素质为前提。因为校长作为党和国家教育方针政策的执行者和学校工作的组织领导者，不应是图解政策的"传话筒"或一定体制下的"维持会长"，而应是根据党和国家所确定的教育方针政策和当代教育发展规律结合本校而确定新思路、构建出实施管理新格局的理性大师。这种管理新格局体现校长的管理思想，展示校长的开创能力，主要表现在三个方面：一是改革，就是要求调动全校师生员工的积极性，发挥其主动性，改革掉那些过时、陈旧的教学思想、方法和管理观念，树立现代教育管理的本质观、价值观、实践观、质量观。二是开放，就是要有对社会发展具有敏锐的洞察力，能站在当代社会政治、经济、文化发展的大背景下审视教育，驾驭学校管理活动。三是搞活，就是要善于吸纳现代教育信息，聚集各种力量，办好自己的学校，进而强化校园文化意识，创设一种宽松和谐的教育、教学、教研氛围，使之成为一种具有强大凝聚力的文化"场"，使学校需要的教师"进得来、稳得住"。

（2）学校要建立公平的竞争机制。每个教职工在竞争面前人人平等，只以能力高低为用人的唯一标准。如实行职称双轨制，既有国家核准的，也有校内因事设职，因职定人，按职给薪，只有这样才能做到人事相宜，破除论资排辈，以利于优秀青年教师脱颖而出。给一些骨干教师以相应的报酬和待遇，以优厚稳定的待遇来吸引人才，为学校发展提供充足的教师资源存量。

（3）学校要建立一个有效的内部调节机制。一个学校因分工不同，年级有高低之分，学生的学力情况不等，学科分类有别，必然有多种不同的工作岗位，这些岗位中，又必然有优劣之分，每个人都想从事较好的职业岗位，而事实上不可能所有人都从事同一种职业岗位，所以哪怕是公平竞争，也有必要对那些不能如愿的教职工的积极性产生一定的影响。因此，学校应建立一种有效的内部调节机制，如通过工资等因素来进行调节，如同市场中价格的调节作用。

（4）为教师的成长提供发展机会。1961 年，美国教育协会在发表的《谁是优良教师?》一文中指出："教师被评定的成绩，在其任职的最初阶段是随着实践经验的增加而呈迅速上升趋势的，以后五年或更长时期进步速度逐步呈下降趋势；再以后十五至二十年无多大变更，最终则趋于衰退。"因此，在职教师的进步并不是绝对随着教学时间和教学经验的增加而直线向前的，而是会有曲折乃至倒退。这就要求学校内部为其所使用的教师在业务培训与提高、升迁等方面提供发展的机会，并给其与职位职称相对应的各种合法权力。

（5）要大力提倡爱岗、敬业和奉献精神。因为实行教师聘任制涉及到每个教师的切身利益，所以要做好教职工的思想政治工作，尤其是落聘人员的工作。尊重教师，理解教师，化一切消极因素为积极因素，调动教师献身教育事业的积极性。

三、教师聘任制的学校外部运行机制

从学校外部管理运行机制来看，学校作为社会大系统里的一个子系统，教师聘任制应在社会主义市场经济体制的大背景下实行合理的人才流动。但是，中小学教师聘任制运行的外部条件主要取决于我国教师人事管理体制的改革，即计划经济的静态体制结构向市场经济的动态体制结构转轨。因此，可从以下几方面进行完善：

（1）从某种意义上说，中小学教师聘任制的动态性功能要求必须有与之相匹配的动态性体制结构。在市场经济体制较完善的发达地区，要逐步排除教师合理流动的地域屏障，关键是解决好现行的教师户籍管理制度。纵观世界发达国家，人口管理制度无不为此开绿灯，吸收外来优秀人才。我国可以借鉴国外相关经验，结合本国实际，充分利用和完善现行的居民身份证制度，教师资格证书制度，再建立健全一些居住方面的法律法规，逐步改革现行的户籍管理制度。废除教师的所有制身份制度，废除目前用人单位之间实行的档案必须随职工干部调转同往的制度，新的用人单位可以通过其他途径对求职者进行全面公正的考核，但档案不是考虑求职者是否可被录用的依据。户籍管理体制应顺应破除"三铁"和劳动力市场发育的需要，取消一些人口迁移方面的限制，特别是应取消各地区自行规定的种种迁移收费，从而给劳动者更大的选择居住地点的权力。

（2）进一步深化教师工资分配制度的改革。教师工资的改革应考虑到：其一，教师劳动在一般情况下是素质较高的劳动力，需要较多的培养成本。同时，教师的劳动也是复杂程度较高的劳动，能创造较多的价值。因此，教师工资应能够较准确地反映教师劳动力培养成本和教师劳动贡献。其二，在市场经济条件下，充分利用价格信号这个基本手段，建立教师工资动态化增长机制。目前教师工资的定期增长制，对市场的反映灵敏度较低，也欠缺全面性。因此，教师工资增长系数应充分考虑市场的随机性，可以参照物价指数、国民经济增长指数、全国平均工资水平等作出相应的调整，使教师的工资处于动态的较高水平，从而吸纳社会其他行业更多符合条件的人选择教师职业，开发教师队伍的后备资源。

（3）我国将长期处于社会主义初级阶段，地域辽阔，人口众多，底子薄，地区之间发展不平衡，经济发达地区与欠发达地区并存的二元经济结构将长期存在。这些基本国情告诉我们，我国中小学实行聘任制的整体改革，不宜整齐划一，而应考虑到发达地区与欠发地区的差异，实行分类指导，区域推进。例如，在一些老、少、边、穷地区，在传统的计划调节的基础上，引进市场的调节机制，促进教师队伍结构与办学规模结构的协调，同时缓解教师供给与相对落后的地区办学需求的矛盾，合理有效地配置教育资源，为当地教育发展与改革服务；可以在一定区域内实行学校与学校之间、区域之间合理流动，让教师在计划与市场结合中得到合理流动和使用，最终达到区域性人才结构布局的动态平衡。

（4）在进一步深化教师人事管理体制改革的过程中，应采取一种新的改革思路，即根据我国干部人事制度的实际情况，在承认和保留现有教师身份及相应待遇的基础上，先将用于社会保险的经费单列出来，并设立相应的社会保障机构负责集中管理，与原来其他经费脱钩，逐步剥离学校的社会保障功能，逐步实现社会保障体系的社会化。这样既可以有效地减轻"学校办社会"的沉重负担，又可以改变社会保障单位化、部门化的严重弊端。

（5）建立并完善相关的政策法规体系。为了实现教师合理分流，政策可以采取劳动人事政策法律等方式，来引导和规范各类人才和劳动市场，调节和规范各类组织机构的用人行为，以实现国家的某些特定的政策目标。中小学实行教师聘任制是一种法定的行政行为，不能随意另立章法，应注意政策的连续性，在现有政策法规的范围内，严格按照规定程序实行聘任，完善中小学教师资格制度，以便对中小学教师的任用条件、任用程序和教师来源等作出严格规定。

综上所述，在社会主义市场经济体制下，如何将中小学教师聘任制推向纵深方向发展，国情与旧体制的静态结构特点决定了我国中小学教师人事管理体制改革，只能采取由内部向外部渐进渗透性的方式，以期通过完善学校内部管理机制，逐步建立学校外部调节机制，在国家政策宏观调控下，实行分类指导，区域性推进的改革战略，建立起与市场经济相适应的新型劳动人事制度。随着人才市场的建立和社会保障体系的日趋完善，中小学劳动人事制度改革必须加快从学校内部封闭型管理向社会开放型管理转轨，建立起与市场经济发展相适应的"进得来，出得去，稳得住"的动态平衡机制，以致最终达到教师队伍在流动中优化结构，在流动中提高质量，在流动中增强活力的目的。

第二节　"末位淘汰制"的制度分析

末位淘汰制是指组织根据自己的总体目标和具体目标，通过科学的评价手段对员工进行考核，根据考核的结果对排名后的员工进行淘汰的绩效管理制度。有学者认为它的实施大大调动了员工的工作积极性，有利于避免人浮于事，效率低下的不良状态；也有学者认为末位淘汰制不符合人本管理的思想，容易造成员工心理负担过重、同事关系紧张等恶性情况。人们对末位淘汰制的看法也莫衷一是。

"末位淘汰制"，是一种强势管理制度。在中小学的运作过程是：先制定教师绩效考核标准或教师业绩考核标准；然后由全体教师或教师代表和所任教学生对述职对象（所有教师）逐一进行民主评议；最后经过汇总统计，按照事先规定的比例（如5%或10%），把排名末位的或排名靠后的教师予以淘汰。"末位淘汰制"的理论基础，是美国通用电气公司总裁杰克·韦尔奇的"活力曲线理论"，亦称"强制淘汰曲线理论"。其主旨是：组织只有淘汰相对较差的员工，实行优胜劣汰，进行不断的优化组合，才能唤醒员工的潜能，激发活力，最终激活整个组织。它于20世纪90年代被引入我国，首先是在厂矿企业推行，接着是在政府部门和新闻媒体推广，然后是在中小学试行。在此，笔者对"末位淘汰制"的目的和作用、可能产生的负面效应以及实施操作过程中需注意的问题做一些探讨。

一、"末位淘汰"的目标和积极作用

"末位淘汰"的根本出发点在于：一方面，通过不断地去芜存菁，持续提高组织的整体人力资源素质。杰克·韦尔奇认为："对人来说，差别

就是一切。"通过不断地识别人的差别，持续地进行区分和淘汰落后者，从而使个人走向卓越，使组织趋于完美。另一方面，作为绩效管理的一个强化手段，迫使各级管理者做出决定，让下属传递明确的绩效信息，使下属认清自己在组织中的位置，从而不断改善绩效。"绩效管理是一个世界性难题"。到底难在哪里？其实，关键在于管理者出于自身的"亲和动机"，碍于情面不敢向下属传递明确的绩效信息，即使组织建立了再完善的 KPT（关键绩效指标）体系和考核制度，也最终流于形式，而强制性的"末位淘汰"可以克服这一缺陷，让下属有准确的绩效信息。作为一种绩效管理制度，末位淘汰制在适当的条件和环境下有其积极作用：

（1）目前随着人口出生率的下降，一些地区的中小学尤其是小学的生源急剧下降，小学、初中教师出现结构性过剩，而我国中小学普遍缺乏合理的有效的教师辞退机制。在这种情况下，学校有可能采用末位淘汰这样一种变形的辞退机制，以求加速人员流动，在一定程度上改善教师资源的配置状况。

（2）引入竞争机制，提高工作效率。末位淘汰制是一种强势管理，旨在给予教师一定的压力，激发他们的工作积极性和主动性，克服劳动低效，通过人人自危的压力来盘活整个教师队伍的工作动力系统。

（3）通过畅通教师准入和退出机制，择优补充教师资源，有利于引进新的人际关系资源，带来新思想、新观念，改善知识和学缘结构，优化教师队伍的整体结构。

二、教师"末位淘汰制"的政策分析

（一）缺乏应有的法律依据

《教师法》第三十七条规定："教师有下列情形之一的，由所在学校、其他教育机构或者教育行政部门给予行政处分或者解聘。（一）故意不完成教育教学任务给教育教学工作造成损失的；（二）体罚学生，经教育不改的；（三）品行不良、侮辱学生，影响恶劣的。"其中，完全没有"考核结果排在末位的教师要被解聘"之意。又依据《教师法》和《教师资格条例》之规定，教师资格证书的获得是从教人员进入教师队伍的前提条件，凡是持证在岗的教师，就取得了合法教师地位，那么一旦受聘且聘期未满，就不能因为其名次排在末位而被淘汰解职，这是有悖于相关法律的。

从《劳动法》的角度分析，劳动合同的订立、履行、变更和解除是校方和教师双方的法律行为。劳动合同一旦签订，就对双方当事人产生了法律约束力。在劳动合同期限未满之前，任何一方要想解除，都必须有法定或约定的理由，否则是不合法的。通过实施"末位淘汰制"，校方以某些教师工作业绩排在末位为由把他们淘汰出去，其实质是校方与教师解除劳动合同的行为。这种做法是没有法律根据的，很容易产生法律纠纷，学校在今后很可能面临被起诉的危险。《中华人民共和国劳动法》第二十三条规定："劳动合同期满或者当事人约定的劳动合同终止条件出现，劳动合同即行终止。"基于这项规定，如果校方在与教师签订无固定期限劳动合同时，把"在业绩考核成绩中排列末位"约定为劳动合同终止的条件，就另当别论了。不过，校方在劳动合同里作出如此明确的约定之前，必须考虑这种方式给应聘教师带来的思想负担以及可能产生的负面影响。

（二）缺乏相应的组织制度文化环境

"末位淘汰制"在厂矿企业、政府部门、新闻媒体等获得了成功，有人由此认为，"末位淘汰制"在中小学同样能够获得成功。其实不然，中小学与厂矿企业、政府部门、新闻媒体等之间存在着组织、管理、人员、资源等方面的差异。中小学并不具备必要的组织文化环境。

首先，"末位淘汰制"需要相当的组织规模。这个组织的员工素质和表现应该符合统计学中的所谓正态分布，即大多数人表现一般，表现很好和表现不好的人都是少数。这种正态分布在员工规模较大的单位是成立的，但是在一个只拥有几十位教师的小学或中学里，教师的表现不太可能符合正态分布。譬如，大多数教师表现都很好，或者大多数教师表现都很不好，在他们之间可能并不存在"真正的"表现很差的 5% 或 10%。在这种情形下，"末位淘汰制"只能违心地、硬性地把"所谓"的 5% 或 10% 最差的教师淘汰出去。

其次，"末位淘汰制"需要健康的组织文化。"坦率和公开"的组织文化是实施"末位淘汰制"的基石。美国通用电器公司总裁杰克韦尔奇曾经对活力曲线（即"末位淘汰制"）作过一段精彩的阐述："我们的活力曲线之所以能够发生作用，是因为我们花了 10 年时间在通用电器公司建立起一种绩效文化。在这种文化里，人们可以在任何层次上进行坦率沟通和回馈。坦率和公开是这种文化的基石，我不会在一个并不具备这种文化基础的企业组织里强行使用这种活力曲线。"目前，我国部分中小学可能并不具备这种以"坦率和公开"为基石的组织文化。在这些中小学实施"末位淘汰制"完全可能演变为某些领导打击"异己"的借口，甚至变成了某种内部利益交易。

最后，"末位淘汰制"需要一定的行业特点。"末位淘汰制"特别适合于某些替代性较强的岗位，如厂矿企业的销售岗位、计件工作岗位。这些工作岗位的工作性质和工作要求基本相同，其考核指标比较简单一、容易量化。对于一些岗位业绩不易评估、要求创新性较强、以知识和技术密集为主的岗位，如教学、研发、设计等工作岗位等，则不宜采用"末位淘汰制"。

实际上，在中小学里确定业绩排名末位的教师并非一件轻而易举的工作。教师承担不同学科的教学工作，他们的工作性质、工作要求和工作业绩大小不具备可比性。如果要真正实行"末位淘汰制"，就应该在同一学科的教师中淘汰业绩排名末位者，比如，把同一教研组里排名末位的教师淘汰出去。这样，在规模较小的学校中又遇到麻烦。譬如，在一所只有30个教师的学校，任何一个教研组的教师人数都在10人以下。如果确定5%或10%的末位淘汰率，校方只能把全校30个教师作为一个整体，于是就有了3个可以淘汰的名额。但是，这是一个很棘手的问题，因为每个教师的工作岗位和工作要求是不一样的，评价标准必然是不一样的。

（三）缺乏完善的相应配套保障措施

学校实施"末位淘汰制"，必将对教学工作、教师培训、教师分流等产生重大的影响，从而产生一系列新的问题。因此，学校在实施"末位淘汰制"之前，必须相应地调整原有的规章制度，使各项工作相互配套，建立完善的保障措施。其中包括：必须拥有一支预备队伍。"末位淘汰制"把一定比例的教师淘汰出局，必然需要拥有一支预备顶替的教师后备队伍。如果校方立刻从就业市场招聘到同等数量的教师，很难保证新招进来的教师更合适。有时候，这种"换血"会产生得不偿失的结局。

必须提供待岗培训和重新上岗的机会，从而形成一个"上岗——淘汰——预备力量顶替——（淘汰人员）待岗培训——重新上岗、转岗或下岗"的良性循环系统。

必须建立有效的管理和分流机制。在实施末位淘汰时，学校必须正视和面对一个现实：一方面我国就业形势相当严峻，另一方面教师队伍需要优化组合。如果让被淘汰的教师一律"下岗"，必然会加剧就业市场的负担。因此，我们必须为被淘汰的教师建立有效的管理和分流机制。对于被淘汰的教师，校方不应该轻率地以"下岗"论处，应该给予一定的"出路"。譬如，提供重新培训的机会，如果培训考核合格，允许他们重新走上教学岗位，如果培训考核不合格，可以调换到新的工作岗位，以便发挥其特长。如果以上做法都不见效，学校可以推荐他们到其他行业或其他单位工作。这种人性化的管理不仅会减缓实施"末位淘汰制"可能遇到的阻力，而且可以树立良好的学校形象。

三、中小学实行"末位淘汰制"产生的负面效应

(一)中小学把末位淘汰制直接引入学校略显仓促

实施末位淘汰制需要很多基础条件,其中最重要的两个管理基础是绩效管理制度和职业发展计划。其中,绩效管理的重点是制定科学的绩效衡量标准,能够有效地界定教师的工作业绩;而职业发展计划重在强调对教师的胜任能力进行全面分析,区别教师的优势和劣势,能够对教师的职业发展提供指导意见。教师业绩不佳,有时并非其不努力工作,也可能是由于其自身的资格条件和工作不匹配,或者技能不足。中小学不分青红皂白,简单地依据绩效考核得分而淘汰教师显然是不可取的,这会极大挫伤教师的积极性,给教师造成太大的压力,更不利于新教师和年轻教师成长。新教师和年轻教师刚刚走上教学岗位,经验比较缺乏,需要得到资深教师的关心和帮助。在实施"末位淘汰制"时,他们肯定是弱势群体,处于相对不利的地位,难以应对"末位淘汰制"的巨大压力,从而影响学校的教学效果和教育质量。

(二)并不是所有岗位都适合实施末位淘汰

实施末位淘汰的岗位应该具备三个特点:①岗位性质比较相似,因为只有岗位相似,其绩效得分才有可比较性;②岗位上的人数较多,最好大于30人,只有这样,才能符合正态分布的基本数量要求;③岗位的独立性较强,基本上可以独立完成任务。依据这三个标准来判断,中小学的淘汰制度显然是有问题的。虽然同属管理序列,但是比如不同年级、不同学科之间以及同一年级的不同班级、同一班级中的不同学科之间,其工作岗位的层次差异和学科类别等的岗位之间是不具有相似性的,比较这些岗位任职者的绩效得分是没有太大意义的,因为,岗位不同,衡量标准不同,工作难易程度不同。不能把用学生的分数进行简单的比较,因为不同年级的学生以及同一年级的学生之间差别很大,很难具有比较性。更为重要的是,学校年级不同学科的岗位之间需要较强的团队协作,而在末位淘汰制度的压力下,很多人为了保全自己,维护自己的相对排位,有意识地不再和其他部门的同事分享有价值的信息和工作经验,结果削弱了团队协作性,从总体上降低了学校的工作效率。

(三)容易滋生不正之风

民主测评,说到底就是凭印象打分,人为因素较大。"末位淘汰制"容易在教师之间产生猜疑和隔阂,致使部分教师热衷人际关系,逢迎拍马或投人所好。比起工作业绩来说,教师会更加关心自己的排名。如果学校

主要领导的态度在"末位淘汰制"中起着决定性作用，某些教师可能采取阿谀逢迎之术，想方设法讨好领导；如果学生参与"末位淘汰制"的评价工作，某些教师可能取悦学生，迁就学生，不敢批评学生。虽然末位淘汰给了员工更大的工作压力，在某种程度上提高了企业的效率，也处理了几个工作拖拉、责任心较差的员工，但是，末位淘汰却让大多数员工战战兢兢，人人自危，团队协作精神大大降低。

（四）不利于教师资源的均衡配置

众所周知，不同地区或同一地区中的不同学校的师资质量存在着较大的差异。一般而言，名牌学校、重点学校师资质量明显高于一般学校的师资质量。如果在名牌学校或重点学校实施"末位淘汰"，就可能把原本素质较高的教师淘汰出局。即便再去招聘新教师，其素质也未必能够超过被淘汰出局的教师。如果在一般学校实施"末位淘汰制"，末被淘汰的教师也未必是素质较高的教师。这不仅无助于优胜劣汰，反而容易导致劣胜优汰，背离了"末位淘汰制"的初衷，走到了良好愿望的反面。

四、实施"末位淘汰"制度的改进措施

（一）不再将不同学科岗位的教师进行绩效得分方面的比较

学校依然采取末位淘汰制度，但是调整了淘汰率的使用方式，不再机械地让所有年级执行5%的淘汰比例，而且淘汰的依据不再是人与人之间进行比较，而是将个人的工作结果和工作标准进行比较。新的制度规定，根据个人的工作成果与工作标准的差距，将教师分为A、B、C、D四类，其中D类教师被定义为：完成任务的情况与标准之间有较大的差距，经常不能按时完成岗位的绩效标准。如果教师连续三个月绩效考核结果为D，就需要离开岗位，参加学校组织的培训。如果培训不合格，就将被淘汰掉，但是如果培训合格，仍有机会重新竞聘原来的岗位。

（二）加强制定教师职业发展计划

在学校内部提倡"以人为本"的口号，并且将"以人为本"定义为"发挥每个教师的优势，让每个教师乐在工作"。在这一理念的指导下，学校着手为教师制定个人职业生涯发展计划，并协助各年级负责人进行岗位分析，针对岗位性质的不同提出了岗位的任职资格，然后，通过人力资源测评软件等辅助手段，帮助年级负责人了解教师的行为特征和岗位胜任能力。

（三）重新设计评价主体

不管是年级负责人还是普通教师，其业绩均有直接主管进行评价。自

上而下的考核方式，使各部门之间不再心存芥蒂，协作性逐步得到加强。

（四）强化培训

学校根据岗位性质和岗位层次的不同，设计个性化的课程，以弥补教师技能不足。比如，针对组织教学能力差的教师，设计管理技能课程，重点培训时间管理、沟通和冲突、绩效辅导等团队管理课程，而对知识教学水平差的教师则加强专业知识和专业技能训练。

从理论上讲，能够产生公平竞争、适者生存、激励员工、淘汰后进、保护优秀等效果。然而，在中小学实施"末位淘汰制"，也可能产生一系列负面效应。譬如，给教师造成不必要的压力，也不利于教师潜能的发挥，影响团队精神的形成。学校教育是一项系统工程，靠教师个人的力量根本无济于事，只有全体教师通力合作才能确保教学质量。团队精神克服了教师个人能力的局限性，使全体教师共同奋斗，达到"1＋1＞2"的效果。经验表明，"末位淘汰制"是一种过渡性的教师评价方法，比较适合下列情况：①新创立的组织。面对管理比较混乱、规章制度不健全、缺乏竞争机制、员工素质不高的局面，实行"末位淘汰制"有助于激励员工，提高工作效率。②"人治"严重的组织。实施"末位淘汰制"，有利于加强制度管理，创造一个公平竞争、人才脱颖而出的环境。③甄别、选拔和淘汰领导干部。从长远看，"末位淘汰制"是一种过渡的管理制度。现代社会大力倡导"以人为本"和"人文关怀"，越来越尊重知识、尊重人才，包括中小学学校在内的任何组织发展到一定阶段，必然提倡人性化的民主管理。"末位淘汰制"的残酷后果，不利于创造和谐宽松、相互信任的组织文化。鉴于"末位淘汰制"暴露的种种弊端，目前已经有很多学者提出使用"标准线淘汰制"来替代"末位淘汰制"。

第三节　农村代课教师退出机制

为了规范教学和提高基础教育教学质量，2006 年 3 月 27 日教育部发言人宣布，将在很短时间内对代课教师实施全面"清退"。此话一出，立刻引起了较大争议，农村代课教师这支特殊的教育群体也受到了前所未有的关注。近年来，随着政府对义务教育体制改革的推进，东、中部地区城市代课教师几乎已不复存在，但在农村教师队伍中，代课教师仍占据着较大的比例。截至 2005 年，我国西部地区 12 个省、市、自治区共有代课教师 50.6 万人，约占西部农村教师总数的 20%。以每名代课教师带 20 名学生计算，他们至少承担了 1000 万农村孩子的教育任务。西部农村代课教师作为我国代课教师队伍的主体，总体而言存在着素质偏低、结构不合理、流动性大等诸多方面的不足和弊端，长期存在必然会给教学质量及国民素质的提高带来一定的消极影响。但实施"清退"政策已有几年时间，问题似乎并没有得到实质性的解决，甚至有些地方还出现了代课教师的"反弹"现象。面对这种情况，笔者认为还应从农村代课教师的存在基础着手，多角度出发考虑问题的解决途径，以消除其存在基础为出发点和落脚点，彻底解决农村代课教师问题，促进农村基础教育的发展。

一、代课教师的基本情况及其生存现状

（一）主要分布在经济相对落后的农村

代课教师，即编制外教师或非正式教师。据教育部统计，目前全国有中小学代课师 44.8 万人。代课教师主要分布在西部地区，陕西、四川、甘肃省分别约有代课教师 2.5 万名、2.9 万名和 3.2 万名，平均分别约占 3 省教师总数的 4%～12% 左右。甘肃省天水市、陕西省商洛市两市的代课教师数占当地教师总数的比例都超过 10%。代课教师又主要分布在乡镇以下农村学校。全国现有的 44.8 万名代课教师分布在农村公办中小学的大约有 30 万人，占全国农村公办中小学教师总数的 5.9%，占代课教师总数的 70%。天水市、商洛市、成都市在农村小学任教的代课教师都占当地代课教师总数的 83% 以上。

（二）来源比较复杂，整体素质有所提高

代课教师一部分是由于种种原因没有转正却因工作需要未被辞退的民办教师转变而来的，一部分是 2000 年国家取消民办教师后，为补充农村学校师资力量不足聘用的，这部分人是代课教师的主体。通过函授、高自考等形式的学习，他们中的相当一部分已取得了大中专学历和教师资格。甘肃省天水市、陕西省商洛市和四省川成都市有 1/4 至半数的代课教师已具有中专、中师以上学历。河南省安阳市的代课教师大部分是师范毕业生，具有教师资格；陕西省丹凤县的 151 名合同制代课教师中有 136 人取得了教师资格，甘肃省天水市的 3577 名代课教师中有 1205 人取得了教师资格，分别占总数的 90%、33.69%。

（三）工资待遇普遍较低，负担重，条件苦

（1）工资水平低并得不到保障，大多没有参加基本的社会保险。代课教师工资支付标准没有统一规定，大多月工资在 150～400 元之间，不少地

区寒暑假不发工资，有些地区规定只发 10 个月的工资。教师如果请病假、事假，甚至女教师休产假，都要扣发工资，学校要用扣下的工资另行聘请代课教师。工资的发放得不到切实保障，主要由县级财政或学校筹集管理，也有部分是双方共同负担，但由于资金筹集等问题，经常出现拖欠或变相拖欠，有的按月发，有的按学期发，甚至按年度发。一些市、县教育局这些年一直在呼吁给代课教师加工资，但全县数百上千名代课教师，如果每人每月涨 100 元，一年就是几十、上百万元，县财政负担不起。教育行政部门缺少专项资金，代课教师大多没有参加养老、失业、工伤、医疗等社会保险，也没有住房公积金等社会福利。

（2）与公办教师同工不同酬。代课教师工作量与公办教师是一样的，有的甚至更大，但待遇差，工资普遍不高。一般县聘代课教师的工资收入只有当地公办教师的 $1/8 \sim 1/3$。乡村教师更少，仅为 $1/10$ 左右。河南省济源市农村中小学公办教师月平均收入是 1300 元，县聘代课教师是 $350 \sim 600$ 元；安阳市公办教师月平均工资是 1200 元，局属和区属代课教师月工资分别是 $300 \sim 700$ 元、$300 \sim 500$ 元；陕西省商洛市公办教师月工资为 $800 \sim 1400$ 元，最高 1600 元，代课教师大多为 300 元左右。

（3）工资收入低，难以负担自身的学习费用和维持基本生存需求。2001 年，国家颁布了新的教师学历标准和实行教师资格证书制度后，代课教师们为了取得正式教师资格证书，不惜举家节衣缩食甚至借债投入了达标学习。例如，近几年读陕西师大的函授本科每年学费 3000 元，读陕西教育学院的函授学历每年学费文科 1100 元、理科 1300 元，还有不菲的教材费、资料费、考试费。据了解，一个中专或高中毕业的代课教师要取得大专文凭，一般要自费 $5000 \sim 7000$ 元的学费，这对一个每月收入只有二、三百元的代课教师来说，是非常沉重的负担。

二、全面清退机制给代课教师可能导致的后果

如果硬性实施全面"清退"代课教师的政策，可能会导致以下后果：

（1）空缺无人填补，大量老少边穷地区的孩子将失学。陕西省丹凤县教育局局长叶朝阳不无忧虑地说："希望代课教师能继续留在教育战线，如全部离开，整个农村教育将处于半瘫痪状态！"代课教师大多分布在边远偏僻的农村小学或教学点，有的 1 人就是 1 校。一旦他们离开，地方财政解决不了重新安排公办教师的工资问题，即使解决钱的问题，但在环境最艰苦的地方，公办教师很难去或根本就不会去，教学点就将关门，学生就会失学。如果让小学生到离家很远的地方上学，会出现安全问题，家长

和学校都不放心；如果要寄宿，则又涉及到学校的接纳和管理能力、小学生特别是初小学生的生活自理能力以及农村家庭经济负担不起的问题。在一些有公办教师的农村小学，代课教师被清退虽然不会导致学生失学，但势必增加在任教师的工作量，影响教学质量。如果让城市支教者或者师范实习生去填补代课教师的空缺，尤其是少量的、短期的和不稳定的，就只能补充农村教师的权宜之计。

（2）贡献难以得到补偿，有失社会公平和正义。代课教师在常年从事教学的同时，对教学工作建立了深厚的感情。他们多年工作在条件最艰苦的农村，待遇极其低微，是他们支撑着穷困山区的农村教育。其中，不乏经验丰富、师德高尚的优秀教师，他们中的许多人历尽千辛万苦通过自学考试、函授等形式取得了大中专学历，拿到了教师资格证，从心理上对教师职业产生了一定的依赖性。调研组走访了曾就代课教师问题上书教育部、时任甘肃省渭源县委副书记的西北师大党委宣传部副部长李迎新，他谈到，在物质上代课教师不仅没法与公办教师比，甚至在当地农村也是最穷的，他们真是太善良了，虽有随时被辞退的可能，但是对农村教育的奉献最多，没有他们，中国西部农村的基础教育将不可想象。在错失人生最佳择业期后，民转公或被政府录用便成了他们最大的人生愿望。从道义上来说，代课教师在艰苦的地方对中国教育作出了巨大的贡献，到头来却面临被"清退"的命运，显然人们和代课教师群体都难以接受。代课教师中许多人人生的黄金时间都站在三尺讲台上而没有学会其他的一技之长，如果只是一纸"清退"令就剥夺了他们的工作，对他们来说就意味着失业，是极其不公平的。

（3）容易引发社会问题，导致群体事件。面对"清退"政策，一些工作在第一线的地方教育行政管理部门也有苦衷。甘肃省天水市教育局认为，"全部清退代课教师不能体现人文关怀，不符合尊重人才、珍惜人才的方针。"陕西省丹凤县教育局认为，"一刀切清退代课教师很不现实。如该县一次性清退 600 名代课教师，就要一次性补充 600 名正式教师，并且被清退的这批教师如何安置就是个大问题，更重要的是牵扯到社会稳定问题，也影响到他们的权益保障问题，很可能会引发群体性上访。"在调研中我们了解到，一些地方教育行政部门和学校执行"清退"政策表现出一定的灵活性，如给被辞退的代课教师一定的经济补偿，采取"退一补一"的办法辞退代课教师等等，但苦于缺少政策支持和受财力的限制，不能从根本上解决问题。

三、对代课教师的清退机制的改善建议

政策支持和受财力的限制，不能从根本上解决问题。代课教师是教育系统的"农民工"，其待遇甚至还不如农民工，是地地道道的弱势群体。他们的权利被忽视和侵害，比如他们的低工资有悖于现行的劳动工资政策。第一，违反了按劳取酬这一劳动者法定的权利。教师工作是专业性强、要求高、承担教书育人责任的脑力劳动，本应得到更多的劳动报酬。第二，违反了国家工资保障制度。代课教师工资大多为300元左右，有的才几十元，大大低于甚至几倍低于最低工资标准。第三，违反了同工同酬原则。在现行的体制安排中，他们往往"集体失语"，但这"沉默"很容易被打破，并有可能留下类似处理民办教师时的后遗症。对于这种清退机制，笔者在此要提出一些相关的改善建议：

（1）合格人员转为正式。"学历合格、素质较高、取得教师资格的代课教师，可以根据需要，通过适当的形式参加招聘，取得正式教师的资格。"代课教师群体中，一部分人在教学的同时，通过各种途径获得了相关学历证书，按照有关规定，取得了教师资格的这部分人可以从事教师职业，可以根据实际来参加招聘。不过代课教师整体学历水平较低，高中及高中以下学历的多，大专以上学历的比较少，大多数在乡村小学代课。

（2）清退工作不设期限。这是符合实际的做法，代课教师的形成在各地比较复杂，给出一个时间表，在执行过程中就有可能出现不和谐或损伤有关方利益的现象，所以，教育部发言人表示"不是说截止到今年12月31日为止，所有的代课教师都必须清退"。如果对方签订了协议合同，那就遵照合同期限。清退工作并没有最后的时间表，这样也为解决遗留问题提供了空间和时间。各地就可以按照实际逐步加以解决。不过，解决问题的时间和空间也不是无限的，"比方说某代课人员和学校签订了100年的合同，那显然是不合适的，这就要废除。"

（3）辞退代课教师要有补偿。根据规定，在清退待清退代课教师的过程中要按政策合理地解决这一问题，要本着"尊重历史、面对现实、实事求是、逐步解决"的原则，对取得教师资格的代课教师予以录用，对未取得教师资格或不合格的代课教师清退时要按照"谁聘用，谁清退；谁清退，谁补偿"的原则给予一定的经济补偿。

通过以上分析，理性地总结出农村地区的代课教师，是在中国教育最需要也最艰难的历史时期，撑起了中国教育的一片天。他们在偏远的农村地区，在地方财政难以供养正式教师的地方，为那里的孩子传授知识，以

他们的心血浇灌着祖国的未来，为我国农村的基础教育及农村经济社会的发展，做出了不可磨灭的贡献。这是应当被我们所承认的，因此对于清退代课教师这一关乎民生的政策，相关部门应谨慎理性实施，让代课教师稳妥地得到应有的安置，让农村基础教育稳定、积极地发展下去，为农村经济的繁荣铺垫出更坚实的基础。

第四节　教师聘任制有待完善的问题

新世纪以来，国家针对基础教育人力资源的配置方式、教师管理模式和运行机制等方面出台政策，为进一步深化中小学人事制度改革打开了新的局面也提出了更加紧迫的任务。中小学教师聘任制的政策不仅体现了行政技术问题，同时折射出的政府的行政理念走势，即法制化的政策过程和政策执行，是现代化民主政治国家应有的行政趋势。总之，法律是规则政治，将教师聘任制上升到法律层面，整个法理程序形成从制定、确立、执行到监督都是完善的且可操作的行动方案。关注中小学教师流动机制，完善教师聘任制以激发教师的工作热情，提高学校的管理效率。

一、转型时期的宏观背景下，实施教师聘任制的必要性

在计划经济体制下建立起来的传统人事管理制度是，教师作为国家干部，被纳入行政管理的系列之中，教师在任职、晋升、工资、福利待遇、退休等方面都与国家机关工作人员一视同仁。教育行政部门代表国家，根据上级下达的指标，通过行政任命对教师进行统一录用、统一管理、统一调配。根据当时的国情背景，发挥了很重要的作用。

随着我国市场经济体制的建立与完善，计划经济下形成的"全能政府"的模式必须予以调整，之前的被国家统得过死的教师人事管理体制，已不适应教师队伍发展的需要。政府职能与事业单位职能分开，建立"单位自主用人，人员自主择业"的人事聘任制度。从1992年开始，各地以《中国教育改革和发展纲要》为指导，加快了改革步伐，开始试图打破传统的计划体制，在学校内部和外部重新调整各方面的利益关系，探索建立适应社会主义市场经济体制和符合教育规律的教师人事管理新体制。同时，1993年颁布的《中华人民共和国教师法》和1995年颁布的《中华人民共和国教育法》也都以法律的形式规定学校和其他教育机构应当逐步实行教师聘任制。

经过一个时期以来的实践，教师聘任制显现出了重要作用：①打破了事实上存在的岗位职务终身制，优化了教师队伍，少数不适合教学工作人员受到了触动，多数在岗教师也提高了对自己的要求。②扩大了校长办学自主权，使校长有了一定的人事调配权，学校内部事务的决策权受到了尊重。③初步建立了竞争机制，打破了"大锅饭"、"平均主义"，改革了人浮于事的局面，激发了教师的工作积极性，提高了教育质量。④为中小学教师聘任制进一步深化改革积累了大量的宝贵经验。

因此，这项顺应教育改革与发展趋势的学校内部管理体制改革，积极推动了教育改革的深入发展。然而，由于受旧有观念和体制的影响和制约，改革过程中的很多细节上出现了问题与矛盾。

二、教师聘任制实施中存在的问题

（一）教师身份定位不明确

《教师法》第 3 条规定："教师是履行教育教学职责的专业人员，承担教书育人、培养社会主义事业建设者和接班人、提高民族素质的使命。教师应当忠诚于人民的教育事业。"立法者提出"专业人员"的这种制度安排，其目的是想打破旧有的国家统得过死的教师人事管理体制，建立一种能进能出的灵活的用人机制。但是，从事不同专业领域的人，又是不同领域的专业人员。例如，从事电脑软件开发的，我们称之为软件开发专业人员；教师，从事教育教学这个领域，按法律规定，也是专业人员。二者同为专业人员，但从他们的劳动对象和最后的劳动产出来看，前者面向的是物理零件、编码，通过科学计算、编排与调试等得出人们预想的科技产品，后者的劳动对象是人，是发展中的人，正是要通过教师的劳动而逐渐完善人的心智，特别是中小学教师的劳动对象，是一个生物意义上的人向社会人发展的重要基础阶段，因此，教师的劳动特点就比其他领域的专业人员显得更为意义深远，同时，赋予教师的责任也是艰巨的。

由此看来，同为专业人员，因不同的劳动性质、劳动目的，区别是很大的。这条法律规定虽然以法律的形式给予了教师神圣的地位，但仅用一个专业人员就定位教师的身份，太过于笼统，还是没有与其他专业人员区分开来。

（二）学校和教师的法律关系不明晰，造成聘任合同的定性不准确

在现实的学校管理中，教师和学校的法律关系具有复杂的行政关系、劳动关系和民事关系共存的局面。随着教师聘任制的实施，按照《教师法》的规定，"学校和其他教育机构应当逐步实行教师聘任制。教师的聘

任应当遵循双方地位平等的原则，由学校和教师签订聘任合同，明确规定双方的权利、义务和责任。"教师和学校的法律关系具有平等的民事关系。学校和教师间的关系已不属于计划经济体制下完全的行政关系，但义务阶段的学校又肩负着国家的教育职能和任务，在实际中又会发生一些行政行为的事实。所以学校和教师法律关系不明确而产生争议时，救济渠道不明确以及不确定到底适用哪些法规文件，有时候几种法律都适用，有时候没有可适用的法律。

也正是因为没有明确教师的身份和与学校的法律关系，在给聘任合同定性的时候会出现多种称谓，如行政合同、劳动合同、民事合同。现有的各种定性都可以找到相对应的法规文件佐证，但都没有回归到我们的教育实质上来，忽略了制定教师聘任制的终极目标。所以用不是解决教育的制度来解决教育问题，从发生学的角度看，不能满足人的需要，从经济学角度来看，没有发挥制度的经济效率原则。

（三）聘任合同不完善

（1）签订教师聘任合同的情况是，学校提供有限的岗位，可供学校选择的应聘人员很多，学校不担心招不到教师。自身符合岗位要求的应聘者，在同校方签合同的时候，显得比较草率，没有就教师的权利、校方的义务、双方违约时的处理方式、续聘解聘的条件及程序等诸多细节达成共识。此外，转型时期的人们对学校的地位还没有完全转变到与自己是平等地位这个观念上来，无形中助长了学校强势的地位。《教师法》第十七条规定，学校和其他教育机构应当逐步实行教师聘任制。教师的聘任应当遵循双方地位平等的原则，由学位和教师签订聘任合同，明确规定双方的权利、义务和责任。校方往往向拟聘用教师提供一份格式合同，这种合同条款由校方单方列出，没有经合同双方当事人共同商议，学校总是会或多或少的向着自己利益最大化的方向来设计合同内容，这显然对应聘教师是不公平的。缔结合同的基础就是双方地位平等以及达成合意，从以上的分析看来，这份聘用合同是否依法成立，是值得怀疑的。

（2）聘用合同内容较少，多数条款仅是原则性或概括性的规定，不具有可操作性。受聘教师的自身情况各有不同，男教师、女教师，老教师、新聘教师，在劳动能力和劳动效果上，都有明显的不同。更何况，课程有主次，教主科与教副科的教师其劳动强度也不同，往往教主科的教师还要肩负班主任的工作，这就要求在教好科目的同时，更要关注学生的身心发展。教师每天花费在学生身上的精力与时间，远远超过了八个小时。可以说，教师的工作，是体力与精神的双重付出。这样，不同教师在不同劳动强度下，签订内容无差的合同，这对劳动者是不公平的。

（3）申诉救济制度与聘任制初衷相违背。《教师法》第三十九条："教师对学校或者其他教育机构侵犯其合法权益的，或者对学校或者其他教育机构做出的处理不服的，可以向教育行政部门提出申诉，教育行政部门应当在接到申诉的三十日内，做出处理。教师认为当地人民政府有关行政部门侵犯其根据本法规定享有的权利的，可以向同级人民政府或者上一级人民政府有关部门提出申诉，同级人民政府或者上一级人民政府有关部门应当做出处理。"义务教育阶段的学校，由国家承办，教育行政机关授权于学校行使教师人事权。当教师与学校产生了权益之争，按此法律条款规定的申诉程序，教师只能向教育行政机关申诉，这实际上还是行政手段在起作用。而不能像其他劳动者那样，当与其用人单位产生劳动争议时，可以通过仲裁和诉讼解决。这不仅是缩小了教师救济的渠道，更是造成处于弱势的教师与强势的行政机关抗衡的局面，学校在争议中被架空，并且处于行政机关的保护中，不赋予合同主体诉讼的权利，说明在实际操作中，并没有将二者视为平等主体。

三、完善教师聘任制的对策

中小学教师聘任制对适应国家教育改革与发展的需要产生了极大的推动作用。改革过程中对教师的身份规定不明确、聘任合同的不平等等问题，阻碍着教育人事制度的改革，影响着教师聘任制优越性的发挥。因此，对教师聘任制的完善，可从法律层面和教师人才市场体系的建立与运行上着手。

（一）法律层面

1. 确定教师身份、学校和教师的法律关系

确定教师身份、学校和教师的法律关系，是实行聘任制的前提。义务教育阶段学校，国家化程度高，教师职业具有极强的公共性，并为社会提供公共产品。教师受雇于学校，教师与学校形成的劳动关系具有较强的劳动合同的色彩，但是，公立学校的公法人性质决定教师聘任合同不同于一般的劳动合同，教师不同于一般的劳动雇员。所以很多学者提出，这一阶段的教师应被视为公务性专业人员。笔者赞成这一看法。义务教育是社会公益事业，教师劳动的内容具有公益性质。其法律根据和法律表现有以下几个方面：首先，《教育法》具有公法性质，它是从公共关系和公共利益的角度配置权益；其次，教师工作具有公共、公务性质和非盈利性，是一种非商业行为，其工作是对国家和全体国民负责；再次，教师行使权利不

得损害国家利益和社会公共利益。

在实行教师聘任制下，要求将教师的人事管理权给学校，因为聘任是学校和教师双方在平等自愿的基础上，由学校根据教育教学需要设置的工作岗位，通过学校和教师签订聘任合同，聘请具有教师资格的公民担任相应教师职务，学校和教师处于地位完全平等的民事法律关系之中。在双方签订合同时，遵循契约自由原则，更多地体现私法色彩；在签订合同之后，遵循公共利益优先原则，具有浓厚的公法色彩。学校与教师既不是纯粹的民事关系，也不是纯粹的行政关系，而是二者兼有之。这是教师聘任制与公务员行政任用制、企业职工劳动合同制的区别之所在。所以，作者同意有些学者的观点：基于教师的国家工作人员身份及教师与学校间的特殊关系，教师聘任合同不是一般意义上的民事合同，而应是一种具有特定内容、服务于一定目的的教育合同，这样，教育合同就与行政合同、劳动合同、民事合同区分开来。这一定性，体现出了聘任制的终极目标，回归教育。

2. 明确教育合同本质

教育合同，可定性为行政私法合同。学校作为教育行政机关授权的组织，为了实现九年义务教育的目的和任务，基于一般私人的地位，与私人主体缔结的兼具民法上权利义务和行政法上权利义务的协议。学校与私人主体通过合意，就合同权利义务达成一致，并通过履行合同实现各自的目的，其结果是产生双方期待的法律效果。

（1）合同双方主体平等。学校作为公务的代表，在法律关系上，与教师有平等的一面，也有不平等的一面。在缔结合同时，学校不能把自己看作是优越于教师的高高在上的"统治者"，而应该把自己视为与教师处于对等地位的一般主体地位，遵循民事基本准则和规则，否则又回到过去行使行政命令的旧制度上来。

（2）聘任工作以合同为基准。行政私法合同，是学校与教师自愿协商并就合同内容达成一致才成立的合同，学校按照合同约定支付教师工资，教师应按约提供劳动，总之，无论涉及教育合同的实体问题还是程序问题，都需在合同中体现并遵守。时刻注意学校在合同中容易出现的某种"特权"，这种特权精神对契约精神的妥协，正是要强调教育合同作为行政私法合同契约性的一面。

（3）合同订立目的的公益性。从合同实现的目的来看，学校追求的是国家九年义务教育大业的推进与实现，这一公共利益，正是其与一般私法合同要实现个人利益的完全不同之处。行政任务和目的固然可以通过传统的权力行政方式得以实现，但具有民事性质却带有显著行政性的特殊行政方式却方兴未艾，呈蓬勃发展之势。但这种具有目的公益性的合同，不影响教师——私人主体追求物质私益的目的。

（4）保持双方主体权益相对平衡。教育合同中有权力因素，但这种权力已不再以支配与强迫为手段，而是体现出更多的服务与保护弱势一方的精神。学校不是九年义务教育的制定者，它跟教师一样是义务教育的执行者，只是负责对教师人事的优化配置，尽量发挥教师队伍编排的最优功能。所以，学校要行使权力前，首先要关注教师切身利益，并在学校工会组织时时监督下，谨慎行使。一旦教师权益受到损害，应比照《中华人民共和国劳动法》第79条："劳动争议发生后，当事人可以向本单位劳动争议调解委员会申请调解；调解不成，当事人一方要求仲裁的，可以向劳动争议仲裁委员会申请仲裁；当事人一方也可以直接向劳动争议仲裁委员会申请仲裁；对仲裁裁决不服的，可以向人民法院提出诉讼。"教师教育合同作为劳动合同中的一个特殊领域，同样也适用此条规定。这样不仅拓宽了教师寻求救济的途径，更是将合同双方看做平等主体，通过仲裁与诉讼渠道寻求公正。

3. 确立制定《中小学教师教育合同法》的理念基础

调整不同领域的社会关系的法律，形成不同的法律部门。教育合同法之所以能成为独立的法律部门，是因为其调整的是中小学教师管理中教师与学校间的社会关系，因其特定的调整对象，从而区别于其他法律部门。因此，有必要尽快制定《中小学教师教育合同法》，在实际操作中有法可依。由于义务教育阶段教师的工作特殊性，在设计法规时有必要考虑以下理念，最大地发挥《中小学教师教育合同法》的作用。

（1）发挥心理契约在教育合同中的作用

实施教师聘任制，实际上就是学校与教师间缔结契约。这一契约包括物化的聘用合同和心理契约，前者就是狭义上的契约，诸多研究者都对此有重点的分析和见解，是整个聘任制内容、价值和目标的体现，但同时也不能忽略一个很重要的一个问题，即心理契约。

心理契约，就是学校与教师双方彼此对对方应该付出什么同时又应该得到什么的一种主观心理约定，约定的核心成分是双方的非正式的相互责任。随着教师加入学校组织，与之附随的是一定的期待，希望以学校这个平台满足自己物质、文化等多层次的需要。同样，学校在招聘教师进入组织的时候，也有自己的目的，力图组织好教师资源来实现学校的目标。在每个教师的内心深处，对自己的付出与学校给予自己的回报都有明确的认识。但聘用双方无法将对方的责任界定完全地体现在书面的聘任合同中，因此就形成了这种非正式的相互责任。

很多人都意识到教师聘任合同有很多问题，诸如学校与教师的合同意识不强烈、合同内容中关于各自权利义务的规定不明确、一年一聘制的聘期较短，不利于新教师发展成骨干教师，骨干教师也有可能发现福利待遇更好的地方而拒聘，将优秀教师资源流失等等。事实上，这些问题不可能都在聘用合同中被一一解决。此时发挥心理契约的功能，实际上能起到使聘用双方有安全感、自觉规范各自行为的决定作用。

（2）建立人性化的聘用关系，注重效率与公平的平衡

当今，在利用经济市场服务于人类需要这样一个社会来说，人性化的雇佣关系是一个富有成效和和效率的雇佣关系。在学校内部管理中，由于无节制的个人私利的胡作非为以及统治者的过分压榨，二者都会造成相当严重的后果。因此，通过制衡制度，建立人性化的学校管理原则，显得尤为重要。

效率是对有限资源的有效利用。这已不再是公司、金融市场等场域下所追求的目标，对于学校这样一个公益性组织来说，教师的岗位数量是有限的，如何集合这些岗位上的教师的才智，以服务于学校聘用教师的目的，是每个学校的领导与决策层最为关心的问题。尤其对于由国家承担义务教育阶段的学校来讲，国家耗费大量人力、财力、物力，作为执行九年义务教育的学校来讲，对教师的管理方式更应以有限的资源发挥教师尽可能多的才智，使其投身到教学中去，受益的是学生，更是国家的长远发展。

工作是一种完全属于人类的活动，因此公平也同样重要。聘任关系中的公平由公平的竞争、劳动、参与学校管理、获得报酬、退出、社会保障等组成。这一聘任原则，注重学校组织中每个教师成员的合理需要的满足。反过来，也能提高教师的工作效率与积极性。将学校组织目标、学生发展目标与教师个人目标和谐统一起来，形成一个既能提高效率又能使组织中每个成员惠及福利的学校组织环境。

总之，当务之急是，明确教师身份，确定教师与学校之间的聘任合同关系，发挥合同效力，在合同当事人之间产生法律约束力，建立人员能进能出、充满生机与活力的用人机制，坚持效率与公平的理念，全面提升教师队伍的整体水平，正确发挥教师聘任制在中小学人事制度改革的功效。

（二）教师人才市场的建立

教师人才市场，是在教师的流动大潮中显现出来的。除了法律手段

外，在市场经济条件下，教师资源的合理配置还必须依靠教师人才市场的调节来实现。

目前，我国存在着"人才市场"与"劳动力市场"二元分割的问题。对归属于人才市场的教师资源来说，在与适应于企业运行环境的劳动力市场碰撞的时候，或直接应用劳动力市场的运行程序，或许多学校在执行中造成无形的政策变异，总之仍没有形成健全的教师人才市场体系。因此，有必要对教师人才市场定性并建立一个完善的体制框架。

综上所述，国家发展在教育，教育发展在教师。教师聘任制这一人事制度改革，关系到多方面的利益，国家对于教师人事制度的政策过程，表现出了政府与教师的利益代表关系，乃至教师的责任、义务与权益。在我国社会转型时期，随着人才市场的建立，需要继续完善与市场经济相适应的教师聘任制，进而发挥其在中小学人事制度改革的功效。

第八章　关于湖北省教师资源配置的实证研究①

21世纪是充满机遇和挑战、竞争激烈的世纪。我们要培养适应跨世纪要求的高质量、高素质的合格高级人才，就必须先建设一支适应新世纪发展要求、适应我国科技和经济发展的教师队伍；必须在保证教师个体质量和素质的基础上，不断提高教师队伍整体质量和素质水平。江泽民同志曾在第三次全国教育工作会议上指出，"国运兴衰，系于教育"，"高素质的教师队伍，是高质量教育的一个基本条件"，并要求"采取有效措施，大力加强教师队伍建设，不断优化队伍结构和提高队伍素质"。湖北省在教育发展战略上应把教师资源作为各级各类教育的第一资源，加快各级各类学校教师队伍建设的步伐，建设一支数量足够、素质优良、结构合理、相对稳定的教育教师队伍，这是实现湖北教育"十一五"发展和改革的奋斗目标。

第一节　教师队伍总体情况

"十五"以来，经过各级政府和全社会的共同努力，湖北省教育取得了巨大成就，教师队伍建设也取得了新的进展：教师总体规模已基本上满足"十五"期间教育事业发展的需要，教师学历合格率明显提高，教师队伍的结构得到进一步改善；随着师德建设的加强、教师资格证书制度和教师岗位聘任制的实施、"农村教师素质提高工程"和"农村教师资助行动计划"等培训计划的启动，教师们的精神面貌焕然一新，整体素质有了较大提高；教师的社会地位和待遇普遍提高，教师职业的吸引力进一步增加，队伍稳定，教师队伍建设逐步走向规范化、法制化轨道。取得进步的

---

①本章系王世忠所主持湖北省教育事业发展"十一五"规划项目委托课题的部分内容。

同时，湖北省教师队伍建设还存在一些不容忽视的问题和困难：教师队伍结构不够合理，教师劳动强度大，特别是基础教育阶段教师的健康状况更是令人担忧，教师的经济地位和社会声望有待进一步提高，教师的职前培养与职后培训制度体系亟待进一步完善。

一、"十五"期间湖北省教师队伍规模

"十五"期间，湖北省各级各类教育得到了较大的发展。与1998年相比，2004年专任教师规模的发展态势是：各类高校增加27 586人，增长87.1%；高中阶段（全口径）增加9600人，增长11.9%；初中阶段增加18 681人，增长12.3%；普通小学减少61 681人，减少21.8%；学前教育减少12 427人，减少39.3%。

表8-1　2002—2004年湖北省各级教育专任教师和在校学生数（单位：万人）

学段	年份	在校学生数	专任教师数	生师比
学前教育	1998年	90.25	3.2	28.2：1
	2002年	59.04	1.74	33.9：1
	2003年	59.78	1.78	33.6：1
	2004年	58.80	1.92	30.6：1
普通小学	1998年	707.34	28.34	24.9：1
	2002年	579.99	24.58	23.6：1
	2003年	528.12	23.39	22.6：1
	2004年	474.95	22.18	21.4：1
初中阶段	1998年	252.11	15.22	16.6：1
	2002年	326.26	16.59	19.7：1
	2003年	337.90	16.90	20.0：1
	2004年	335.38	17.09	19.6：1
高中阶段（全口径）	1998年	126.03	8.09	15.6：1
	2002年	140.49	7.80	18.0：1
	2003年	153.44	8.43	18.2：1
	2004年	176.62	9.05	19.5：1

学段	年份	在校学生数	专任教师数	生师比
各类高校	1998 年	39.56	3.17	12.5：1
	2002 年	94.32	4.37	21.6：1
	2003 年	111.62	5.08	21.9：1
	2004 年	119.79	5.93	20.2：1

资料来源：2004 年度《湖北教育统计年鉴》（湖北省教育厅编）第 13—15 页。

注：①各类高校包括：普通高校本专科、研究生、成人高校本专科；②高中阶段（全口径）包括：普通高中、职业高中、普通中专、技校、成人中专、成人高中；③ 初中阶段包括：普通初中、职业初中。

二、教师队伍结构

（一）年龄结构

2004 年，湖北省共有专任教师 56.2 万人。随着近年来普通中学、普通高校教师队伍规模的扩大，大批年轻教师进入教师队伍，年轻教师所占比重越来越大，普通高中、普通高校教师队伍年轻化特征十分突出；中年教师所占比重相对偏低，存在断层问题；而普通小学阶段老年教师比重又相对较高，46 岁以上高达 34.20%。于是，就出现了"爷爷奶奶教小学，叔叔阿姨教初中，哥哥姐姐教高中"的现象。

表 8-2 2000、2004 年湖北省各级教育专任教师年龄情况 （单位：人）

学段	年份	25 岁以下		26～35 岁		36～45 岁		46～55 岁		56 岁以上	
		人数	%	人数	%	人数	%	人数	%	人数	%
普通小学	2000	43 958	16.0	72 339	26.3	87 387	31.8	60 793	22.1	10 502	3.8
	2004	21 083	9.5	62 590	28.2	62 248	28.1	65 619	29.6	10 223	4.6
普通中学	2000	34 980	17.6	83 978	42.3	48 262	24.3	25 520	12.9	5746	2.9
	2004	28 361	12.4	95 031	41.4	67 944	29.6	31 162	13.6	7151	3.1
普通高校	2000	886	2.9	14 139	46.6	8606	28.3	4284	14.1	2448	8.1
	2004	14 843	26.7	10 031	18.0	18 322	32.9	8723	15.7	3764	6.8

资料来源：2000 年度《湖北教育统计年鉴》（湖北省教育厅编）第 214、166、75 页；2004 年度《湖北教育统计年鉴》（湖北省教育厅编）第 226、222、86 页。

（二）学历结构

近年来，各级各类学校专任教师学历合格率大幅度提高，教师的学历提升也取得较大进展。2004 年，湖北省高校专任教师队伍中，具有博士学位的 6049 人，硕士学位 17 177 人，分别占教师队伍总数的 10.86%、30.84%。与 2003 年相比，具有博士学位的教师增加 1238 人，增长 25.73%，具有硕士学位的教师增加 965 人，增长 6%。

表8-3　2000、2004 年湖北省各级教育专任教师学历情况　（单位：人）

学段	年份	研究生		本科		专科		中专及以下	
		人数	%	人数	%	人数	%	人数	%
普通小学	2000 年			3709	1.35	57 206	20.80	214 064	77.85
	2004 年	82	0.03	15 100	6.81	97 662	44.04	108 919	49.12
普通初中	2000 年			23 076	14.93	104 116	67.37	27 351	17.7
	2004 年	241	1.42	51 372	30.34	103 301	61.01	14 401	8.51
普通高中	2000 年			29 420	66.95	13 473	30.66	1050	2.39
	2004 年	997	1.65	48 316	80.08	10 582	17.54	439	0.73
普通高校	2000 年	10 337	34.04	18 212	60.00	1814			5.97
	2004 年	21 020	37.75	32 562	58.48	2101			3.77

资料来源：2000 年度《湖北教育统计年鉴》（湖北省教育厅编）第 214、164、76 页；2004 年度《湖北教育统计年鉴》（湖北省教育厅编）第 226、222、86 页。

（三）职称结构

2004 年，湖北省普通高校专任教师队伍中，具有正高级职称的有 5933 人，副高级职称的 17 126 人，分别占教师队伍总人数的 10.66%、30.76%。全省有"两院"院士 43 人（包括在湖北省高校工作的双聘院士 12 人）。

基础教育阶段教师队伍具有高级职称的教师共有 26 126 人，占教师总数的 2.5%；具有中级职称的教师共 232 627 人，占总数的 22%，可见湖北省基础教育教师中、高级职称的比例是很低的。幼儿园、小学、初中和高中高级职称教师的比例分别为：0.5%、0.6%、6.1% 和 24%，具有高级职称的教师主要集中在高中，初中凤毛麟角，小学、幼儿园基本上没有。农村、县镇与城市具有中、高级职称的教师比例分别是 46%、51%、52% 和 1.4%、7.7%、11%。从城市到农村，具有中、高级职称教师的比例逐级降低，城市、农村反差较大。农村中小学教师的中、高级职称人数分别比城市低 6 和 10 个百分点。可见农村中小学教师中、高级职称比例偏低已经到了非常严重的程度。

表 8-4　湖北省 2004 年湖北省基础教育专任教师职称结构情况（单位：人）

学段	高级职称	中级职称	初级职称	未评职称
学前教育	100	4245	8048	6809
普通小学	1343	121 933	91 531	6956
普通初中	10 366	83 040	69 294	10 366
普通高中	14 317	23 409	17 776	4932

资料来源：2004 年度《湖北教育统计年鉴》（湖北省教育厅编）第 292、266、222 页。

（四）学科结构

2004 年普通高校中，十大学科门类教师人数分占教师队伍总数的比例为：哲学 3.09%、经济学 6.32%、法学 4.28%、教育学 8.75%、文学 19.01%、历史学 0.93%、理学 12.55%、工学 28.3%、农学 2.15%、医学 8.51%、管理学 6.11%。

表 8-5　2004 年普通中学专任教师分课程构成情况　　（单位：人）

	语文	数学	英语	政治	理、化	地、历	其他所有学科
人数	51 540	48 816	32 765	13 992	32 314	16 253	28 339
比例%	22.44	21.26	14.27	6.09	14.07	7.08	12.34

资料来源：2004 年度《湖北教育统计年鉴》（湖北省教育厅编）第 220 页。

在中小学科任教师结构中，语文、数学等传统学科的专任教师比较富余，英语、美术、劳动、信息技术教师短缺。随着素质教育的全面实施和基础教育课程体系改革的逐步推进，其带来的明显变化之一，就是将原来的一些单科性课程整合为综合性课程，例如：小学、初中的音乐和美术课合二为一成为艺术课；初中的物理、化学和生物整合为科学课；初中的历史与社会涵盖了历史与地理；小学初中和高中还增加了综合实践活动课、信息技术课。2002 年初，教育部和卫生部联合发布了《中国儿童精神卫生保护条例》，要求中小学全面开设心理健康教育课。这些措施的出台，要求有相应的师资作保证。而目前湖北省能贯通物理、化学、生物等理科教学和政治、历史、社会等文科教学的师资为数很少，能胜任心理学和综合实践活动课教学的师资也是微乎其微，这为湖北省中小学教师队伍学科结构的整合提出了新的课题。

（五）学缘结构

湖北省师资主要来源于师范院校，来源渠道比较单一。师范院校的毕业生虽然教学水平较高，但是在学术视野、创造性等方面与综合性院校有所差距。随着我国教育教育体制的改革，要逐步改变这种现象，让更多的综合院校也加入到培养师资的队伍中来。此外，在高校的师资中，"近亲繁殖"的现象比较突出：高校毕业生毕业后留本校任教。这两种状况都使得教师教育处于封闭状态之中，不利于教师队伍的建设和发展，更不利于学术创新和文化创新。

三、教师队伍稳定状况

湖北省各级各类学校教师队伍流失现象比较严重，2003 年，全省 29 个贫困县农村义务教育施行"一费制"半年后，仅蕲春县教师就流失了 800 多人。"十五"期间，从年龄上来看，流失教师以青年教师为主；从学历上看，高校具有博士学位的教师流失严重，初高中以具有本科和硕士学位的教师流失颇多；从职称上看，具有高级职称的教师流失严重；从学科分布上看，流失的教师多是应用性较强的外语类、经济类和计算机技术等学科。

总体上来看，流失的教师都是教师队伍中的佼佼者。湖北省教师流失的最主要原因在于，教师待遇与沿海发达地区相比仍然存在很大的差距，因此，流失的教师大部分都流向了沿海发达地区，形成了"孔雀东南飞"的现象。无论是从基础教育还是从高等教育来看，湖北省的教师素质相对来讲是非常高的，但教师流失现象十分突出。考虑到未来几年内教师的流动将继续加快，教师的经济待遇和社会地位问题需要引起我们的高度关注。

第二节　教师队伍建设的主要成就

一、调整了师范教育布局和层次结构，拓宽教师培训渠道

通过积极争取，湖北省国家级师资培训基地达到 5 所，依托国家级及省级师资培训基地，2003 年举办了 6 期校长、8 期专任教师培训班，培训校长 200 人、骨干教师 350 人，造就了一支适应素质教育需要的学校领导和管理干部队伍和一批能够发挥骨干师范作用的名教师、名专家、名学者。组织中职学校骨干教师在职攻读硕士学位 80 人，专升本 1000 人。组织了 40 名教师出国培训，学习国外职业教育的先进经验。在高等学校培养

或引进了一批有国际影响或活跃在国内外学科前沿的学科带头人。建立政府"农村教师培养"专项基金，启动了"农村教师素质提高工程"。从2005年开始，每年在9所高校对湖北省10万农村教师进行轮训，每年2万人，计划5年完成。对部分受训教师的回访表明，农村教师培训计划大大提高了农村教师的教育教学能力和他们的教学积极性。

二、提高了教师学历标准

中共中央国务院颁布的《关于深化教育改革全面推进素质教育的决定》中，根据21世纪我国教育事业发展何全面推进素质教育对教师素质的需要，对教师的学历层次提出了新的标准，即小学教师应具有专科以上学历，初中教师应具有本科以上学历，高中教师中具有研究生以上学历应达到2.5%的比例。按照这个标准，2001年全国小学教师中具有专科的为27.4%；初中教师中具有本科学历的为16.96%；高中教师中具有研究生以上学历的为0.63%（见《光明日报》2002年3月24日）。湖北省2004年的情况是：小学教师中具有专科以上学历的为51%，高于全国平均数24个百分点；初中教师中具有本科学历的为30%，高于全国平均数13个百分点；高中教师中具有研究生以上学历的为1.65%，高于全国平均数1.02%。中等职业学校教师以技能培训和学历达标为重点，"双师型"教师所占比率在逐渐提高，具有本科以上学历者达到教师队伍总数的66.04%，其中，具有博士学位、硕士学位者分别达到教师总数的0.08%、2.06%；高校教师中，具有硕士学位和博士学位教师的比例均有较大幅度的提高。此外，还创造条件吸引了一批留学生和外籍教师到重点高中以上学校任教。教师学历标准的提高，为湖北省今后几年教育的发展创造了新的平台。

三、强化了教师的师德修养、科学与人文精神的塑造

师德是教师诸多素质中最为重要的组成部分，教师对学生的爱、对教育事业的爱常常可以创造教育中的奇迹。湖北省作了很大努力，促使广大校长、教师以正确的教育观念、敬业精神、人格品行、学识修养和教育能力，成为学生成长的表率。加大了信息技术、外语、艺术和综合类课程师资的培训力度，使教师在信息技术应用能力、双语教学能力、中国文化底蕴和法制观念上有明显提高。从2004年开始，教育厅组建了教师道德报告团进行巡回报告。报告团从全省师德水平较高的教师中选拔优秀的报告员对教师进行针对性的报告，在很大程度上激励了教师。

四、建立并逐步完善了教师资格制度和教师职业准入制度

1998 年 4 月，湖北省作为教育部六个省（自治区、直辖市）试点之一，开始进行教师资格认定工作。湖北省根据国务院颁布的《教师资格条例》，制定了《〈教师资格条例〉实施细则》。2001 年 4 月以来，教师资格认定工作全面铺开。凡是 1994 年 1 月 1 日以后进入教师队伍的人员，必须根据法定的教师资格认定程序获得教师资格。同时，对在职教师、师范院校毕业生和愿意从事教师工作且达到必备条件的人员进行了资格认定，并按科学的准入办法选任教师。

五、实行了中小学校长"公开选拔，竞争上岗"制度

湖北省已在中小学中广泛开展了人事制度改革，各地不能用代课教师替代补充编内教师。在全面推进教师聘用制改革的同时，湖北省还逐步取消了中小学校长行政级别，实行公开选拔、竞争上岗的选拔任用机制，推行校长聘任制、任期制和任期目标责任制。此措施推进了教育民主化的进程，提高了教师工作的积极性，对校长也带来了极大的压力和动力。

六、提高了各级各类学校教师的社会经济地位

工资待遇情况，很大程度上决定了教师的工作积极性和教师队伍的稳定性。为了稳定全省教师队伍和提高教师工作的积极性，湖北省不断采取措施来改善教师的工作条件和工资待遇。针对农村地区教师工资拖欠状况，湖北省采取了"教师工资由县（市）统一发放"措施。实践证明，这些措施已经取得了一定的成效，对稳定教师队伍和提高教师工作的积极性起到了积极作用。

第三节　教师队伍建设中的突出问题

随着社会的发展和人民生活水平的提高，人民群众希望拥有更多的受教育机会，享受更高层次和更高质量的教育。建设一支高素质的教师队伍是提供高质量教育的前提。多年来教育改革和发展的事实说明：全面实施素质教育，推进教育教学改革，关键在于有一支具有实施素质教育能力和水平的教师队伍；统筹、协调城乡教育和区域教育，促进教育均衡化发展，实现教育的公平和公正，关键在于有一支高素质的配置合理的教师队

伍；加强和改进学生思想道德建设，关键在于有一支政治强、业务精、作风正、师德优的教师队伍。虽然湖北省的教师队伍建设取得了一些成就，但不可否认，湖北省教师队伍建设还存在着一些突出问题，面临一些困难。

一、地区经济发展不平衡，城乡教师工资收入差距大

经济发展水平决定区域教育发展水平，而教育发展水平直接影响教师的稳定。从整体来看，区域经济发展不平衡造成了部分农村中小学教师流动。近十年来，湖北省教育不断取得进展，教育经费迅速增长，其增长部分主要用于农村，显示了政府为缩小教育差距而努力的坚强决心，也反映了缩小教育城乡差距的迫切需要。由于农村经济困难，教师工资及时足额发放困难，教师工作条件和生活条件明显低于城市，有能力的教师往往不愿到农村去，已经在农村工作的教师也想法离开农村。一方面是合格教师严重不足，一方面是合格的高校毕业生下不到农村学校。农村迫切需要好教师，人力资源市场上也不乏合格的人才，特别是我国高校连续扩招以后，高学历人才大幅度提高，但由于城乡差距的拉大，越来越多的新增年轻教师宁可在城市失业，也不愿意到农村任教，农村教师的有效需求严重不足，城乡教师存在较大差异。同时，湖北省经济发展水平落后于沿海、江浙等地区，教师工资待遇与之相比存在差距；湖北省内部经济发展存在区域性差异，地区间教师工资的保障水平存在非常大的差距。

二、教师劳动强度大，健康状况堪忧

教师的素质包括身体素质直接关系到教育事业的兴衰。近年来，湖北省各级教育行政部门加强教师队伍建设，关注教师身心健康，取得了一定成效。但近年来高校扩招，科研教学任务繁重，人事、分配制度改革和教学改革带来的种种压力，直接影响到高校教师的健康水平。基础教育阶段，教师要完成课堂教学任务、学生管理任务、学校布置任务和课外教学任务，其压力不仅仅来自于工作量，教师的心理负担也非常重。在应试教育仍起着主导作用的现实下，随着教育系统人事制度改革不断深入，教师面临着诸多压力：①面临着中、高考升学率的压力；②面临教师岗位聘用制、末位淘汰制等岗位竞争和就业压力；③面临着提高自身素质、向素质教育靠拢及参加各种达标考试、培训的压力。在长期的沉重负担和巨大的心理压力下，很多教师都感到疲惫不堪。在师资严重缺乏的部分农村地区，教师工作负担繁重，生活相对清苦，不少教师长年带病坚持工作，有的甚至累倒在讲台上，身体素质状况更是不容乐观，令人堪忧。

三、教师结构不合理

在人口出生率持续下降和教师培养能力不断增强的双重作用下，目前湖北省教师结构性矛盾仍然十分突出，主要表现在：

（1）学段性结构失衡。例如，2004 年，小学教师有较大富余，超编31 783人，但高素质的小学教师缺乏；初中专任教师总体缺编30 386人，除了城市超编530人外，县镇和农村处于缺编状态，分别缺编7012人和23 894人；高中阶段专任教师总量不足，总体缺编28 594人，只有让初中教师拔高使用。

（2）学科性结构失衡。即语文、数学等传统学科教师所占比例过大，而外语、计算机、艺术等学科的教师严重不足。2000 年，从湖北省小学教师任课分布来看，小学教师中语文、数学教师所占比例合计达83.2%，其他课程教师所占比例很小。教师分科分布呈地区差异，经济较发达地区语文、数学教师所占比例稍小，经济较落后地区语文、数学教师所占比例较大，如恩施州语文、数学教师所占比例为85.9%。[1] 随着我国新课程改革的推进，基础教育除了加强外语教学以外，还普遍开设了综合课、艺术课、地方课程、学校特色课，这些学科的教师十分缺乏，需要大量补充外语课、综合课、艺术课等学科的教师。

（3）区域性结构失衡。即发达地区和城市教师富余，而落后地区和农村教师短缺。越是最需要教师的经济落后地区，教师的数量和素质越是难以保证这些地区教育的发展，这种状况严重制约了全省教育和经济的均衡发展。

四、教师的培训没有真正落到实处，仍有待完善

首先，教师职前培养、职后培训体系不健全。主要包括：教师队伍的职前培养和职后培训缺乏全面性、连贯性和科学性；教师培训机制、内容和方法需要进一步提高针对性，目前主要重视教师理论知识培训，而忽视教师实践能力培训，尚未建立一个能真正促进教师专业发展的有效途径。集中到武汉或其他地方进行的教师培训，因时间、差旅费等诸方面的限制，既难以参加，参加后又因内容空泛、时间短促等原因收效不大。其次，教师继续学习渠道不通畅，继续学习激励机制不健全。大多数教师在工作后都采用自学考试、参加函授等方式进行学历达标，由于时间、授课方式等的限制，虽然学历达标，但教师实际水平的上升却未达到相应的程

---

①文定旭.湖北省小学师资队伍状况及改善策略[J].沙洋高等师范专科学校学报,20002(5).

度。地方领导部门、学校也不同程度地存在着将教师继续学习视为教师个人行为的态度，对教师继续学习更多是精神上的鼓励，使得继续学习在学历达标后没有了持续的后劲。最后，政府、学校和个人对教师队伍建设投入不足，教育培训经费往往不能落实而出现短缺现象，使得部分教师培训提高机会少，其知识更新与教育发展和课程改革的要求不相适应。

第四节　"十一五"时期湖北省教师队伍建设目标

一、总目标

到 2010 年形成一支数量适当、素质优良、结构合理的教师队伍，基本实现教师学历高等教育化、重点提高农村教师水平，重点培养和形成高层次骨干教师队伍，全面实行教师职务聘任制，全面落实教师和资格准入制度。

二、2010 年湖北省专任教师需求

（一）"十一五"期间湖北省各级教育适龄人口预测

根据 2000 年第五次人口普查数据、育龄妇女的一般生育率和成活率对"十一五"期间湖北省分城乡的各级教育适龄人口进行推算。各级教育的年龄段分布为：学前教育 3～5 岁；小学 6～11 岁；初中 12～14 岁；高中 15～17 岁；大学 18～22 岁。

1. 学前教育适龄人口预测结果

"十一五"期间学前教育适龄人口以每年 1% 比例增长，自 2006 年开始达到 150 万人以上，2010 年达到最高峰 152 万人。

表 8-6　"十一五"期间湖北省学前教育适龄人口推算　（单位：人）

年份	适龄人口总数	城市适龄人口	县镇适龄人口	乡村适龄人口
2005 年	1 470 207	383 007	194 966	892 235
2006 年	1 503 200	383 658	196 874	922 668
2007 年	1 502 000	384 499	199 157	918 343
2008 年	1 507 207	385 052	201 147	921 008
2009 年	1 521 456	384 771	202 577	934 108
2010 年	1 524 176	383 396	203 300	937 479

2. 小学教育适龄人口预测结果

"十一五"期间湖北省小学适龄人口基本上以每年3.8%的比例下降，2005—2010年间，除2005、2006年人数在300万以上外，其余年份的适龄人口数都在300万人以下。其中2005、2010年份别为350.9万人和289.7万人。

表8-7　"十一五"期间湖北省小学适龄人口推算　（单位：人）

年份	适龄人口总数	城市适龄人口	县镇适龄人口	乡村适龄人口
2005 年	3 508 901	909 108	460 191	2 139 602
2006 年	3 165 703	844 513	423 776	1 897 414
2007 年	2 951 937	797 575	396 520	1 757 842
2008 年	2 892 225	777 257	387 602	1 727 367
2009 年	2 891 295	768 675	387 619	1 735 001
2010 年	2 897 318	762 455	387 532	1 747 330

3. 初中阶段教育适龄人口预测结果

"十一五"期间湖北省初中阶段教育适龄人口数以高达12.7%的比例逐年减少。由2005年的307.1万人下降至2010年的155.7万人。

表8-8　"十一五"期间湖北省初中阶段教育适龄人口推算　（单位：人）

年份	适龄人口总数	城市适龄人口	县镇适龄人口	乡村适龄人口
2005 年	3 071 427	645 508	356 941	2 068 978
2006 年	2 794 871	614 202	333 850	1 846 819
2007 年	2 500 397	577 615	308 812	1 613 970
2008 年	2 086 883	514 858	267 555	1 304 470
2009 年	1 777 608	459 496	233 031	1 085 081
2010 年	1 556 619	419 619	208 145	928 855

4. 高中阶段适龄人口预测结果

"十一五"期间湖北省高中阶段教育适龄人口数一直以每年8.8%的比例减少，由2005年的395.3万人下降至2010年的250万人。

表 8-9 "十一五"期间湖北省高中阶段教育适龄人口推算 （单位：人）

年份	适龄人口总数	城市适龄人口	县镇适龄人口	乡村适龄人口
2005 年	3 952 612	807 836	460 050	2 684 726
2006 年	3 773 355	767 705	433 547	2 572 103
2007 年	3 477 195	706 119	398 840	2 372 236
2008 年	3 071 427	645 508	356 941	2 068 978
2009 年	2 794 871	614 202	333 850	1 846 819
2010 年	2 500 397	577 615	308 812	1 613 970

5. 高等教育阶段适龄人口预测结果

2005—2008 年湖北省高等教育阶段适龄人口数一直处于上升的态势，由 2005 年的 585.98 万人上升至 2008 年的 652.9 万人；自 2009 年开始逐年下降，到 2010 年高等教育适龄人口降至 604.98 万人。

表 8-10 "十一五"期间湖北省高等教育阶段教育适龄人口推算 （单位：人）

年份	适龄人口总数	城市适龄人口	县镇适龄人口	乡村适龄人口
2005 年	5 859 810	1 504 005	795 966	3 559 839
2006 年	6 078 054	1 410 562	791 351	3 876 141
2007 年	6 255 112	1 346 794	774 617	4 133 701
2008 年	6 528 553	1 346 091	780 417	4 402 045
2009 年	6 418 960	1 311 175	752 420	4 355 365
2010 年	6 049 813	1 242 344	701 131	4 106 338

（二）"十一五"期间湖北省专任教师需求预测

根据 1987 年劳动人事部、国家教委颁布的《全日制、寄宿制幼儿园编制标准（试行）》、《教育部关于贯彻〈国务院办公厅转发中央编办、教育部、财政部关于制定中小学教职工编制标准意见的通知〉的实施意见》确定的标准，对各级各类教育所需要的专任教师进行预测。

1. 学前教育教师预测

2004 年湖北省学前教育在校生数 587 973 人，专任教师为 19 202 人。按照《全日制、寄宿制幼儿园编制标准（试行）》确定的标准，2004 年湖北省幼儿园专任教师缺编 4317 人。

表8-11 "十一五"期间湖北省学前教育教师预测 （单位：人）

	专任教师数	需增加专任教师
2005 年	25 782	6580
2006 年	27 382	8180
2007 年	28 382	9180
2008 年	29 505	10 303
2009 年	30 819	11 617
2010 年	31 910	12 708

2. 小学教职工预测

2004 年湖北省小学校生数为 4 749 500 人，专任教师为 221 763 人。按照《中小学教师编制标准》（农村小学的教职工编制参照县镇水平），2004年湖北省小学的专任教师超编 31 783 人。

表8-12 "十一五"期间湖北省小学教师需求预测表 （单位：人）

	合计		城市		县镇		农村	
	教师总数	需增加教师数	教师总数	需增加教师数	教师总数	需增加教师数	教师总数	需增加教师数
2005 年	140 356	− 81 407	36 364	− 22 405	18 408	− 8203	85 584	− 50 799
2006 年	126 628	− 95 135	33 781	− 24 988	16 951	− 9660	75 897	− 60 486
2007 年	118 077	− 103 686	31 903	− 26 866	15 861	− 10 750	70 314	− 66 069
2008 年	115 689	− 106 074	31 090	− 27 679	15 504	− 11 107	69 095	− 67 288
2009 年	115 652	− 106 111	30 747	− 28 022	15 505	− 11 106	69 400	− 66 983
2010 年	115 893	− 105 870	30 498	− 28 271	15 501	− 11 110	69 893	− 66 490

3. 初中（含职业初中）专任教师预测

2004 年湖北省初中在校生数为 3 353 845 人，专任教师 170 854 人。按照《中小学教师编制标准》，2004 年湖北省初中专任教师总体缺编30 386人，除了城市超编 530 人外，县镇和农村处于缺编状态，分别缺编7012 人和 23 894 人。

表8-13　"十一五"期间湖北省初中专任教师需求预测　（单位：人）

	合计		城市		县镇		农村	
	教师总数	需增加教师数	教师总数	需增加教师数	教师总数	需增加教师数	教师总数	需增加教师数
2005 年	184 286	13 432	38 731	− 5107	21 416	− 13 226	124 139	31 765
2006 年	167 692	− 3162	36 852	− 6986	20 031	− 14 611	110 809	18 435
2007 年	150 024	− 20 830	34 657	− 9181	18 529	− 16 113	96 838	4464
2008 年	125 213	− 45 641	30 892	− 12 946	16 053	− 18 589	78 268	− 14 106
2009 年	106 656	− 64 198	27 569	− 16 269	13 982	− 20 660	65 105	− 27 269
2010 年	93 397	− 77 457	25 177	− 18 661	12 489	− 22 153	55731	− 36 643

4. 高中（全口径）教职工预测

2004 年湖北省高中在校生数为 1 655 813 人，专任教师 81 794 人，按照《中小学教师编制标准》，2004 年湖北省高中专任教师总体缺编 28 594 人。

表8-14　"十一五"期间湖北省高中专任教师需求预测　（单位：人）

	专任教师数	需增加专任教师
2005 年	124 191	42 397
2006 年	125 351	43 557
2007 年	121 771	39 977
2008 年	113 090	31 296
2009 年	107 938	26 144
2010 年	101 066	19 272

5. 高校专任教师预测

2004 年湖北省高校在校生为 1 271 907 人，专任教师 55 683 人。按照《普通高等学校基本办学条件指标（试行）》确定的标准，2004 年湖北省普通高校专任教师缺编 14 979 人。

表 8-15　"十一五"期间湖北省高等学校、专任教师预测　（单位：人）

	专任教师数	需增加的专任教师
2005 年	74 550	18 867
2006 年	82 054	26 371
2007 年	89 309	33 626
2008 年	94 664	38 981
2009 年	98 067	42 384
2010 年	97 133	41 450

注：表①主要数据按第五次人口普查 1 岁组人口资料移算；②2007—2010 年小学学龄人口数，以及 2004—2007 年幼儿学龄人口数，根据 2001—2004 年《湖北省国民经济与社会发展统计公报》提供的当年出生人口数分组移算；③2008—2010 年幼儿学龄人口数，按 2002—2007 年数据趋势外推估算。④ 表 8-5—表 8-14 资料来源：湖北省教育厅提供。

三、教师职业专业化发展目标

——重视教师职业生涯发展的设计和规划；学历提升与能力提高、道德规范并重；任职资格与培训、持续发展并重。以教师资格证书制度和教师培训证书制度为核心和基石，实现培养、培训一体化，促进教师发展终身化。全员培训、学历提高、继续教育、完成新课程培训，形成国家、省、县、校本研修四级网络，实现教师培训资源的共建、共享。

——实现教师培养专业化、系统化、标准化、多样化。培养教师形成具有传授知识、培养创新意识和能力、健全学生人格的教师专业的核心能力。

——教师培训的专业化，培训内容的系统化设计，满足不同教师、不同阶段的多样化需求（提高、拓宽、更新、研究探索），同时注重教师培训机构资格及其培训质量的认定和评估。加强校本培训。

——加强教师职业道德建设，重塑良好的教师社会形象。

第五节　加强湖北省教师队伍建设的策略

为落实科教兴鄂战略，发展湖北省的教育事业，满足湖北省经济建设和社会发展以及人民群众对高质量教育的需求，必须建设一支数量适当、分布合理、结构优化、富有活力的高素质和专业化教师队伍。根据湖北省教师队伍现状，在教师队伍建设方面，应采取以下几方面措施：

一、全面落实教师资格准入制度，完善教师全员评聘制度

把行政性的教师人事管理转变为学校人力资源开发，促进教师资源优化配置的人才流动制度和教师职务聘任的教师管理制度改革。

——加强教师任职制度的法制化建设，健全湖北省教师任职制度的实施细则，形成完善、操作性强的法规政策体系，依法建立规范、公开、公平的教师任职资格的认证程序。

——统筹协调教师资格准入制度的实施与教育人事制度改革；促进教师资源的优化配置，吸引高素质人才充实教师队伍；实现教师资格定期再认定制度，形成有利于教师终身发展的动力机制。

——教师资格考核与培训相结合，提高教师的职业专业能力；扩大全社会具有教师资格的后备教师资源。

——教师全员评聘中进一步强化岗位职务聘任，坚持公开招聘，提倡平等竞争，体现公正、择优的原则。

——改革教师的考核评价制度，考核的内容指标要符合实施素质教育的需要，采取学校行政、学生和家长与同行评估、自我反思相结合的考核方式。

二、积极稳妥推进教师合理流动，优化教师资源配置

——适应经济体制改革和劳动力市场发展，建设促进教师资源优化配置的人才流动制度，加强教师流动的引导和服务，推动中小学教师在校际、区域与城乡之间合理流动。

——坚持城市中小学教师的乡村服务期、定期交流等制度建设，城市严格贯彻中小学教师编制标准，坚持择优聘用原则，逐步实现教师合理流动的制度化，促进教师人才资源的合理配置。

——发展教师人才服务中介机构，开辟与社会人才市场相连接的教师人才市场；畅通教师人才流动、交流的信息渠道；为落聘教师提供转业就业信息，提供转业培训服务，促进教师人才流动的良性循环。

三、完善教师教育培训体系，提高教师专业化水平

今后，湖北省教师队伍建设的工作中心，将由教师的数量发展转向教师队伍结构的整体优化和质量提升，进一步完善教师教育培训体系，提高教师专业化发展水平。

——职前师范教育进一步做精做强，职后教师教育进一步加强对在职

教师的专业培训和学历提升，职前培养与职后培训相贯通，逐步形成以本科层次为主，师范院校、部分综合性大学与教师培训机构相互合作，各具特色的培养与培训一体化教师教育体系。

——加强教师职业生涯发展设计和指导，发展满足教师不同需求的多样化教师教育培训和继续教育，建立教师终身制学习理念，创设学习型环境，适应基础教育发展和课程改革要求。

——以教育信息技术促进教师教育的现代化，建设远程教育平台和包括课程资源、继续教育信息交流的教师公共服务体系。

——支持和鼓励教师积极开展教学研究、课程研究和探究性学习研究，并以项目、课题和定期交流等方式予以制度性安排。

——建立以政府为主，政府、教师、社会相结合的教师发展经费投入保障机制。核定用于教师培训和业务发展的基本经费标准，通过县、地（市）的各级财政统筹予以保证；教师培训、继续教育经费按照教师年工资总额3%的比例专门列支，专款专用，保证教师专业发展经费的基本需求；教师个人合理分担部分成本，对贫困地区教师通过专项支助和建立教师发展基金，确保其专业发展和继续教育的需求。

四、加强农村中小学教师队伍建设

——对学生就学区域广、教学点分散的农村中小学教师编制，应根据实际需要适当放宽核定标准，满足教学的基本需求。

——适当提高农村中小学的中高级教师职务岗位比例，适当提高农村中小学教师津贴、补贴标准，稳定农村中小学教师队伍，鼓励骨干教师长期为农村基础教育服务。

——继续推行"农村教师资助行动计划"，选派高校毕业生到农村支教，并作为必要的教学经历和职务晋升的依据；落实城镇中小学教师到乡村服务期制度和城乡中小学教师定期交流制度。地区教育行政部门应根据农村中小学需求，做好城镇中小学教师到乡村服务和定期交流的计划安排，并落实相应条件。

——继续实施"农村教师素质提高工程"，重视农村中小学教师的专业化发展。通过集中培训、校本培训和现代远程教育等多种方式创设良好的学习环境，提高中小学教师的专业化水平；实现对经济困难地区教师培训的资助计划，增加农村中小学教师学习、交流、考察机会；重视对边远地区教师，尤其是中青年教师的培训。

——加大农村中小学教师队伍建设的经费投入，确保农村中小学教师工资按时足额发放；设立农村、边远地区教师专项补贴基金，以月补形式给予高级、中级、初级教师专项补贴，并提高边远地区（山区）特级教师的津贴。

——大力支持边远地区中小学人事制度改革，在编制、基金等方面给予大力支持。

五、加强师德建设

——各级政府和教育行政部门要把师德建设摆在教师队伍建设的首要位置。加强宏观指导，多渠道、分层次地开展多种形式的师德教育，加强和改进教师思想政治教育、职业理想教育、职业道德教育以及法制教育和心理健康教育。

——加强师德宣传，全省各地以 2004 年教育厅组建的道德报告团巡回报告为契机，广泛开展多种形式的师德教育活动，认真执行"教师师德档案制度"，切实增强广大教师教书育人的光荣感和责任感，营造全社会崇尚师德、尊师重教的良好风气。

——建立师德建设工作评估制度，把思想政治素质作为教师重要考核内容，形成师德建设的长效机制。

六、实施"教师健康工程"

——完善和落实教师医疗保障体系。各级教育行政部门和学校要采取得力措施，切实落实教师基本医疗保险，积极组织教师参加补充医疗保险、女职工"两癌"保险和意外伤害保险。同时，市州、县市区教育行政部门要通过"五个一点"（争取同级财政补一点、教育部门出一点、工会拿一点、教师个人捐一点、有关单位、社会热心人士赞助一点）的办法，多渠道筹措资金，建立教师大病救助金，对无力承担大病诊治自我负担部分费用或因而造成家庭经济生活贫困的教师提供帮助。

——积极开展教师健康教育。学校要经常组织开展健康咨询、保健系列讲座、专题报告等健康教育活动，有针对性地为教师介绍现代健康新理念、自我心理调节、各种常见病的预防和康复方法、行为方式与健康等，帮助教师增强健康意识，培养良好的心态，增强日常保健的自觉性和科学性。

——大力加强学校教职工体育、娱乐设施建设。各级各类学校要千方百计增加投入，加强教职工体育、娱乐场地与设施建设。要认真贯彻落实国家《全民健身计划纲要》，充分发挥教职工活动场所的功能和作用，建立各种教师业余爱好协会和兴趣小组，组织教师开展工间操、太极拳等形式多样的群众性文体活动。

　　——完善和落实教师定期体检制度。各地各学校要按照《教师法》关于"教师的医疗同当地国家公务员享受同等的待遇"和"定期对教师进行身体健康检查"的规定，坚持一至二年定期为教师进行一次健康检查，体检时要增加心理健康项目。

主要参考文献

一、著作类

[1] [美]保罗·萨谬尔森.经济分析基础[M].费方域译.北京:商务印书馆,1992.

[2] [美]保罗·萨谬尔森等.经济学(第16版)[M].肖琛等译.北京:华夏出版社,1999.

[3] [美]加里·S.贝克尔.人类行为的经济分析[M].王业宇等译.上海:上海人民出版社,1995.

[4] [美]杰克·韦尔奇.杰克·韦尔奇自传[M].曹彦博等译.北京:中信出版社,2001.

[5] [英]克里夫·R.贝尔菲尔德.教育经济学:理论与实践[M].曹淑江译.北京:中国人民大学出版社,2003.

[6] [英]莱昂内尔·罗宾斯.经济科学的性质和意义[M].朱泱译.北京:商务印书馆,2000.

[7] [美]Martin Carnoy.国际教育经济学百科全书[M].闵维方等译.北京:高等教育出版社,2000.

[8] [美]舒尔茨.人力资本投资——教育和研究的作用[M].蒋斌等译.北京:商务印书馆,1990.

[9] 蔡昉,都阳,王美艳.劳动力流动的政治经济学[M].上海:上海人民出版社,2000.

[10] 陈向明.质的研究方法与社会科学研究[M].北京:教育科学出版社,2000.

[11] 陈向明.在行动中学作质的研究[M].北京:教育科学出版社,2003.

[12] 陈孝彬,高洪源.教育管理学(第三版)[M].北京:北京师范大学出版社,2008.

[13] 成有信.十国师范教育和教师[M].北京:人民教育出版社,1990.

[14] 邓大松.中国社会保障若干重大问题研究[M].深圳:海天出版社,2000.

[15] 董秀华.专业市场准入与高校专业认证制度研究[M].上海:上海世纪出版集团,2007.

[16] 范先佐.教育经济学[M].北京:人民教育出版社,1999.

[17] 顾明远,梁忠义.世界教育大体系:教师教育[M].长春:吉林教育出版社,2002.

[18] 教育部师范教育司.教师专业化的理论和实践[M].北京:人民教育出版社,2002.

[19] 靳希斌.教育经济学[M].北京:人民出版社,2001.

[20] 赖得胜.教育与收入分配[M].北京:北京师范大学出版社,2000.

[21] 李宝元.教育与经济发展[M].北京:北京师范大学出版社,2000.

[22] 李路路,李汉林.中国的单位组织资源、权力与交换[M].杭州:浙江人民出版社,2002.

[23] 李书磊.村落中的"国家"——文化变迁中的乡村学校[M].杭州:浙江人民出版社,1999.

[24] 李珍.社会保障理论[M].北京:中国劳动社会保障出版社,2001.

[25] 梁小民.经济学是什么[M].北京:北京大学出版社,2001.

[26] 刘捷.专业化:挑战21世纪的教师[M].北京:教育科学出版社,2002.

[27] 马戎,[加]龙山.中国农村教育问题研究[M].福州:福建教育出版社,2000.

[28] 王世忠.现代学校管理观引论[M].西宁:青海人民出版社,2003.

[29] 王世忠.学校管理概论[M].武汉:中国地质大学出版社,2004.

[30] 王世忠.制度视域下的中国教育行政研究[M].武汉:湖北人民出版社,2009.

[31] 杨葆焜,范先佐.教育经济学新论[M].南京:江苏教育出版社,1995.

[32] 游小培.教师职业与发展[M].长春:东北师范大学出版社,2003.

[33] 余凯成.人力资源管理[M].大连:大连理工大学出版社,2000.

[34] 张五常.经济解释[M].北京:商务印书馆,2002.

[35] 赵履宽.劳动经济学[M].北京:中国劳动出版社,1998.

[36] 赵庆典等.学校管理中的法律问题[M].北京:北京邮电大学出版社,2005.

[37] 郑耀洲.知识员工的报酬管理[M].北京:机械工业出版社,2006.

[38] 周光礼.教育与法律[M].北京:社会科学文献出版社,2005.

[39] 周淑卿.课程发展与教师专业[M].北京:九洲出版社,2006.

[40] 祝怀新.封闭与开放:教师教育政策研究[M].杭州:浙江教育出版

社,2007.

二、论文类

［1］ 成有信.教师职业的公务员性质与当前我国师范院校的公费干部特征
［J］.教育研究,1997(12).

［2］ 褚卫中,褚宏启.中小学教师聘任制的法理分析［J］.教学与管理,2005
(34).

［3］ 邓涛,孔凡琴.关于推进基础教育师资配置均衡化的思考—吉林省城乡
师资差异和教师流动意愿的调查与分析［J］.中国教育学刊,2007(5).

［4］ 法律教育网.教育部关于"十五"期间教师教育改革与发展的意见
［EB/OL］.http://www.chinalawedu.com/falvfagui/fg22598/17350.shtml,
2002-02-06.

［5］ 黄明东,罗克文.我国教师专业化现状及对策［J］.职业技术教育,2007
(20).

［6］ 李国庆,张正锋.论高等师范院校的师范性［J］.教育研究,2002(8).

［7］ 李尚明.教师专业化发展及现代教师培养方式研究［J］.教育与职业,
2007(17).

［8］ 梁林梅.教育技术学视野中的绩效技术研究［D］.广州:华南师范大
学.2004.

［9］ 刘微.教师专业化:世界教师教育发展的潮流［N］.中国教育报,2002-
01-03.

［10］ 刘霞.事业单位人事制度改革的又一重要步骤［J］.中国人才,2006
(21).

［11］ 人民网.温家宝:要不断提高教师社会地位和生活待遇［EB/OL］.
http://edu.people.com.cn/GB/9996473.html,2009-09-07.

［12］ 王世忠.中小学教师聘任制的回顾与前瞻［J］.江西教育科研,1999
(4).

［13］ 王世忠.中小学人事制度改革问题的几点思考［J］.教育实践与研究,
2001(1).

［14］ 王世忠.中小学师资队伍综合化发展问题研究［J］.湖北广播电视大学
学报,2005(1).

［15］ 王世忠.中小学:慎用"末位淘汰"制［J］.江西教育科研,2005(5).

［16］ 王世忠.论我国市场经济体制下的教师职业伦理观［J］.高教探索,
2008(2).

［17］ 王世忠.中小学教师"末位淘汰制"的制度分析［J］.当代教育论坛,

2007(3).

[18] 熊和平.教师是谁——现代教育理念下教师身份的重构[J].上海教育科研,2005(1).

[19] 袁冬梅,刘子兰,刘建江.农村教师社会保障的缺失与完善[J].教育与经济,2007(2).

[20] 张国霖.教师地位问题总论[J].高等师范教育研究,1997(5).

[21] 张淑荣,刘洁.我国农村社会保障制度存在的问题与对策研究[J].农业经济,2007(1).

[22] 周成海.导正教师认同:教师教育的重要使命[J].当代教育科学,2007(11).

[23] 周福盛.我国教师教育转型的历史背景和现实基础[J].宁夏大学学报(人文社会科学版),2005(6).